Christoph & Maria Köchel

Pflanzenparadies
WINTERGARTEN

*Planung, Gestaltung, Pflege,
ausführliche Pflanzenporträts*

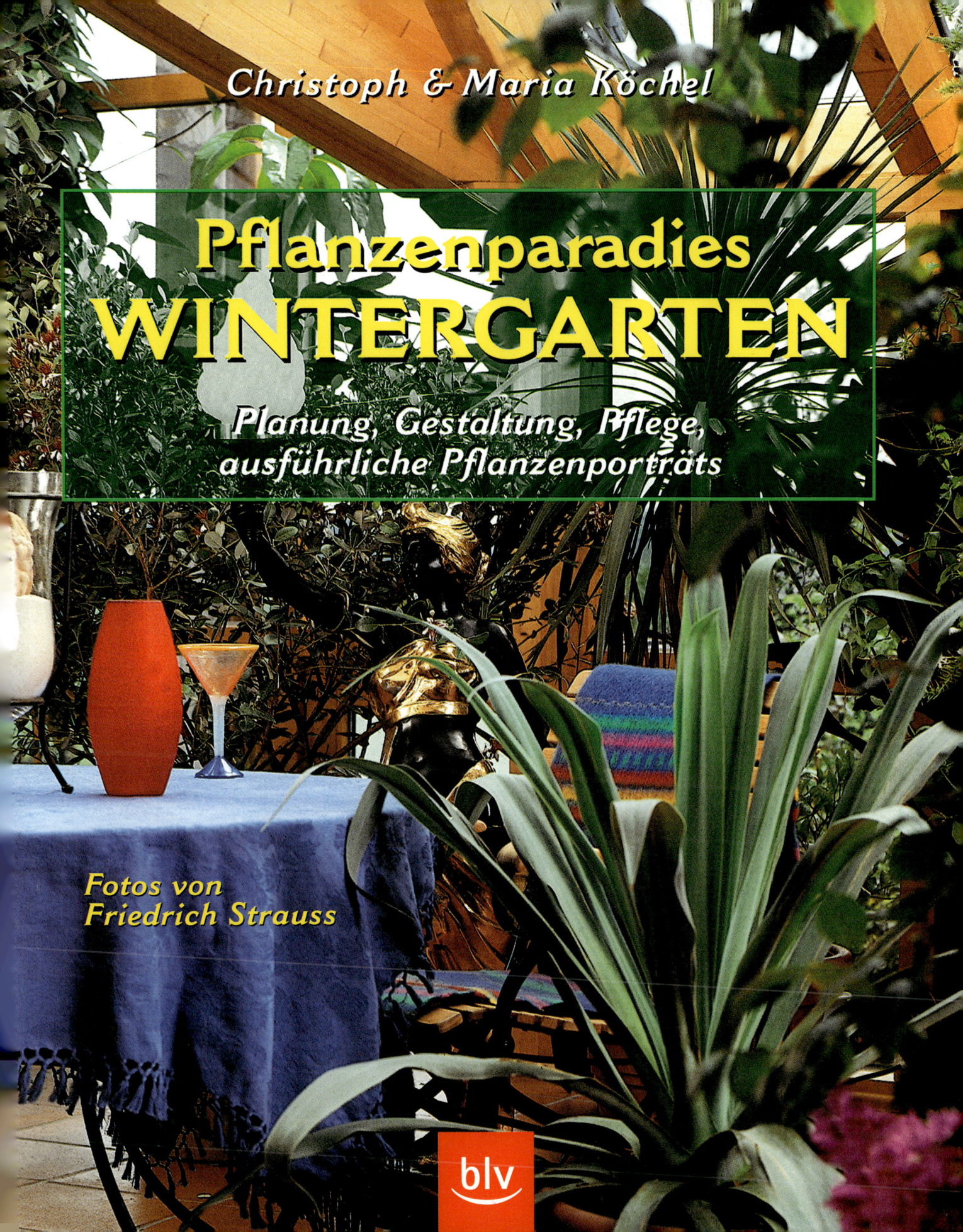

Christoph & Maria Köchel

Pflanzenparadies
WINTERGARTEN

Planung, Gestaltung, Pflege, ausführliche Pflanzenporträts

Fotos von
Friedrich Strauss

blv

Einleitung

Wintergärten mit Pflanzen einzurichten ist eine Kunst, die in Mitteleuropa noch in den Kinderschuhen steckt. Architekten, vor allem Innenarchitekten, sind es nur gewohnt, mit nicht lebenden Baustoffen umzugehen. Eine Pflanze gefällt ihnen oder auch nicht. Wie sich die Pflanze im Lauf eines Jahres verhält, entzieht sich ihrer Kenntnis. Auf der anderen Seite stehen die sachverständigen »Botanischen Gärtner«. Bei ihnen kommt zuerst die Pflanze, mit weitem Abstand erst der Mensch. Den »Botanischen Gärtner« und den Innenarchitekten unter einen Hut zu bekommen, gleicht der Quadratur des Kreises. Es gibt deshalb in Mitteleuropa nur sehr wenige Fachleute, die in der Lage sind, einen Wintergarten sowohl für die menschlichen als auch für die pflanzlichen Bewohner optimal zu gestalten. Als dritte und wohl wichtigste Komponente, die man unter denselben Hut bekommen muß, zählen die Wünsche der Wintergartenbesitzer. Darauf einzugehen fällt dem Architekten meist vergleichsweise leicht. Der Gärtner hat dagegen nur wenig Kompromisse anzubieten – die Pflanzen spielen einfach oft nicht mit. So ist es ihm völlig unmöglich, in einen »Gerade-frostfrei-Wintergarten« eine Pflanze einzuplanen, die eigentlich Zimmertemperatur braucht – sie geht mit Sicherheit im ersten Winter ein. Genausowenig gedeiht in einem zimmerwarmen Wintergarten eine Pflanze aus kühleren Breiten, die ohne ihre übliche Winterruhe unkalkulierbar wächst. Womit auch schon die Standardfehler bei der Wintergartenbepflanzung angesprochen wären. Da in der Regel der Wintergarten schon fertig ist, bevor der Gärtner zu Rate gezogen wird, sollen hier noch einige Punkte erwähnt werden, die ganze Pflanzengruppen von der Verwendung ausschließen. Kardinalpunkte bzw. -fehler Nr. 1 und 2 – oft gleichzeitig vorkommend – sind Sonnenschutzglas und Innenschattierung. Allein die Verwendung von Sonnenschutzglas schließt die Verwendung lichtbedürftiger Pflanzen aus – es läßt oft nur wenig mehr als die Hälfte des natürlichen, von den Pflanzen nutzbaren Lichtes durch. Pflanzen unter Sonnenschutzglas zeigen einen atypischen, etiolierten Wuchs und kommen häufig nicht zur Blüte. Wird dazu auch noch eine Innenschattierung eingebaut, wird es im wahrsten Sinne des Wortes ganz duster. Die Pflanzen ergattern dann nie einen direkten Sonnenstrahl, es sei denn im tiefsten Winter, wo die tiefstehende Sonne unter der Dachschattierung durchblinzeln kann. Das reicht natürlich nicht. Unter solchen Verhältnissen sind fast alle australischen und südafrikanischen Pflanzen binnen eines Jahres dem Tode geweiht. Dies gilt vor allem dann, wenn der Wintergarten zimmerwarm ist. Das umgekehrte Beispiel ist seltener: ein einfach verglastes, nach Süden orientiertes Gewächshaus, nicht beheizbar, als Solaranbau gedacht, ohne Schattierung und mit unzureichender Lüftung. Hier können die Wintertemperaturen innerhalb eines Tages zwischen –10 und +30°C schwanken und im Sommer oft auf über 45°C ansteigen. Werden dann reichblühende Pflanzen gewünscht, wird man zwangsläufig ins südliche Südamerika ausweichen – oder aber nach Ostasien. Die aus diesen Gebieten stammenden Pflanzen sind jedoch auf Grund der dort herrschenden hohen Luftfeuchtigkeit an einen bedeckten Himmel mit reduzierter Einstrahlung gewohnt. Andere stammen vom Waldrand oder gar aus dem Unterholz, wo Temperaturen und Sonneneinstrahlung im Lauf eines Tages nur wenig schwanken. Stehen diese Pflanzen nun in einem unschattierten Solaranbau, kann man sich vorstellen, daß es ihnen hier nicht behagt. Solche Umweltbedingungen werden nur von echten Mediterranen oder einigen Australiern, den Halbwüstenpflanzen und den Sukkulenten »gepackt«. Bevor man zur Behebung dieser Probleme jedoch das Sonnenschutzglas und die Schattierung entfernt oder die Einfachverglasung des Solarhauses durch eine Doppelverglasung mit Schattierung ersetzt, sollte man eher die falsch ausgewählten Pflanzen durch eine standortgerechte Auswahl ersetzen. Die folgenden Fallbeispiele dienen vor allem dazu, die eigenen Wünsche artikulieren und in die Praxis umsetzen zu können. Damit es dabei möglichst wenig Fehlschläge gibt, sollte man die Ansprüche der Pflanzen sehr genau kennen. Als Kurzfassung für ihre Eignung ist die Herkunft von entscheidender Bedeutung. Dazu eine wichtige Faustregel: Pflanzen, die aus einer Region stammen, wachsen in einem konkreten Wintergarten entweder gut oder schlecht. Aber sie wachsen alle gleich gut oder gleich schlecht. Mischt man dagegen Pflanzen unterschiedlicher Regionen, werden manche Pflanzen gut, andere wenig zufriedenstellend wachsen – die ursprüngliche Optik der Pflanzung verschiebt sich schnell. Einen Pflanzenliebhaber wird das nicht weiter stören, genausowenig wie den Sammler, der stolz auf sein subtropisches Obstsortiment mit 50 Arten ist. Wer jedoch die Pflanzen eher vom ästhetischen Standpunkt aus betrachtet, wird enttäuscht sein, wenn sich seine Lieblinge nicht gegen andere Pflanzen, die eigentlich nur als Füllmaterial vorgesehen waren, durchsetzen können.

»Mittwintersonne« (veredelte Akazie) – selten trifft eine Beschreibung besser.

Wintergärten begrünen – Beispiele aus fünf Kontinenten

Aus der unerschöpflichen Vielfalt an Pflanzen die richtigen Arten für den Wintergarten auszuwählen, ist eine Kunst. Den gängigen Zimmerpflanzen geht es hier schlecht, weil die Temperaturen sehr schwanken. Gut geeignet sind dagegen Pflanzen der Subtropen, also solche aus Australien und Neuseeland, Süd- und Mittelamerika, dem Mittelmeerraum sowie Ostasien und Südafrika.

Eine klassische Kombination aus Ostasien

Auch wenn die zahlreichen Terrakotta-Gefäße diesem Wintergarten ein mediterranes Flair geben sollen, handelt es sich bei den verwendeten Pflanzen doch um eine klassische Kombination von Arten des warm temperierten Ostasien, um Pflanzen aus China und Japan. Diese sollten vor allem dort eingesetzt werden, wo sie durch Schattierungen, durch hohe Bäume oder wegen der Exposition des Wintergartens nach Nordwesten bis Nordosten nicht in den Genuß des vollen Sonnenlichtes kommen. Desgleichen sind diese Arten ausgezeichnet für Wintergärten geeignet, die im Winter nicht oder kaum beheizt sind (»Wärmepuffer«-Solaranbauten). Alle verwendeten Pflanzen ertragen zum Teil erhebliche Fröste. Ostasiatische Wintergärten sind – da weitestgehend immergrün – ziemlich pflegeleicht. Bei standortgerechter Verwendung sind Krankheiten und Schädlinge selten. Ostasiatische Pflanzen wirken vor allem durch ihre Blätter. Ihr Spektrum reicht vom Filigran der *Nandina* oder des Bambus bis zum tiefdunkelgrünen, oft fast halbmeterlangen, streng wirkenden Riesenlaub der Wollmispel. Wie lackiert wirkt der frische Austrieb der bekannten Zimmeraralie, eine *Aucuba* mit panaschierten Blättern kann auch in absonnige Winkel Farbe bringen. Ein Schuß Farbe täte vielen ostasiatisch orientierten Wintergärten nicht schlecht. Leider haben die am häufigsten verwendeten ostasiatischen Pflanzen weiße Blüten, was noch keinen Farbeffekt hervorruft. Viele dieser weißen Blüten duften jedoch, genannt seien hier nur *Clematis armandii*, einige Jasmin-Arten oder der Sternjasmin, *Trachelospermum jasminoides*, eine Pflanze, die mit dem Oleander verwandt ist und die – so es ihr zusagt – vom Spätwinter bis zum frühen Herbst unermüdlich blüht. Auch *Pittosporum tobira* sorgt im Spätwinter und Frühjahr für betörenden Duft. Fast ganzjährig blüht *Clerodendrum fragrans*. Dennoch läßt sich auch Farbe in diese oft ein wenig düsteren Wintergärten zaubern. Am leichtesten geht dies im Winterhalbjahr. Beispielsweise hält bei Verwendung verschiedener Kamelien-Arten und -Sorten die Blüte von Ende Oktober bis in den Juni hinein an. Für kühle, absonnige oder dauernd schattierte Wintergärten sind Kamelien die Pflanzen. Verändert sich ihr Standort nicht, d.h. Gärtnerei, Großmarkthalle, Blumengeschäft, Wohnzimmer, sind sie bei weitem nicht so heikel wie ihnen nachgesagt wird. Genauso verwendet werden können natürlich auch die bekannten »Zimmer«azaleen. Blaue Farbtöne liefert ein Teppich der grasähnlichen Liliengewächse

Liriope muscari, an etwas helleren Plätzen auch ein Tuff von *Ceratostigma willmottianum*, der Chinesischen Bleiwurz. Rosa Farbtupfer spenden *Clerodendrum bungei* oder einige *Rhaphiolepis*-Sorten, weniger auffällig die nach Himbeerbonbons riechenden Blüten von *Michelia figo*. Nicht unbedingt neben die rosa, eher zu den blauen

oder weißen Blüten paßt ein gelbblühender Primeljasmin, *Jasminum mesnyi* oder man nimmt bei einem sicher frostfreien Wintergarten für die gelbe Farbe eine Anleihe aus dem Südhimalaya und pflanzt einen gelbblühenden Zier-Ingwer, *Hedychium gardnerianum*. Im Sommerhalbjahr sind Hortensien wichtige Farbtupfer im absonnigen Ostasien-Wintergarten. Je nach pH-Wert von Boden bzw. Wasser und Sorte spielen ihre Farben von Rosa über Weiß bis Blau. Ist der Wintergarten frostfrei, passen die verschiedenen Citrus-Gewächse ganz ausgezeichnet in diese Umgebung. Nur ist deren Kultur nicht so einfach, daß sie dem Nicht-Pflanzenliebhaber auf Anhieb gelingt. Das Risiko ist ziemlich groß, daß in einem Wintergarten mit ansonsten tadel-

Oben: Mit Azaleen, Kamelien und Fuchsien kann man auch in absonnigen Wintergärten ganzjährig blühende Blickpunkte schaffen.
Links: Hier ist alles aufeinander abgestimmt: Rattan- bzw. Korbmöbel passen gut zu Naturstein, ebenso zu Terrakotta.
Auch die Pflanzen sind weitgehend rustikal: Robust, immergrün, pflegeleicht. Ein Ganzjahreswintergarten.

losen Pflanzen ein ziemlich mickriges Exemplar einer Orange oder Zitrone steht – was den guten Gesamteindruck erheblich stört. Gelingt die Kultur jedoch – und dies vor allem in Gegenden mit weichem Wasser –, ist eine gut gedeihende *Citrus*-Pflanze ein Schmuckstück ersten Ranges. Zu empfehlen sind Orangen und Zitronen, sie haben die größten Blüten und den stärksten Duft. Vor allem Zitronen fruchten auch bei uns reich. Ganz anders Kumquat, Clementinen und Mandarinen, ihre Blüten sind zwar zahlreich, sind aber klein und vom Duft wird kaum jemand »berauscht«. Sie setzen bei uns sehr schlecht Früchte an. Die ideale schwachwüchsige *Citrus*-Art ist die Zwergsauerorange, Chinotto, die, auf einen Stamm veredelt, jedes Jahr nur wenige Zentimeter wächst, mit großen Blüten überreich blüht und einen ausgezeichneten Fruchtansatz zeigt.

Ein Streifzug durch vier Kontinente

So sieht ein gut gepflegter, im Herbst gepflanzter Winter-garten im folgenden Spätwinter aus. Konzipiert für eine Mindesttemperatur von 10°C, sollte es tagsüber ruhig richtiggehend heiß werden dürfen. Einige Pflanzen waren bereits vorhanden, vor allem die Fruchtgehölze *Eriobotrya* und eine Feige – die beide eigentlich auch mit geringerer Mindesttemperatur zurechtkommen würden. Gewünscht wurde zusätzlich eine raschwachsende pflanzliche Schattie-rung nach Süden, wobei hier auf Grund des großzügig vor-handenen Luftraumes Bäume an Stelle der Kletterpflanzen vorgesehen wurden. Konstruktionsbedingt war in diesem Wintergarten mit sehr starken Temperaturschwankungen zu rechnen: Die Heizung war nicht so ausgelegt, daß sie bei einem plötzlichem Temperaturabfall an Winterabenden die geforderten 10°C Mindesttemperatur hätte aufrechterhalten können. Es konnten deshalb nur Pflanzen verwendet wer-den, die trotz extrem hoher Tag-/Nachtunterschiede zufrie-denstellend wachsen. Die Auswahl war gar nicht so einfach, da als zusätzliche Anforderung die Pflanzen weitgehend schädlingsfrei zu bleiben hatten. Die naheliegende Lösung, auf australische Gehölze auszuweichen, verbot sich wegen des ziemlich harten Gießwassers. Da im Mittelmeergebiet, dessen Pflanzen ansonsten für solche Situationen prädesti-niert sind, nur sehr wenige raschwüchsige Pflanzen vorkom-men, wurde von dem bewährten Prinzip »Möglichst alle Pflanzen aus derselben Region« Abstand genommen. Viel-mehr wurde nach dem Motto »Funktion sticht Herkunft« vorgegangen. Als Fortsetzung der Rückwand dient unter diesen Umständen die stark wüchsige Zimmerlinde, eine Pflanze, die außerhalb der Blütezeit auch von Fachleuten häufig mit der gleichfalls gut geeigneten *Dombeya* verwech-selt wird. Deren Blütenstände sind jedoch hortensienartig, zumeist weiß bis rosa-lila, und erscheinen von Spätherbst bis weit ins Frühjahr in den oberen Blattachseln. Im Gegen-satz dazu sind die zur selben Zeit erscheinenden *Sparman-nia*-Blüten weiß mit einem auffallenden Büschel goldgelber Staubfäden. Unter den Verhältnissen dieses Wintergartens muß sowohl *Dombeya* als auch *Sparmannia* häufig ge-schnitten werden, was sie aber ausgezeichnet vertragen. Durch korrekten Schnitt kahlen sie im Alter unten nicht aus. Sollte man zwischen beiden wählen müssen, empfiehlt sich die *Dombeya* wegen ihrer erheblich geringeren Anzie-hungskraft auf Schädlinge. Die *Sparmannia* bildet den Gegenpol zu der jetzt noch kleinen Feige. Ihr gerade begin-nender Austrieb läßt kaum erahnen, daß die nun folgenden Triebe 2 m lang werden können. Auch hier wird viel geschnitten werden müssen, sonst kann sich die daneben

gepflanzte Wollmispel trotz ihrer Schattenverträglichkeit auf Dauer nicht durchsetzen. Verbindend zwischen Zimmer-linde und Feige steht der südamerikanische Pfefferbaum, *Schinus molle*, der recht rasch wächst. Im Alter kann er unwahrscheinlich malerische Gestalten annehmen, beson-ders wenn er häufiger geschnitten wird. Ansonsten bleibt er sehr licht, was aber angesichts der massiven Wirkung der

anderen, extrem großblättrigen Wintergartenbäume durchaus erwünscht ist. Für eine lange Blüte im Winter sorgt die südafrikanische Paradiesvogelblume, *Strelitzia reginae*, die ausgezeichnet im Halbschatten gedeiht. Diese Eigenschaft wird für sie in wenigen Jahren überlebensnotwendig, da sie dann im Kronenbereich der Zimmerlinde steht und auch der *Schinus* das Licht nur noch diffus durchlassen wird. Auch die anderen Arten der Unterpflanzung wurden – soweit sie nicht direkt an der Glasscheibe stehen – auf Grund ihrer Schattenverträglichkeit ausgewählt. Neben der Strelitzie einige *Russelia*, die hier fast ganzjährig blühen,

ein paar Orangenblumen, *Choisya ternata*, die die kahlen Stämme der dahinterstehenden *Tibouchina* verdecken, zwei immergrüne Erdbeerguaven und eine Gruppe *Mitraria*. Wo hier noch ein Bodendecker nötig war, fiel die Wahl auf den Japanischen Sternjasmin, *Trachelospermum asiaticum*, der sich vom gewöhnlichen Sternjasmin vor allem durch die gelben Blüten unterscheidet, aber ebenso vom Spätwinter bis zum Herbst blüht und köstlich duftet. Die Sommerblüte wird durch verschiedene, hausseitig angeordnete Kletterpflanzen gewährleistet, die – da der Boden dort bereits versiegelt war – in Töpfen aufgestellt werden mußten. Dies

<u>Oben:</u> Paradiesvogelblumen – *Strelitzia reginae* – gehören zu den wertvollsten schwachwachsenden Solitärs für wärmere Wintergärten. Die Vorpflanzung aus *Russelia* kaschiert die alten Blattbasen. <u>Links:</u> Wenn die Schattierung durch raschwachsende Bäume wie *Sparmannia africana* oder *Schinus molle* erfolgt, muß das ganze Jahr über zur Schere gegriffen werden.

macht dann zwar durch die Bewässerung mehr Arbeit, hält aber die überwiegend stark wachsenden Schlinger im Zaum. In diesem Wintergarten kann eigentlich sehr wenig schiefgehen – es sei denn, es wird nicht frühzeitig genug geschnitten. Die Gefahr ist ziemlich groß, daß die Kletterpflanzen sowohl ineinander als auch in die Kronen der Schattenbäume wachsen. Hier würde dann innerhalb kürzester Zeit ein kaum kontrollierbarer Wald entstehen, der nicht mehr unbedingt jedermanns Geschmack wäre. Sind Wintergärten vorwiegend mit starkwüchsigen Pflanzen eingerichtet, sollte sich nach dem erwünschten starken Anfangswachstum die Düngung auf das Nötigste beschränken.

Mediterrane Variationen

E inen Wintergarten, in den es ruhig auch einmal herein-frieren kann, kann man mit dieser Kombination aus überwiegend echten Mediterranpflanzen bestücken. Sie vertragen auch stark kalkhaltiges Gießwasser ausgezeichnet. Nicht ganz stilecht, aber vor allem im Winter das immergrüne Element, ist die ostasiatische *Clematis armandii*. Als klassischer Winterblüher, der je nach Typ auch noch vorzüglich duften kann, ist *Clematis armandii* sicher eine der besten Kletterpflanzen für kühle, nicht unbedingt frostfreie Wintergärten. Wo es ihr gefällt, ist sie ganz schön wüchsig, was man dieser Pflanze, die seit gerade zwei Jahren an ihrem Standort steht, nicht auf den ersten Blick ansieht. Die Auswahl an Hauptbäumen für Mittelmeerpflanzungen ist groß. Man darf sich aber nicht scheuen, zur Schere zu greifen. Der Wintergartenbewohner, ein Hochbauingenieur im Ruhestand, wünschte sich, daß auch im Wintergarten die Jahreszeiten merkbar mitzuerleben seien. Deshalb wurde als Zentrum ein typischer laubabwerfender Baum aus dem Mittelmeergebiet – eine Feige – ausgewählt. Was man genau sieht: Bei Feigen ist es gefährlich, sie in einen nährstoffreichen Boden auszupflanzen. Wächst sie erst einmal an, kann sie meterlange Jahrestriebe entwickeln, wobei die Seitentriebbildung ziemlich unterdrückt wird. Wenn nicht eine besonders lockerkronige Pflanze gewünscht wird, muß man gelegentlich zurückschneiden, je

Ein typisches Macchien-Symbol: Blühende Zistrosen. Hier eine sehr schöne Hybride, *Cistus* x *purpureus*.

<u>Oben:</u> *Arbutus*-Früchte im Herbst – eine bezaubernde Impression südmediterraner Macchie. Gleichzeitig beginnt die Blüte.
<u>Links:</u> Ein Feigenbaum ist eine raschwüsige »Schattierung« mit enormen Platzbedarf. Spätestens jetzt muß man ihn zurücknehmen.

nach Temperatur am besten im späten Winter oder frühen Frühjahr, kurz vor dem Austrieb. Als größerer laubabwerfender Wintergartenbaum fast so beliebt wie die Feige ist *Albizia julibrissin*, der Schlaf- oder Seidenbaum aus der Familie der Mimosen. Von Natur aus ähnlich rundkronig wie eine Feige, wird er häufig durch Entfernen der Leittriebe ziemlich flach gezogen. Er bildet dann einen »Schirm« und paßt somit in vergleichsweise niedere Wintergärten. Weitere laubabwerfende Laubbäume für ähnliche Situationen sind beispielsweise der Paternosterbaum, *Melia azedarach*, der sich im Frühjahr mit zahlreichen fliederähnlichen Blüten schmückt, ansonsten bis zu fast meterlange, gefiederte Blätter trägt, oder gar in ganz kalten Wintergärten ein Judasbaum, *Cercis siliquastrum*. Ist nur wenig Platz vorhanden, kann man es auch mit einer Kaki probieren. Auch bei immergrünen Bäumen ist die Auswahl nicht gering. Klassisch, aber kostspielig wäre hier eine größere Olive zu nennen, wobei man – so man Früchte will – an eine passende Befruchtersorte denken muß. Großkroniger, aber sehr dekorativ belaubt ist der Johannisbrotbaum, *Ceratonia siliqua*, der aber als Gehölz des südlichen Mittelmeeres auf Fröste unter –5°C mit Schäden reagiert. Die immergrüne Steineiche, *Quercus ilex* wirkt, besonders wenn sie mehrfach geschnitten wurde, ähnlich bizarr wie eine alte Olive. Die Hauptblüte in Mediterrangärten findet vor allem zwischen Spätwinter und Frühsommer statt. In diesem Wintergarten finden sich bereits zum Jahreswechsel mehrere Blütenpflanzen, wobei hier vor allem die bereits erwähnte *Clematis armandii* genannt werden muß. Dazu kommt noch der Mittelmeerschneeball. Dieser blüht bereits im Spätsommer auf, gerade in kühlen Wintergärten hält die Blüte dann bis ins späte Frühjahr an, worauf zahlreiche tiefdunkelblaue Beeren erscheinen. Ins frühe Frühjahr fällt auch die Blüte des Lorbeers. Es ist bisher viel zu wenig bekannt, daß ältere Lorbeer nicht nur ausgezeichnete Blattschmuckpflanzen sind, sondern auch zahlreiche gelbe Blüten zu einer Zeit zeigen, zu der große Teile der Vegetation noch im Winterschlaf liegen. Das mediterrane Frühjahr startet gewöhnlich mit der Rosmarin-Blüte, die dann fast nahtlos durch die verschiedenen Lavendel-Arten abgelöst wird. Am Naturstandort blühen gleichzeitig die verschiedensten Zwiebel- und Knollengewächse. Ins Frühjahr fällt auch die Blüte der Zistrosen. Zwischen Weiß und Tiefrot über Rosa kommen alle Farben vor, gelbe Töne liefern die nahe verwandten *Helianthemum*. So farbenprächtig diese Zistrosengewächse auch sind, so muß doch vor ihnen gewarnt werden. Daß sie einen sehr hohen Wasserbedarf haben, ist nicht weiter tragisch, solange sie ausgepflanzt sind. Sie holen sich schon, was sie brauchen. Sehr viel schwieriger ist

<u>Oben:</u> Eine der wenigen aus dem Mittelmeerraum stammenden Kletterpflanzen: *Periploca graeca*, der Seidenwein.
<u>Links:</u> Oleander gibt Wintergärten von Frühjahr bis Herbst ein lockeres Mittelmeerflair. Unter Glas kann man auch empfindliche, gefüllte und seltene Farbtöne zur Blüte bringen. Aber: Oleander braucht volle Sonne! Im Schatten werden die Triebe lang und dünn. Die im Wintergarten sicher auftretenden Spinnmilben lassen sich ebenso wie Schildläuse mit Mineralölpräparaten bekämpfen.

Gelb der verschiedenen Oleandersorten. Im Wintergarten kann man sich durchaus auch an die etwas heiklen machen, vor allem an die großblumig gefüllten, duftenden, die bei uns im Freien auf Grund der häufigen sommerlichen Regenfälle oft nicht das zeigen können, was in ihnen steckt. Oleander machen allerdings viel Arbeit, da sie ständig die alten Blätter verlieren, nach warmen Nächten ist der Blattfall oft schubartig; Spinnmilben sind häufig. Um diese Zeit blüht auch die nicht aus dem Mittelmeergebiet stammende, aber in jedem südlichen Stadtpark zu findende *Lagerstroemia indica*. Diese Pflanze wäre ebensogut als Solitärgehölz speziell für kleinere Wintergärten geeignet, da sie für eine reiche Blüte jedes Jahr extrem stark zurückgeschnitten werden muß. In diesem Wintergarten wurde jedoch kein Wert auf eine reiche Blüte im Sommer gelegt – nennt doch der Besitzer einen ausgedehnten Garten mit einer überbordenden Fülle an Sommerblumen sein eigen. Viel wichtiger war es ihm, die kostbaren Plätze im Glasanbau den winterblühenden Arten vorzubehalten. Gar nicht stilecht – die Besitzer lieben aber blaue und lila Farbtöne – steht versteckt hinter einem Lorbeer eine vom Hochsommer bis in den Spätwinter blühende *Tibouchina urvilleana*. Diese wird zwar nicht überleben, wenn es einmal ordentlich in den Wintergarten hereinfriert. Da die Pflanze aber preisgünstig ist, erschien sie einen Versuch wert.

Oben: Myrten sind klassische Elemente des mediterranen Wintergartens. Die Kombination zwischen Pflanze, Terrakottatopf und Cotto-Boden ist geglückt. Die langlebigen Myrten werden auf Grund ihres langsamen Wachstums auch im Alter kaum zu groß.
Rechts: *Tibouchina* kann helfen, herbstliche »Blütentäler« zu überbrücken.

die Kultur in Töpfen. Geht es *Cistus* zu gut, was mit reichlicher Düngung und Bewässerung leicht zu bewerkstelligen ist, wächst die Pflanze fast unkrautartig. Ihre zahllosen weichen Triebspitzen sind deshalb ein sehr beliebtes »Kraftfutter« für die ersten Blattlausstämme des Jahres. Man wird deshalb im Frühjahr nicht umhin können, die Pflanzen noch einmal zu entspitzen, wodurch sich ihre Blüte um einige Wochen verzögert. Auch während des Sommers ist mehrmaliges Entspitzen angesagt – in ihrer Heimat, der Macchia-Region, übernehmen diese Arbeit die umherstreunenden Ziegen. Wer auch im Hochsommer auf reiche Blüte Wert legt, sollte sich noch Oleander zulegen. Das Ende der Zistrosenblüte fällt häufig mit dem Beginn der Oleanderblüte zusammen, das Sommerhalbjahr der Mittelmeerflora gehört eindeutig dem Rosa und Rot, Lachs, Weiß oder gar

Pflanzen vom anderen Ende der Welt

D ie Pflanzenwelt Australiens und auch Neuseelands hat für Europäer einen ganz besonderen Reiz. Blütenform und Blattstruktur, ja der Habitus der Pflanzen weicht extrem stark von dem ab, was wir aus unseren Gärten kennen. Trotzdem möchte man das Wort exotisch nicht verwenden. Exotisch – gleichbedeutend mit tropisch üppig – wirken die meisten Pflanzen Australiens nicht. Vor allem zwei große Pflanzenfamilien machen den Zauber der australischen Flora aus: die Schmetterlingsblütler, allen voran die Akazien, und die Myrtengewächse, deren wichtigste Vertreter *Eucalyptus* und die verschiedenen Zylinderputzer-Arten sind. Für uns sind diese Pflanzen besonders wertvoll, da ein großer Teil von ihnen im gerade frostfreien Winter-

Oben: Ein lauschiges Plätzchen, abgeschirmt durch einen mächtigen Neuseeländer Flachs. Im Vordergrund eine *Corokia*-Hybride.
Links: Damit sich verdelte Akazien üppig entwickeln können, braucht der Raum Höhe. Ganz links: Zwei klassische Australier: Zylinderputzer (links) und *Leptospermum*. Die Kronen ausgewogen zu halten, ohne auf die Blüte zu verzichten, ist jedoch eine Sache für Profis.

garten auch im Mittwinter blüht und sie wenig schädlingsanfällig sind. Damit eine Australpflanzung ein Erfolg wird, ist zweierlei unabdingbar: Eine Pflanzung beispielsweise mit Eukalyptus und Akazien gedeiht nur in voller Sonne. Bei der Auswahl des Bedachungsmaterials kann man deshalb auf im Gartenbau bewährte Lichtplatten zurückgreifen. Speziell bedampfte Sonnenschutzgläser schattieren viel zu stark. Auch viele australische Kletterpflanzen wie *Kennedya* oder *Hardenbergia* brauchen viel Licht. Weniger hoch sind die Ansprüche von *Hibbertia, Pandorea* oder *Hoya*, sie wachsen selbst im Schatten. Sowohl Akazien als auch Eukalypten – beide eigentlich unverzichtbare Leitpflanzen – sterben oft im Winter aus unerfindlichen Gründen stark zurück, erholen sich dann im nächsten Sommer wieder. Das Spiel beginnt im nächsten Winter von neuem. Ein tatsächlicher Zuwachs ist kaum mehr festzustellen, auch während des Sommers fallen vor allem Akazien wegen ihrer ungesunden Blattfarbe auf. Wenn es nicht Lichtmangel ist, liegt das am Boden oder am Gießwasser. Die meisten australischen Pflanzen lieben eher saure Böden. Der regelmäßige Einsatz harten Gießwassers verändert auch anfangs geeignete Böden in eine unerwünschte Richtung. Wer nichts dagegen unternimmt, muß mit Ausfällen rechnen. Am Rand sei hier deshalb ein Trick erwähnt, der in Australien und Südafrika weit verbreitet ist, wo kalkfliehende

Neuseelandflora, bei uns schon seit langem als Kübel-pflanze bekannt, sind *Cordyline australis* und der Neu-seeländer Flachs, *Phormium tenax*, mit zahlreichen Sorten und Hybriden. Von den Blütenpflanzen sind vor allem die *Metrosideros*-Arten zu nennen, besonders *Metrosideros excelsa*, der nicht nur ganzjährig ein sehr hübsches, grau-filziges Laub zeigt, sondern auch in nicht vollsonniger Lage – zumindest als ältere Pflanze – zuverlässig blüht.

Als zweite wichtige Blütenpflanze Neuseelands seien die *Leptospermum*-Hybriden genannt. Von diesen überreich blühenden Spätwinter- und Frühjahrsblühern gibt es zahl-reiche Sorten, zum Teil mit gefüllten Blüten. Das Farben-spektrum reicht von Weiß über Rosa bis zu tief Dunkelrot. *Leptospermum* sind sehr wüchsige Pflanzen, auch bei ungünstigen Umgebungsbedingungen. Leider blühen sie in unseren Breitengraden aus unerfindlichen Gründen in man-

<u>Links:</u> *Pandorea jasminoides* blüht fast ganzjährig.
<u>Unten:</u> Von den Akazienarten mit Phyllodien ist *Acacia retinodes* die beliebteste. Nicht nur, daß sie das ganze Jahr über blühen kann, sie gehört auch zu den wenigen Arten, die Kalk vertragen.

Pflanzen mit schlechtem Wasser gegossen werden müssen. Je nach Pflanzengröße wird auf die Töpfe bzw. auf die Baumscheibe ein gehäufter Tee- bzw. Eßlöffel Schwefelblüte ausgebracht. Dieses billige Material bewährt sich im übri-gen auch bei *Citrus* und Kamelien – Pflanzen, die ziemlich ähnliche Bodenansprüche haben. Um die Probleme mit Lichtmangel und zu kalkhaltigen Böden zu umgehen, greift man mehr und mehr auf die neuseeländischen Arten zurück. Dadurch verändert sich das Gesicht einer ursprüng-lich reinen Australpflanzung gravierend. Während nämlich eine Australpflanzung arides, wüstenartiges Klima mit hoher Hitze widerspiegelt, ist das Klima in Neuseeland weitgehend gemäßigt und humid. Bei meist ständig bedecktem Himmel wachsend, nehmen diese Pflanzen auch Schattierungen nicht übel. Neuseeländische Pflanzen haben oft sehr viel größere Blätter als die australischen, sie wirken insgesamt weit üppiger. Klassische Vertreter der

chen Jahren nicht oder nur sehr schlecht. Von den robusten australischen Blütenpflanzen ist *Callistemon* die wichtigste. Von *Callistemon* gibt es zahlreiche Arten, die auch vom Fachmann nicht leicht auseinandergehalten werden können. Wirklich wichtig sind nur die rot blühenden Arten, meist als *Callistemon citrinus* oder *C. lanceolatus* im Handel. Der Typ »*laevis*« hat sich überlegen gezeigt. Während von den zahlreichen Proteaceen Australiens bis vor wenigen Jahren nur die Silbereiche, *Grevillea robusta*, den Einzug in unsere Wohnräume geschafft hat – sie ist im übrigen ein ausgezeichneter Wintergartenbaum, nur etwas anfällig für Gummiflußkrankheiten –, werden seit einigen Jahren auch verschiedene strauchartige *Grevillea* angeboten. Die meisten

australischen *Grevillea* sind nicht annähernd so heikel wie ihre Verwandten aus der südafrikanischen Kapflora, können aber trotzdem oft rasch aus unbekannten Gründen eingehen. Der häufigste Grund wird wohl ein Zuviel an Mineraldünger sein, wobei schon eine normale Topfpflanzendüngung einer letalen Überdosis gleichkommen kann.
Die meisten *Grevillea* blühen zwischen Mittwinter und Hochsommer, einige Arten wie *G. banksii*, die auch baumartig werden kann, oder die Hybride *G.* x *semperflorens*, können zu allen Jahreszeiten einzelne Blütenstände schieben. Durch gezielten Rückschnitt, der bei *Grevillea* mehrfach im Jahre möglich und nötig ist, läßt sich die Blütezeit oft verschieben.

Oben: *Grevillea banksii*, eine großblumige, dauerblühende Art. Sie gedeiht aber nur in voller Sonne. Am schönsten ist sie als Stamm, auf *G. robusta* veredelt.
Rechts: Der Wintergarten von Seite 18/19, unmittelbar nach der Pflanzung. Um ein leeres Bild zu vermeiden, neigt man zu zu dichter Pflanzung. Wie stark viele Arten innerhalb der nächsten beiden Jahre wachsen werden, sieht man, wenn man eine Seite zurückblättert.

Eine repräsentative Auswahl subtropischer Gehölze in Einzelgefäßen

Dieser Wintergarten stellt uns vor erhebliche, allerdings klassische Probleme. Er, halbstudierter Förster und ganzstudierter Betriebswirt, sie, seit ihrer Hochzeit und den Kindern hauptberuflich seine Chefsekretärin, mit Hunden, dem Gröbsten entwachsenen Kindern und den Hobbys Zwergpapageien, die im Wintergarten frei fliegen sollen, wünschten sich ein grünes Wohnzimmer. Es kam nur eine Begrünung mit Pflanzen in Einzelgefäßen in Frage. Konkret hieß die Vorgabe wenige, aber schöne Solitärs, Minimumtemperatur von ca. 12°C und – wegen der Papageien – möglichst schädlingsfrei. Verschiedene Pflanzen wie *Beloperone* und *Streptosolen* waren bereits im Wintergarten vorhanden und mußten ins Konzept integriert werden. Die Kunden suchten ihre Pflanzen persönlich aus. Man entschloß sich für eßbare Früchte tragende *Acca sellowiana*, einmal als Halbstamm, einmal als Busch. Ihre Heimat ist

das südliche Südamerika. Sie ist sowohl nach oben als auch nach unten sehr temperaturtolerant. Des weiteren wurde ausgewählt: ein Halbstamm von *Thevetia peruviana*, dem sogenannten »Gelben Oleander«, der ganzjährig blüht und intensiv nach Veilchen duftet, dessen – allerdings selbst von Backenzähnen nicht zu knackende Samen – als extrem giftig gelten. Weiter gibt es zwei kleinere Pflanzgefäße mit der durch Schnitt niedrig zu haltenden immergrünen Erdbeerguave, *Psidium littorale,* sowie eine *Bougainvillea*-Pyramide und einen unter diesen Umständen sehr starkwüchsigen, dauerblühenden Schlinger, die indische *Thunbergia grandiflora*. Im Vordergrund befindet sich *Beschorneria yuccoides*, ein Agavengewächs aus Mexiko, das im Frühjahr meterhohe Blütenstände schiebt und sich in unseren Breiten im übrigen als sehr wüchsig erweist. Als weitere maßgebliche Pflanzen wurden in diesen lauwarmen Wintergarten eine Bleiwurzpyramide, *Plumbago*, ausgesucht sowie eine Paradiesvogelblume, *Strelitzia reginae*, beide aus Südafrika. Um die blau-lila Farbtöne aufrechtzuerhalten, erreichen zwei *Brunfelsia* im Spätwinter und Frühjahr ihren Höhepunkt. Im übrigen wurde auch ein *Jacaranda*-Solitär gepflanzt, dessen filigranes Laub ein lichtes Blätterdach bildet. Nachdem er im Hochfrühling sehr von Blattläusen geplagt war, schnitt der Wintergartenbesitzer die Pflanze rigoros zurück. Die äußerst willig wieder herausschießenden neuen Triebe wuchsen dann zwar den Blattläusen davon, wurden aber im folgenden heißen, trockenen Sommer ein Opfer der Spinnmilben. Dem Wintergartenbesitzer wurde empfohlen, sich letztendlich eine sowohl mit Spinnmilben als auch mit Raubmilben befallene Pflanze ins Gewächshaus zu stellen. Die mit Raubmilben infizierte Spinnmilbenpflanze muß in Berührung mit der anderen Vegetation sein, damit die Raubmilben, sobald sie ihre Nährtiere aufgefressen haben, auf andere Pflanzen überwandern können. In zimmerwarmen Wintergärten ist das Überwintern auch der Raubmilben weitestgehend gesichert, sie müssen also nicht jedes Jahr neu eingesetzt werden.

Links: Brunfelsien gehören wegen ihrer langen Blütezeit zu den dekorativsten kleineren Sträuchern für warme Wintergärten. Als kleine Topfpflanze werden sie fast immer chemisch gestaucht.
Rechts: Viele wertvolle, aber schwachwachsende Einzelstücke in Kübeln, dazu einige eher kurzlebige Blütentupfer. Solche Wintergärten wirken voll, aber nicht überladen.

Der südamerikanische Wintergarten

Was Wintergärten mit starkwachsenden südamerikanischen Pflanzen so attraktiv macht, ist, daß sie zu jeder Jahreszeit reichlich Blüte zeigen. Viele Pflanzen duften zudem ausgezeichnet. Voraussetzung ist eine Bodentemperatur im Bereich zwischen +5°C und 15°C. Unter 5°C fallen manche *Datura* oder *Iochroma* aus. Über 15°C ist das Wachstum im Winter viel zu stark bei gleichzeitig nachlassender Blüte auf Grund von Lichtmangel. Ein wie im nebenstehenden Bild vor allem mit Nachtschatten- und Malvengewächsen begrünter Wintergarten kann nur als Provisorium angesehen werden. Dennoch soll er hier nicht unterschlagen werden: Wer einen Wintergarten hat und entweder keine Zeit oder kein Geld, diesen von Anfang an optimal zu begrünen, kauft kostspieligere Pflanzen vorläufig nicht oder einfach eine oder zwei Nummern kleiner. Sie wachsen im Schutz raschwachsender, zurückzudrängender Arten heran. Ein Nachteil vieler schnellwachsender Pflanzen: Sie sind ziemlich schädlingsanfällig und wegen des kurzlebigen Laubes und der abfallenden Blüten alles andere als pflegeleicht. Darüber hinaus sprengen manche den Rahmen niedriger Wintergärten, da sie unter Glas – ohne die stauchende Wirkung von Sonnenlicht und Wind – noch viel schneller wachsen. Wer zur Schere greifen will, sollte eines bedenken: Gerade für Solanaceen ist typisch, daß sie – sobald sie blühen – nur noch wenig wachsen. Alle Kraft stecken sie dann in ihre Vermehrungsorgane, also Blüten und Früchte. Eine alte *Iochroma* blüht fortlaufend und wächst kaum mehr. Gleiches gilt für fruchttragende Baumtomaten. Der Rückschnitt beschränkt sich auf das Entfernen zu alten Holzes und unerwünschter, hoch aufschießender Bodentriebe. Bei den *Datura*-Arten eignet sich neben als Hochstamm gezogenen wüchsigen Arten mit vorzugsweise hängenden Blüten vor allem die breitlagernde *Datura arborea*, deren kleine Blüten unwahrscheinlich köstlich nach Marzipan duften. Sie versagt auch im Winter nicht. Von *Datura sanguinea* ist dagegen abzuraten – ihre Pluspunkte Blütezeit im Winter und schwaches Wachstum wiegen den Nachteil des häufigen Virusbefalles nicht auf. Einen Glanzpunkt bieten Baumtomatenstämme, *Cyphomandra betacea*. Auch ihre Blüten duften köstlich. Sie setzen reichlich eßbare Früchte an, die bekannten roten Tamarillo. Besonders als Winterblüher wertvoll sind verschiedene *Cestrum*-Arten. Ähnliche Ansprüche wie die Nachtschattengewächse stellen die Malvengewächse. Unter den *Abutilon* ist besonders *A. megapotamicum* wegen seiner ganzjährigen Dauerblüte hervorzuheben, gleiches gilt für alle großblumigen Schönmalven-Hybriden. Darüber hinaus eignen sich *Malvaviscus arboreus* oder *M. mollis*, zwei vergleichsweise langsamwachsende, stark verholzende Mitglieder der Malvenfamilie mit intensiv roten Blüten im Winterhalbjahr. Diesen provisorischen Wintergarten aus schnellwachsenden Arten kann man mit einer ganzen Reihe weniger rasch wachsender, südamerikanischer Sträucher mit ähnlichen Klimaansprüchen zu einer Dauerlösung werden lassen. Filigrane Leitpflanzen können hier *Jacaranda mimosifolia* oder *Calliandra tweedii* sein, etwas massiver wirkt ein Falscher Pfefferbaum, *Schinus molle*, oder der Brasilianische Pfefferbaum, *Schinus terebinthifolius*. In niedrigeren Wintergärten mit überwiegend südamerikanischen Pflanzen übernimmt diese Funktion der sehr robuste *Senecio grandifolius* oder ein Halbstamm von

Tibouchina urvilleana. Sie blüht vom Spätsommer bis zum Spätwinter. Eßbare Früchte liefern die südamerikanischen Fruchtgehölze Brasilianische Guave, *Acca sellowiana*, die Erdbeerguave, *Psidium littorale* oder die Echte Guayave, *Psidium guajava*, sowie Cherimoya und Papaya. Außerdem passend: *Cassia, Duranta, Russelia, Tecoma stans, Thevetia peruviana* oder die nur im Winter blühende *Jacobinia pauciflora*. Von den Kletterpflanzen, die von der provisorischen Begrünung in die Dauerbepflanzung übernommen werden können, sind besonders zahlreiche *Passiflora*-Arten und -Hybriden zu erwähnen. Sie entfalten ihren Hauptflor vom Frühjahr bis zum Spätherbst, also in der Zeit, in der viele der Nachtschattengewächse oder Malvenartigen auf der Terrasse stehen können. Auch andere reichblühende, starkwüchsige Kletterpflanzen kommen in Frage, wobei hier vor allem *Pharbitis acuminata* mit riesigen, enzianblauen Trichterblüten zu empfehlen ist.

Sie bekommt erstaunlich wenig Schädlinge. Ganz anders die reichblühende Folterpflanze, *Araujia sericifera,* oder der Chilenische Jasmin, *Mandevilla laxa* – sie sind ausgesprochene Leibspeisen für Blattläuse. Beträgt die Wintergarten-Mindesttemperatur etwa 10°C oder noch mehr, können auch andere *Mandevilla*-Arten, *M. boliviensis* oder besonders die großblumige, intensiv rosa *M. 'Alice du Pont'* verwendet werden. Weiterhin geeignete Kletterpflanzen aus Südamerika wären *Bougainvillea* und verschiedene Bignoniengewächse wie *Clytostoma*, *Macfadyena* oder *Phaedranthus*.

Mit preisgünstigen südamerikanischen Pflanzen kann man in Kürze einen Urwald bauen. Sitzplätze werden höhlenartig, die Vegetation drängt von allen Seiten herein, will zuwuchern. Die verschiedenen Pflegemaßnahmen und der ständige Griff zur Schere summieren sich zu einem erheblichen Arbeitsaufwand.

Der Liebhaber-wintergarten – Symphonie in Gelb

Aus nachvollziehbaren Gründen halten manche Pflanzenliebhaber nicht viel von einer ausgepflanzten Wintergartenbegrünung: Die Pflanzen wachsen oft zu rasch, das Pflanzenwachstum der verschiedenen Arten wird unkalkulierbar. Da im Wintergarten – viel mehr noch als im Freien – jedes Umpflanzen zu einer Aktion wird, werden viele Pflanzenliebhaber ihre Schätze weiterhin in Kübeln ziehen. Jede Pflanze kann individuell behandelt werden. Der Reiz von Pflanzen in Kübeln liegt aber für viele darin, sich ständig in neuen Arrangements üben zu können. So ist es auch in diesem kleinen, aber mit 10-15°C ziemlich warmen Wintergarten. Aus einem Fundus von zahlreichen Arten wurden im Hochsommer die zusammengestellt, die gerade blühten: alles in Gelb, mit einer Spur Blau. Im Vordergrund eine Gewürzrinde, *Cassia corymbosa*, dahinter mit seinen aufrechten Kerzen und dem üppigen, tiefdunkelgrünen Laub ein Kerzenstrauch, *C. didymobotrya*. Beide Pflanzen müssen – ähnlich wie die danebenstehende *Bougainvillea* – im Winter ziemlich trocken stehen. Als Farbtupfer links daneben findet sich eine mehrjährige Trichterwinde, *Pharbitis acuminata*. Und um ganz sicher zu gehen, daß absolut immer etwas blüht, wurden die unteren nackten Stämme durch eine *Abutilon*-Hybride wie 'Kentish Bell' abgedeckt. Als Ausgleich zu den Fiederblättern der Cassien zwei großlaubige Blütengehölze: links unten *Senecio grandifolius*, der seine blumenkohlartigen, gelben Blütenstände ungefähr dann entwickelt, wenn die Kassienblüte sich dem Ende zuneigt. Rechts im Bild mit oval zugespitzten Blättern: *Adhatoda vasica*. Man sollte sie häufig entspitzen. Sie blüht dann nicht nur im Winter, sondern fast das ganze Jahr hindurch. Die hier zusammengestellte Komposition benötigt nicht einmal eine Standfläche von 1,5 m². Es ist unwahrscheinlich, daß zu irgendeinem Zeitpunkt des Jahres nicht mindestens zwei Pflanzen blühen. Für Sichtschutz ist gesorgt – die Pflanzen decken nach draußen zu ab, sind jedoch so licht, daß man hinaussehen kann. Wollte man die vorliegende Aufstellung kritisieren, müßte man zuerst die *Pharbitis* ersetzen, da sie keinen Dauerzustand zuläßt. Da aber die Farbe Blau in dieser gelben Komposition eine ähnliche Funktion hat wie das Salz in der Suppe, bietet sich als mittelhoher Strauch mit langer Blütezeit *Tibouchina* oder

Eranthemum pulchellum an. Als kleinere blaublühende Pflanzen könnte man sich die sehr langsam wachsende *Thunbergia erecta* aus dem südlichen Afrika vorstellen, auch *Clerodendrum ugandense*, wobei dessen Blüten wenig Fernwirkung haben.

Solche farbenfrohen Begrünungen machen sehr viel Arbeit. Verblühtes muß mehrmals in der Woche entfernt werden. Die Bewässerung verlangt viel Fingerspitzengefühl. Die Bekämpfung tierischer Schädlinge kann wegen der hohen Temperaturen ganzjährig biologisch erfolgen. In solchen Wintergärten gefährlich sind vor allem Krankheiten wie Grauschimmel, die im Winter dann auftreten, wenn es am Tag schön warm ist, in der Nacht rasch abkühlt und der Wasserdampf an den Pflanzen kondensiert. In aller Regel trocknet er bis zum Morgen nicht ab, weil oft noch Kondenswasser von den Scheiben tropft. Verschiedene Fäulnispilze finden hier ideale Vermehrungsbedingungen. In diesem Fall ist bereits ab Spätherbst mit einer regelmäßigen Spritzung gegen Grauschimmel vorzugehen oder abends <u>nach innen</u> trockenzulüften. Die meisten Fungizide kann man im Wintergarten durchaus einsetzen, da sie nicht giftig sind. Im übrigen läßt sich ihr Einsatz durch ein Höchstmaß an Pflanzenhygiene – alle abgestorbenen Teile rasch entfernen – auf ein Minimum beschränken.

<u>Links:</u> Leute, die öfter mal was neues wollen, sollten ihre Pflanzen besser in Kübeln halten. Arrangieren mit Pflanzen macht Spaß, ist allerdings anstrengend. Man wird immer wieder einmal einen neue wunderschöne Pflanze finden, die sich hier leicht integrieren läßt. <u>Unten:</u> *Thunbergia erecta*, eine reichblühende, aber nicht kletternde Verwandte der bekannten »Schwarzäugigen Susanne«.

Ein zimmerwarmer Wintergarten

N ebenstehender Wintergarten ist zur Hälfte in den Baukörper integriert – erhält also dort von oben kein Licht –, die andere Hälfte ist mit Wärmeschutzglas gedeckt. Den Sitzplatz, der unter dem Glasteil plaziert wurde, beschattet zusätzlich eine Innenschattierung. Lichthungrige Pflanzen gedeihen hier höchstens im Randbereich, die Pflanzen empfinden selbst im Hochsommer bei maximaler Einstrahlung solche Situationen als absonnig oder gar schattig und verhalten sich dementsprechend. Alle, auch Schattenpflanzen, streben zum Licht. Jede verfügbare Energie wird in Längenwachstum gesteckt, um hinsichtlich Lichtgenuß die pflanzlichen Konkurrenten abwehren zu können. Die unter solchen Umständen entstehenden Triebe sind lang und dünn, die Blüte läßt stark nach. Einige Arten fallen unter diesen Bedingungen aus oder müssen entfernt werden. Ein weiterer Nachteil der mehr oder weniger vollständig ins Haus integrierten Wintergärten ist ihre Lüftung. Unter dem massiven Vordach – dort, wo idealerweise die Abluftklappen sitzen – kann sich ein Hitzestau ergeben. Dann sollte man einen Lüftungstechniker zu Rate ziehen und eventuell eine Zwangsentlüftung einbauen, sonst kommt es zu einer »fegefeuerartigen« Situation. Von der Leistungsfähigkeit der Pflanzen her betrachtet, hätte es für diesen Wintergarten eine Lösung gegeben: hitze- und trockenheitsverträgliche Sukkulenten, von denen viele in absonnigen Lagen noch gedeihen. Die Wintergartenbesitzer träumten indes von einer tropisch üppigen Begrünung mit nicht zuwenig Blüte. Gerade der letzte Punkt bereitete einiges Kopfzerbrechen: Trotz des Einbaus einer Zwangsentlüftung ist es den meisten tropischen Blütenpflanzen vor der Hauswand zu heiß. Den subtropischen Blütenpflanzen, die mit diesen Temperaturen klarkommen, dagegen zu dunkel. Da es sich hier nicht um einen Experimentierwintergarten handelte, wurden in diesem Bereich Pflanzen verwendet, die unter den gegebenen Bedingungen möglichst lange blühten, um die Tatsache zu kaschieren, daß es mit Ausnahme der Sukkulenten für solche Situationen nur sehr wenig Blütenpflanzen gibt. Als Solitär wurde eine Baumstrelitzie

Hier handelt es sich nicht um einen kühlen Wintergarten, sondern um ein zimmerwarmes Wohnzimmer im Grünen. Dominant ist die Baumstrelitzie hinten links, unterpflanzt mit großblättrigen *Alpinia* und *Spathiphyllum* und umrahmt von schattenverträglichen Kletterpflanzen.

ausgewählt, bei der aber gleichwohl die Frage auftrat, ob sich nicht in Verbindung mit wenig Licht und hoher Temperatur ein enormes Streckungswachstum zeigen würde, das Laub also an der Decke des Vorbaues anstößt, bevor die erste Blüte erscheint. Der jetzt dominierende Hauptstamm der Baumstrelitzie wird in wenigen Jahren entfernt werden müssen. Dies wurde von den Wintergartenbesitzern aber billigend in Kauf genommen, da Baumstrelitzien immer ausreichend Ausläufer treiben, die den Muttertrieb innerhalb kurzer Zeit ersetzen können. Als langfristiger Ersatz wächst bereits ein Baumfarn heran. Zur Kaschierung der nackten Wand war anfänglich der Wonga-Wonga-Wein, *Pandorea pandorana*, vorgesehen. Dieser hielt sich jedoch nicht lange und wurde ersetzt durch einen Kastanienwein, *Tetrastigma voinierianum*, eine aus dem nordvietnamesischen Dschungel stammende Liane. Diese blüht zwar nicht, gedeiht aber sonst äußerst prächtig. Mit etwas Geduld hätte man es unter diesen Umständen auch mit einer australischen Wachsblume, *Hoya carnosa*, versuchen können. Diese wird selbst nach Jahren nicht zu groß, blüht auch im Schatten während des größten Teils des Jahres, verträgt Hitze und ist vollständig immergrün. Allerdings wirken ihre Blätter etwas sukkulent. Wo der Glasvorbau an die Mauer stößt, wurde eine der beiden vorhandenen *Bougainvillea* plaziert, die zweite kam direkt ans Glas der Südwand. Wegen allzu

Oben: *Ixora coccinea,* ein schwachwüsiger, fast ganzjährig blühender Busch für warme Wintergärten. Er gilt zurecht als heikel. Links: Diese jetzt noch junge Pflanzung wird langfristig zu dicht. Ganz links: Ein besonderer Leckerbissen für Pflanzenliebhaber mit grünem Daumen – die köstlich duftende Frangipani, *Plumeria acutifolia.*

üppigen Wachstums und unbefriedigender Blüte wurde letztere allerdings zwei Jahre nach der Pflanzung wieder entfernt. Farbe in den knie- bis hüfthohen Bereich bringen halbstrauchige Flächendecker: Rote und gelbe Farbtöne im Winter liefert die *Jacobinia pauciflora,* die nach der Blüte stark zurückgenommen wird. Etwas mehr Licht braucht *Russelia equisetiformis,* deren zahllose rote Röhrenblüten von Frühjahr bis Anfang Winter die lange überhängenden, schachtelhalmartigen Triebe fast verstecken. Ähnlich im Habitus ist die mit den Gloxinien verwandte *Mitraria coccinea* mit gleichfalls granatapfelroten Röhrenblüten im Frühsommer. In die als Bodendecker verwendeten *Muehlenbeckia axillaris* sind Tuffs mit *Elettaria cardamomum* und anderen, vorzugsweise im Winter blühenden Ingwergewächsen gesetzt. So wurde auch das vorhandene *Spathiphyllum* integriert. Ganz andere Blattstrukturen – aber gerade sie bewirken den Eindruck tropischer Üppigkeit – stammen von einem Baumfarn und dem benachbarten Echten Papyrus. Es ist jetzt schon abzusehen, daß dieser Wintergarten ständig im Schnitt gehalten werden muß. Die erste Pflanze – eine winterblühende *Dombeya* im Bereich des Glasdaches – wurde wegen ihrer Wüchsigkeit bereits entfernt. Sie soll durch einen *Hibiscus*-Halbstamm ersetzt werden.

Obsternte
im Wintergarten

Ein großer Teil unseres Gemüses wird inzwischen unter Glas herangezogen. Niemand denkt sich etwas dabei. Unter Glas herangezogenes Obst ist in unseren Breiten dagegen völlig unbekannt. Zumindest wird es – sieht man von Erdbeeren und Melonen ab – nicht professionell betrieben. Der Obstbau im Wintergarten kann eine ganz lukrative Sache sein für denjenigen, der gern subtropisches oder tropisches Obst ißt. Besonders interessant ist der Anbau von transportempfindlichen Früchten und solchen, die nach der Reife sehr schnell ungenießbar werden und deshalb in ihren Ursprungsländern schon halbreif geerntet werden müssen. Der Anbau von Nüssen oder beispielsweise der Echten Pistazie, *Pistacia vera*, lohnt sich demgegenüber nicht. Die Früchte dieser Pflanzen erreichen bei uns keine akzeptable Größe und sind, da absolut transportunempfindlich, bei uns zu Spottpreisen auf dem Markt. Nebenstehendes Bild zeigt dagegen eine sinnvolle Auswahl: In einem verglasten, nicht frostfreien Treppenaufgang Feigen und Feijoa zu ziehen, ist bestimmt kein schlechtes Geschäft. Die Situation

erinnert etwas an die Reichenauer Gärtner, die in den Schleusen zu ihren Gemüsekulturen großfrüchtige Trauben anbauen: Hauptsächlich für den Eigenbedarf, kommt doch gelegentlich die eine oder andere Kiste auf den Wochenmarkt. Weder der Feige noch der Feijoa macht es etwas aus, wenn ab und zu ein Ast abbricht. Sie müssen ohnehin regelmäßig beschnitten werden. Die Pflanzung ist umrahmt von einer immergrünen *Clematis armandii*, die auch im Winter bei Frostgraden ihre Blüten öffnet. Unter der Treppe im eigentlich ziemlich schattigen Bereich steht ein Klebsame. Er macht dort ziemlich lange Triebe und muß deshalb regelmäßig eingekürzt werden. Die Unterpflanzung

besteht hauptsächlich aus Efeu, das sich unter schattigen, nicht frostfreien Bedingungen als einer der besten Boden-decker erwiesen hat. Gut dazu passen würde auch eine Kaki, ein klassisches Beispiel für eine transportempfindliche Frucht für diesen Klimabereich – bis –10°C könnten theoretisch vorkommen. Kaki lassen sich als reife Früchte überhaupt nicht mehr transportieren, sie werden sofort fleckig. Auch eine veredelte Japanische Wollmispel, *Eriobotrya japonica*, verspricht sichere Ernte, sofern die im Winter erscheinenden Blüten nicht ein Opfer von Grauschimmel werden. An Oliven hingegen – klimatisch hier ebenso geeignet – sind im Wintergarten keine allzugroßen Ernteerwar-

Oben: Früchte der Feijoa oder Brasilianischen Guave *Acca sellowiana*. <u>Links:</u> Ein Fruchtgehölzen vorbehaltener Wintergarten mit Feige, Brasilianischer Guave und Japanischer Wollmispel. <u>Ganz links:</u> Die beliebte Passionsfrucht oder Maracuja, *Passiflora edulis*, braucht im Winter mindestens +10 °C, sonst fällt das Laub ab; die Gefahr des Übergießens ist dann groß.

tungen zu stellen. Die Blüten müssen vom Wind bestäubt werden, außerdem benötigt man zwingend eine zweite Pflanze. Kiwis können wegen ihrer Anfälligkeit gegen Spinnmilben nicht empfohlen werden. Einige weitere, im wahrsten Sinne des Wortes lukrative Nutzpflanzen gibt es auch für gerade frostfreie Wintergärten, ein Beispiel hierfür ist die Ananasguave, *Psidium cattleyanum*, oder die Baumtomate. Für noch wärmere Bereiche soll als wichtigste die Cherimoya, *Annona cherimola*, genannt werden, die ebenso wie Papaya bei uns ausgezeichnet gedeiht. Auch die Echte Guave, *Psidium guajava*, trägt in Wintergärten mit mindestens 10°C goldgelbe, reif einen köstlichen Duft verströmende Früchte. Eine kletternde *Passiflora edulis*, die bekannte Maracuja-Frucht, kann die Vertikale eines wärmeren Obst-Wintergartens erschließen.

Variationen zu einem Thema

Häufig erhält man als Gärtner den Auftrag, für nicht allzu große Becken von nur 1–2 m² eine Bepflanzung zusammenzustellen. Gerade hier ist eine Besinnung auf die Herkunft wichtig, für mehr als 3–5 Pflanzenarten reicht der Platz nicht. Anfänger machen oft den Fehler, auf solch kleinen Flächen möglichst viel verschiedene Arten zu setzen. Das gibt im besten Falle »gemischten Salat«, wahrscheinlich ist aber, daß 1 oder 2 Pflanzen den Rest innerhalb kurzer Zeit erdrücken. Bei solch kleinen Flächen reicht ein Solitär bzw. eine starkwachsende Pflanze völlig aus. Diese wählt man als erstes aus. Liegt das Beet am Rand, kann es eine Kletterpflanze sein, bei einem zentralen Beet wird man je nach Wintergartenhöhe eher einen Baum oder dominanten Strauch wählen, auch Kletterpflanzenpyramiden wären denkbar. In den 3 nebenstehenden Beispielen für gerade frostfreie Wintergärten ist die Leitpflanze für den australisch orientierten Wintergarten eine *Acacia podalyriifolia,* beim südafrikanischen ein Stamm von *Podranea ricasoliana* –eigentlich eine Kletterpflanze –, für den ostasiatischen ein Bambus. Ein mediterran orientiertes Beet könnte einen Johannisbrotbaumstamm, einen Feigenbusch oder eine Olive als Zentrum haben.

Als zweites wählt man die mittelhohe Bepflanzung. Diese Arten sollten nicht höher werden als knie- bis hüfthoch bzw. müssen entsprechend geschnitten werden können. Hier gibt es zwei Möglichkeiten: Man wählt 2–3 gleichrangige Arten, die locker miteinander verknüpft über den Rand des Beckens fallen (Beispiel Südafrika: Immergrüner *Agapanthus* mit Bleiwurz) oder man nimmt nur 1–2 Arten, die dann noch einmal mit einem Bodendecker unterpflanzt werden (Beispiel: Australien *Phormium tenax* 'Bronce' und *Senecio greyi,* unterpflanzt mit *Muehlenbeckia*). Wichtig ist, daß Blattformen und Blattfarben, Blütezeit und Blütenfarben harmonieren. Der Australgarten ist hier sehr gut gelungen – 2 verschiedene Silbertöne durch Akazie und *Senecio,* der tiefe Kupferton des *Phormium* auf schwarzgrünem Teppich. Abgesehen vom Schnitt gibt es bei dieser Pflanzung wenig zu tun, sie kann – im Umfang entsprechend zugenommen – auch in 10 Jahren noch so stehen. Ohne am Grundkonzept etwas zu ändern, könnte man diese Pflanzung variieren – statt der Akazie einen hängenden Eukalyptus, eine *Cordyline,* einen *Corynocarpus* oder gar einen *Metrosideros*-Stamm – das Bild wäre ein ganz anderes, ohne daß es an Spannung verlöre. Man könnte aber auch

Dreimal dasselbe Beet – und doch ganz anders.
Oben: Thema Australien: *Acacia podalyriifolia* als Solitär, darunter bronzefarbene *Phormium tenax,* unterpflanzt mit *Senecio greyi* und *Muehlenbeckia complexa.*

Phormium durch dichtbuschige *Grevillea semperflorens* oder ähnliche Arten mit intensiv hell- oder dunkelgrünem, nadelartigem Laub ersetzen und dann eventuell den Bodendecker weglassen. Jedesmal ergibt sich ein völlig neues Bild. Nimmt man die Liste der australischen und neuseeländischen Pflanzen zur Hand und überlegt, was man variieren kann, findet man leicht für diesen kleinen Fleck über 100 gut geeignete Möglichkeiten, ohne den vorgegebenen Temperaturbereich verlassen zu müssen.

Für den südafrikanischen Wintergarten gilt ähnliches. Hier werden im Sommer die *Plumbago* den *Agapanthus* davonwachsen, von den *Agapanthus* sieht man nur die Blüten-

stiele. Im Winter werden die *Plumbago* radikal zurückgeschnitten, worauf man nur noch das Laub der *Agapanthus*
sieht. Wenn man – wie hier – als Leitpflanze einen geschnittenen Stamm nimmt, sollte man das später auch
noch sehen. Wird die Unterpflanzung zu hoch, kommt der
Stamm nicht mehr als Stamm zur Geltung. Hier ist die
Lösung perfekt geraten, die Bepflanzung ist im Schnitt
nicht viel höher als das *Agapanthus*-Laub, da die *Plumbago*-
Triebe umfallen und überhängen. Auch diese Pflanzung läßt
sich 10 Jahre halten. Ebenso wie bei der Australpflanzung
wären hier mannigfache Variationen denkbar.

Das ostasiatische Beet sollte man allerdings nicht unverän-
dert kopieren. Zwar sind die formalen Prinzipien eingehal-
ten, jedoch paßt die Gruppierung nicht zu dem Wuchsver-

halten von Bambus: Setzt man einen Bambus dieser Größe
in ein vergleichsweise kleines Becken, wächst dort in 2 Jahren ausschließlich Bambus. Die kostspieligen, schwachwüchsigen *Michelia* haben dann keine Chance. Bambus
braucht hier außer einem dekorativen Bodendecker keine
Ergänzung.

Oben: Die südafrikanische Variante:
Podranea-Hochstamm, unterpflanzt mit
Plumbago und *Agapanthus*. Rechts: Ostasiatische Impression: Bambus (*Phyllostachys*) mit *Michelia*. Als Unterpflanzung passen *Ophiopogon* oder Gräser wie
Carex.

Eine Halbwüsten-Stimmung

Sukkulenten und Kakteen sind in Wintergärten selten, obgleich keine andere Pflanzengruppe den Klimaverhältnissen vieler Glasbauten auch nur annähernd so gut gewachsen ist wie gerade die Sukkulenten. In Wintergärten, in denen es tagsüber so heiß ist, daß sich dann kein Mensch darin aufhalten mag, gedeihen sie ausgezeichnet. Fast alle ertragen leichte Fröste, einige sogar bittere Kälte. Wenn der Wintergartenbesitzer keine Lust zum Gießen hat oder zwei Wochen in Urlaub fährt – bitte schön, den Sukkulenten macht dies nichts aus. Schädlinge – sieht man einmal von Schild- und Wolläusen ab – gibt es so gut wie keine, der Pflegeaufwand ist fast Null. Blüten gibt es während des ganzen Jahres und verleihen dem Wintergarten eine ungeheuer südliche Ausstrahlung. Sukkulentenwintergärten wirken ganzjährig attraktiv und wenn man die Pflanzen nicht gemästet hat, tun sie dies auch noch viele Jahre nach der Pflanzung. Dennoch haftet den Sukkulenten etwas an, was sie für viele Wintergartenbesitzer inakzeptabel macht: sie assoziieren Sukkulenten mit Stacheln und Dornen. Dem muß man entgegenhalten, daß es eine große Zahl von Sukkulenten ohne diese fürchterlichen Bewehrungen gibt. Wer einen Sukkulentenwintergarten erwägt, sollte unbedingt die entsprechenden Sammlungen des nächstgelegenen Botanischen Gartens besuchen. Er wird dann feststellen, daß es zwei völlig verschiedene Typen gibt: Aloe-Pflanzungen oder Agave-Kakteen-Yucca-Pflanzungen. Der Aloe-Typus entspricht in etwa der Vegetation, wie sie in Teilen des südlichen und östlichen Afrika vorkommt. Der Aloe-Wintergarten besteht vorzugsweise aus Aloe, unterpflanzt wird sparsam mit verschiedenen Mittagsblumengewächsen oder der Hottentottenfeige, *Carpobrotus*. Eine sehr hohe Lichtintensität – also keinerlei Schattierung oder Wärmeschutzglas – ist dann ein Muß. Die Hauptblüte der Aloe liegt im Winterhalbjahr. Die haltbaren Blütenstände entwickeln sich erst im Lauf von Monaten und lassen deshalb über lange Zeit viel Vorfreude aufkommen. Demgegenüber blühen die *Mesembryanthemum*-Arten von Frühjahr bis zum Herbst, eine blütenlose Zeit gibt es in Aloe-Wintergärten nicht. Diese Bepflanzung ist nicht verletzungsträchtig. Begleitpflanzen für Aloe in kalten Gewächshäusern sind robuste Sträucher wie *Carissa* oder *Grewia*, auch *Agapanthus* wäre möglich. Für wärmere Wintergärten findet man leicht Begleitpflanzen, es kommen vor allem zahlreiche, ebenfalls sukkulente Euphorbia-Gewächse, auch Hundsgiftgewächse wie *Adenium* in Frage. Wenn man unbedingt einen Baum will, sollte man nach einer *Cussonia* oder nach Baumstrelitzien fragen. Sie sollten aber anderen die Pflanzen nicht beschatten.

Der Agave-Kakteen- und Yucca-Typus ist mit Pflanzen aus den südlichen USA und Mittelamerika bestückt, man könnte ihn auch den Mexikanischen Wintergarten nennen. Er ist wesentlich robuster und vielgestaltiger. Durch Niederschläge und Temperatur bedingt, ist im Osten des nordamerikanischen Kontinents Yucca die dominante Pflanze, im Westen dagegen spielen Kakteen eine übergeordnete Rolle.

Wenn es wärmer wird in Mexiko, ändert sich dies zu einer Agave-orientierten Flora. Extreme Hitze vertragen alle drei. In den kältesten Regionen, wo auch durchaus Temperaturen unter −10°C vorkommen können, sind die verschiedenen Yucca-Arten die leitenden Pflanzen. Die meisten Yucca blühen im Sommer über eine lange Zeit. Im Gegensatz zu den Yucca, von denen viele Arten selbst Dauerfrost aushalten, sind die hochwachsenden Kakteen frostempfindlich – was im übrigen ebenso für die Agaven gilt. Es gibt aber auch Ausnahmen. Kakteen blühen sehr farbenprächtig und haben oft große, dafür aber kurzlebige Blüten. Agaven-

Oben: *Pereskia aculeata*, die Barbados-Stachelbeere, ein kletternder Kaktus. Links: So sieht ein Wintergarten des Aloe-Typs nach einigen Jahren aus, wenn er wenig gepflegt wird. Auf Bodendecker kann man zugunsten einer Schotter/Stein/Sand-Abdeckung verzichten. Einige *Lampranthus* oder *Delosperma* blühen im Sommer, im Winter die Aloe.

pflanzungen sind reine Blattschmuckpflanzungen. Auf die Blüte von Agaven zu warten, dauert in unseren Breiten ein ganzes Menschenleben. Auf Grund der vielfältigen Blattausformungen sind Agaven äußerst reizvolle Pflanzen, die, wenn man die geeigneten Arten auswählt, selbst in einem kleinen Wintergarten nie zu groß werden. Agaven kann man sehr gut mit *Dasylirion* kombinieren, einer Pflanze mit grasartigem Blattschopf. Wenn man für eine Agavenpflanzung einen Baum braucht, sollte man zuallererst an eine *Parkinsonia aculeata* denken.

Grüne Wintergartenbewohner: Bäume, Sträucher, Kletterpflanzen

Um eine Wintergartenbepflanzung selbst planen zu können, braucht man fundierte Pflanzenkenntnisse. Nicht nur die Schönheiten der Pflanzen zählen, es gilt auch, über deren Schwächen Bescheid zu wissen – dazu die folgenden Pflanzenporträts.

Bäume im Wintergarten

Um von vornherein Mißverständnisse zu vermeiden: Das, was man im landläufigen Sinn als Baum bezeichnet, hat wohl in keinem Wintergarten Platz. Solche Arten werden hier deshalb gar nicht beschrieben, mit Ausnahme derjenigen, die sich durch leicht nachvollziehbare Kulturmethoden klein halten lassen. Die meisten der beschriebenen Arten sind deshalb eher Großsträucher, die sich leicht in Baumform ziehen lassen, da sie einen oder mehrere ausgeprägte Leittriebe entwickeln. Im Wintergarten sollte man von der Vorstellung abweichen, daß ein Baum nur einen Stamm haben dürfe. Manchmal ist es auf Grund der Platzverhältnisse günstiger, 2 oder 3 ungefähr gleich starke Leittriebe aufzubauen, die eine gemeinsame Krone bilden. Diese ist dann zwar nicht symmetrisch rund, paßt dafür aber beispielsweise viel besser in eine Ecke. Die Abgrenzung zwischen den Kapiteln »Bäume« und »Sträucher« wird dadurch kompliziert, daß viele Sträucher im Alter durchaus baumartig werden können, auf Grund ihres langsamen Wachstums dazu aber 10, 20 oder mehr Jahre notwendig sind. Eine klare Trennung ist unmöglich, es wird deshalb hier willkürlich eine Grenze gezogen: Alle Pflanzen, die vom Sämling bis zur übermannshohen Pflanze mit entsprechender Krone in 10 Jahren heranwachsen können, zählen hier zu den Wintergartenbäumen. Was länger braucht, wird als Strauch behandelt.

Abhängig von den unterschiedlichen Wachstumsbedingungen kann es hier keine klare Grenze geben. In diesem Sinne schwierig zu bewerten ist auch die Abhängigkeit des Wachstums von der Temperatur. Gerade sehr viele immergrüne Pflanzen benötigen eigentlich keine Ruheperiode, werden aber durch niedere Temperaturen im Wachstum gebremst. Es versteht sich von selbst, daß eine Pflanze, die in einem 5 °C-Wintergarten steht, nicht annähernd so rasch wächst wie bei 20 °C. Vor allem wärmeliebende Arten, die nicht auf volles Licht angewiesen sind, können in einem Wintergarten mit hohen Temperaturen über doppelt soviel Zuwachs zeigen wie in einem kühlen – wobei das nicht immer erwünscht ist. Sehr oft ist es so, daß die kühle Jahreszeit die Pflanzen zum Triebabschluß bewegt. Bei erneutem Triebbeginn findet gleichzeitig eine Verzweigung statt. Sind die Temperaturen jedoch hoch, kommt es erst dann zum Triebabschluß, sobald die innere Uhr der Pflanze 'Stop' sagt. Wann das ist, läßt sich kaum voraussagen. Bei tropischen und subtropischen Pflanzen hat dies zur Folge, daß die Abstände zwischen den Blättern bzw. Verzweigungen, die sogenannten Internodien, bei warm kultivierten Pflanzen oft sehr viel größer sind als bei kühl stehenden Pflanzen, die eine Winterruhe durchmachen. Das bedeutet, daß ein Baum – für Sträucher gilt Entsprechendes – in einem im Winter kühlen Wintergarten in aller Regel sehr viel kompakter wächst als in einem warmen. Noch ein weiteres Licht-Temperatur-Problem stellt sich: Es wird zwar kaum jemand auf die fatale Idee kommen, einen Tropenbaum in einem 5 °C-Wintergarten zu überwintern, das Gegenteil kommt jedoch häufig vor: Bäume, die an eine temperaturbedingte winterliche Ruhezeit angepaßt sind, werden aus verschiedenen Gründen in warmen Wintergärten plaziert. Daß diese Pflanzen dann nach wenigen Jahren nicht mehr so aussehen, wie sie sollten, liegt nahe, und mit Schnitt ist gegen falsche Wintertemperaturen nicht viel auszurichten. Wer als Besitzer eines lauwarmen oder war-

men Wintergartens nun versucht, das minimale Lichtangebot unserer mitteleuropäischen Winter mit sogenannten Pflanzenleuchten zu ergänzen, sei gewarnt: Zur wirksamen Erhöhung des zur Assimilation nötigen Lichtes ist die Installation riesiger Wattzahlen nötig. Dies sieht zum einen unschön aus, zum anderen verschlingt es nicht wenige Kilowattstunden und ist im übrigen viel kostspieliger als ein neuer, standortgerechter Wintergartenbaum. Man sollte sich also gerade bei Bäumen als dominierenden Elementen des Wintergartens die Auswahl nicht zu leicht machen und nicht einfach kaufen, was gefällt, sondern eine der Temperatur angepaßte Auswahl treffen.

Immergrün oder laubabwerfend, Blüten- oder Blattschmuckpflanze?

Die herausgehobene Position der Bäume verlangt, daß sie möglichst das ganze Jahr über dekorativ sind. Hier stellt sich dann primär die Frage, ob nicht eine Blattschmuckpflanze einer Blütenpflanze mit weniger dekorativem Laub vorzuziehen ist. Die zweite Frage ist, ob es sich um einen immergrünen oder einen laubabwerfenden Baum handeln soll. Meist wird man instinktiv für einen immergrünen Baum plädieren. Dem muß man aber entgegensetzen, daß immergrüne Bäume – besonders, wenn sie größer sind – auch im Winter, wenn das Licht ohnehin für viele Pflanzen knapp ist, die darunter- bzw. dahinterliegenden

Wer im Wintergarten raschwachsende kleine Bäume ausplanzt, muß mit Säge und Schere umgehen können. Feigen (rechts) oder Akazien (links) können Jahrestriebe von über 2 m bilden.

Bepflanzung stark beschatten. Die kostbare Wintersonne kann man unter solchen Bedingungen schlecht einfangen, weshalb zumindest für kleine Wintergärten lichte oder laubabwerfende Bäume vorgezogen werden sollten. Viele laubabwerfende Bäume wirken mit ihrem nackten Zweiggerüst fast ebenso dekorativ wie mit Laub, als Beispiel sei hier die Feige aufgeführt. Auch Merkmale wie Rindenfärbungen bei *Lagerstroemia* und *Jacaranda* oder ein auffällig bedornter Stamm wie bei *Erythrina* und *Chorisia* kommen oft erst im Winter an laublosen Pflanzen richtig zur Geltung. Daß laubabwerfende Bäume in aller Regel mehr Arbeit machen, versteht sich von selbst. Zumal man im Wintergarten das Laub nicht einfach liegenlassen kann, sei es, weil es schimmelt, sei es, weil es wenig gut riecht, besonders, wenn es – beispielsweise beim Gießen – naß wird. Nicht zu Unrecht berüchtigt ist hier die *Jacaranda*. Es ist nun nicht so, daß die laubabwerfenden nur in kühlen und die immergrünen Bäume nur in warmen Wintergärten gedeihen: Es gibt zahlreiche laubabwerfende Arten, die nur in tropischen Wintergärten weiterkommen. Dazu gehören manche Leguminosen wie *Delonix* oder Bignoniaceen wie *Jacaranda*. Auf der anderen Seite gibt es ausgesprochen viele immergrüne Arten, die sehr kalt stehen können – verschiedene *Eucalyptus*, *Brachychiton*, *Pittosporum* etc. Als Entscheidungshilfe zur Wahl zwischen einem immergrünen und einem laubabwerfenden Baum mag dienen, daß derjenige, der mit den Jahreszeiten leben möchte, einen laubabwerfenden Baum vorziehen sollte. Derjenige, der keine allzugroßen Veränderungen wünscht, ist mit einem immergrünen Gehölz besser bedient. Ganz hart wird diese Entscheidung eigentlich nur für den, der nur eine einzige Leitpflanze in seinem Wintergarten unterbringen kann. Auch ein möglicherweise vorhandener eigener Garten

spielt hier eine Rolle. Wer die Jahreszeiten im eigenen Garten mitbekommt, wird durchaus nicht unglücklich sein, wenn er aus seinem schneebedeckten Garten in die warmen, immergrünen Subtropen wechseln kann, während gartenlose Wintergartenbesitzer das Gefühl des sonnigen Südens am besten mit einem laubabwerfenden Baum erleben, wenn dieser im späten Winter einen vorgezogenen Frühling in die Wohnung bringt, weil überall die Knospen aufbrechen. Wer besonderen Wert auf solche Stimmungen legt, sollte sich laubabwerfende Bäume zulegen, die möglichst vor oder mit dem Laubaustrieb blühen. Es gibt hier eine ganze Reihe davon, die bekanntesten sind wohl *Melia, Jacaranda* und *Erythrina*, desgleichen auch eine ganze Reihe von *Cassia*-Arten, die theoretisch immergrün sind, in unseren Wintergärten doch zumeist den größten Teil des Laubes verlieren. Mit am prachtvollsten um diese Jahreszeit blüht jedoch *Bauhinia*, die aber den Nachteil hat, daß sie jetzt erst einen großen Teil ihres Laubes verliert und die Blüte deshalb zumeist mit dem sich bräunenden Laub zusammenfällt – ein nicht unbedingt makelloses Bild. Es gibt zwar *Bauhinia*, die bis zur Blüte alles Laub abgeworfen haben, in unseren Wintergärten verhalten sich die Pflanzen jedoch oft anders als in ihren Herkunftsgebieten.

Was blüht wann?

Ganz maßgeblich ist die winterliche Temperaturführung im Wintergarten im Hinblick auf die Blüte. Viele Gehölze aus Gegenden mit wenig schwankenden Temperaturen haben ihre eigene innere Uhr, die nichts mit dem Kalender zu tun hat. Sie blühen, wenn sie glauben, blühen zu müssen. So kommt es in den Tropen häufig vor, daß 2 Pflanzen derselben Art neben-

einanderstehen, die eine blüht, die andere nicht, die eine steht voll im Laub, die andere hat ihr Laub vollständig verloren. Im warmen Wintergarten sind Blütezeiten deshalb grundsätzlich immer mit einem großen Fragezeichen versehen. Genau dieselben Pflanzen können aber bei stark wechselnden Temperaturen ein ganz anderes Verhalten zeigen. In den Subtropen zumeist durch niedere Temperaturen bedingt, in den Tropen vor allem durch Trockenheit, machen diese Pflanzen eine Ruhepause durch, die bei uns in vielen Fällen in den Winter fällt, aber eben nicht in den Winter fallen muß. Erwachen sie aus dieser Ruhezeit, treiben sie umgehend. Nicht verschwiegen werden soll, daß eine ganze Reihe von tropischen und subtropischen Bäumen hier nicht bzw. nur zufällig zur Blüte zu bringen sind. Durch Klima und Lichtintensität bedingt, fehlt ihnen bei uns einfach das Signal, das sie zum Blühen zwingt.

Die Kostenfrage

Welcher Baum in den Wintergarten gehört, ist natürlich auch eine Kostenfrage. Wenn Wintergartenbäume billig sind, ist dies ein deutlicher Hinweis darauf, daß die Pflanzen entweder sehr rasch wachsen oder daß sie unter Schattengewebe für Innenräume gezogen und etioliert sind. Das soll nicht ausschließen, daß man mal ein Schnäppchen machen kann und eine wertvolle Pflanze für wenig Geld erhält. Ansonsten sind aber raschwachsende Wintergartenbäume für Wintergärten eigentlich nicht geeignet, da sie zu schnell zu groß werden,

Sehr selten werden Koniferen im Wintergarten verwendet. Warum nicht – diese Zimmertannen wirken ausgesprochen dekorativ, auch wenn sie jetzt bald geköpft werden müssen.

desgleichen sind für Wintergärten mit Starklichtverhältnissen die Pflanzen nicht geeignet, die für den Innenbereich gezogen worden sind. So kann man mit an Sicherheit grenzender Wahrscheinlichkeit damit rechnen, daß ein frisch gekaufter *Ficus benjamina*, im Sommer in den Wintergarten gestellt und nicht schattiert, nach der ersten Hitzewelle Blätter verliert bzw. Verbrennungen zeigt. Dies liegt nicht daran, daß dieser *Ficus* generell keine vollsonnigen Standorte oder hohen Temperaturen ertragen würde, nur hat es sich eben bei der genannten Pflanze um ein getriebenes Schwachlicht-Exemplar gehandelt, das unter Normalbedingungen nicht lebensfähig ist. Es ist jedoch viel schneller und damit billiger hochzuziehen als ein abgehärtetes Exemplar.

Aus diesem Grunde sind Wintergartenpflanzen für Starklichtbedingungen teurer als solche für Innenräume, da sie wesentlich langsamer wachsen. Dafür sind sie aber auch sehr viel dichter belaubt, haben ein sattgrünes Blatt und gehen auch nicht gleich beim ersten »Schnupfen« ein.

Das Wurzelwerk

Was bei der Baumauswahl nicht übersehen werden darf, ist das Wurzelwerk. Es gibt zahlreiche Bäume, genannt seien hier nur der Pfefferbaum (*Schinus molle*) oder verschiedene Akazien, die sich nur schwer unterpflanzen lassen. In solchen Fällen müssen zwingend ganz bestimmte, trockenheitsresistente Arten herausgesucht werden, wie *Carpobrotus*, *Mesembryanthemum* oder *Phormium*. Es ist oft besser, Pflanzen mit aggressiven Wurzeln entweder in einen separaten Trog zu setzen, so daß sie nur durch die Entwässerungslöcher wurzeln und ihre Aggressivität so lange gebremst ist, bis die weniger konkurrenzfähigen Begleitpflanzen Fuß gefaßt haben.

Acacia (+5 °C)

Die bekanntesten australischen Pflanzen sind – neben den Eukalypten – wohl die Akazien. Von den weltweit 1200 Arten kommen über 700 nur in Australien vor. Besonders typisch ist ihr Auftreten in den heißen, regenarmen Gebieten Inneraustraliens. Entsprechend der zahlreichen Arten und der weiten Verbreitung gibt es die unterschiedlichsten Formen – vom niederliegenden, kriechenden Strauch bis zum großen, aufrecht wachsenden Baum. Desgleichen ist das genetische Spektrum innerhalb einer Art sehr groß. So gibt es Arten, von denen manche Typen nicht höher als 3 m werden, andere Typen derselben Art erreichen die Statur eines Großbaumes. Ein gutes Beispiel hierfür ist die weitverbreitete *Acacia farnesiana*: Viele Pflanzen dieser eigentlich buschigen Art entwickeln im Alter einen dominierenden Leittrieb und werden baumartig. Die Vielgestaltigkeit führt dazu, daß auch der Fachmann die meisten Akazien nur anhand von Blüten und Früchten unterscheiden kann. Für die australischen Arten ist typisch, daß sie anstelle von Blättern meistens Phyllodien haben. Diese Phyllodien bestehen aus dem verbreiterten Blattstiel und der gleichfalls verbreiterten Blattmittelrippe, was den Eindruck von zumeist weidenartigen »Blättern« erweckt. Einige Arten haben jedoch auch typische Fiederblätter, speziell einige der als Schnittblumen angebotenen »Mimosen«. Der Übergang zwischen Fiederblättern und Phyllodien ist fließend, als Sämling haben alle Akazien Fiederblätter. Bei manchen Arten – beispielsweise *A. melanoxylon* – besitzen auch die Phyllodien gelegentlich kleine Blattfiedern.

Die meisten Akazien haben nur geringe Ansprüche an den Boden. Wichtig ist, daß er gut drainiert und möglichst nicht alkalisch ist. In alkalischen Böden werden die meisten Arten gelb. Von den als Zierpflanzen häufig angebotenen Akazien verträgt vor allem *A. retinodes* etwas Kalk, weshalb sie in Südfrankreich als Veredelungsunterlage für die sogenannten Mimosen verwendet wird. Ist der Boden ungeeignet verliert Sie einen Großteil ihres Laubes.

Es kommt dann auch zum »Die-Back« (englisch: Zurücksterben): Die Triebe trocknen von der Spitze her ein und werden schwarz, was sich früher oder später auf die ganze Pflanze erstreckt – sofern sich nichts am Bodenzustand ändert. Akazien müssen im Wintergarten von Zeit zu Zeit zurückgeschnitten werden. Vor allem bei den Schnittakazien-Sorten ist ein Schnitt unumgänglich, da sie sonst in der Mitte auskahlen und sparrig werden. Sie sollten jedoch nie so stark zurückgenommen

Mit ihren kugelförmigen Blüten wirkt *Acacia saligna* besonders dekorativ.

werden, daß sie völlig ohne Laub stehen. Schneidet man zu tief ins alte Holz, kann es zu Totalausfall kommen. Lieber also regelmäßig nach der Blüte zurückschneiden und dafür nicht so stark. Im Wintergarten wachsen Akazien ohne Schwierigkeiten in jeder leichten Erde, auch Torfkultursubstrat ist gut geeignet. Wenn Akazien der Boden paßt, sind Krankheiten und Schädlinge ausgesprochen selten. Lästig kann nur bei den feinblättrigen Arten das ständige Rieseln der feinen Fiederblättchen werden – vor allem im Spätherbst. Wem dies also unangenehm ist, der sollte auf großblättrige Arten wie *A. podalyriifolia* ausweichen. Obwohl sie das eigentlich nicht brauchen, sprechen Akazien sehr stark auf flüssige Düngung an. Man sollte aber spätestens Anfang August damit aufhören, damit das Holz vor dem Winter ausreift. Allgemein wird eine wöchentliche Düngung mit einem Kali-orientierten Dünger empfohlen, wobei 4 g/l Gießwasser nicht überschritten werden sollten.

Stehen Akazien im Wintergarten im Kübel, sind sie ausgesprochen dankbar für einen Sommerstandort im Freien. Sie werden dann Mitte oder Ende Oktober, aber noch vor den ersten Frösten eingeräumt. Die Akklimatisierung ist etwas schwierig – die Temperaturen dürfen im Wintergarten nicht zu hoch werden, da sonst die bereits im Sommer angelegten Blütenknospen abgestoßen werden (Rieseln). Im übrigen sind Akazien vor allem ausgezeichnete Bäume oder Sträucher für kühle oder kalte Wintergärten. Optimal sind Temperaturen zwischen 3 und 8 °C. Höhere Temperaturen werden zwar ertragen, die Dauer der Blüte nimmt aber rapide ab. Zudem verstärkt sich vor allem in Wintern mit Sonnenscheindefizit das ohnehin lästige Blattrieseln. Wo die untere Temperaturgrenze ist, ist nicht ganz klar. Die zu Schnittzwecken angebauten »Mimosen« ertragen meist Tempe-

Bei Akazien unterscheidet man zwischen Arten mit Phyllodien und solchen mit Fiederblättern (s. Abb.). Letztere neigen während der lichtarmen Jahreszeit zum Blatt»rieseln«.

raturen bis –5 °C schadlos, noch etwas härter ist *A. retinodes*. Von den Zierarten galt bis vor kurzem *A. pravissima*, die schadlos –10 °C übersteht, als härteste Art. Inzwischen weiß man, daß *A. pataczecii* aus Tasmanien selbst –15 °C überlebt. Diese Art wurde aber erst 1974 beschrieben und ist deshalb ausgesprochen selten. Auf Grund seiner Eigenschaften ist aber zu erwarten, daß dieser reichblühende, mehrtriebige, breitlagernde Strauch auch bei uns bald im Handel sein dürfte.

Acacia baileyana – »Kotamundra«-Akazie (+5 °C)

Die »Kotamundra«-Akazie, ein kleiner, bis etwa 6 m hoher Baum, ist wohl die bekannteste und verbreitetste aller Akazien, obwohl sie wildwachsend nur auf sehr engem Raum vorkommt. Sie gehört zu den beliebtesten Schnittmimosen. Ihr ausgesprochen attraktives

Laub ist silbergrau und zart doppelt gefiedert. Besonders auffallend wirkt sie vor dem Hintergrund tief dunkelgrüner Sträucher. *A. baileyana* blüht im Spätwinter und ist buchstäblich mit Büscheln flaumiger, gelber Blüten bedeckt. Obwohl viel Trockenheit ertragend, ist diese Art sehr starkwüchsig. Sie sollte unbedingt nach jeder Blüte zurückgeschnitten werden.

Acacia dealbata – Silberakazie (+5 °C)

Obwohl aus der Silberakazie einige der wichtigsten Schnittsorten hervorgehen, soll vor dieser Art – als Sämling – gewarnt werden. Wo sie echt in Kultur ist – gewöhnlich handelt es sich bei als *A. dealbata* angebotenen Pflanzen nämlich um *A. decurrens* –, wird sie am Naturstandort bis 30 m hoch. Ihr Laub ist sehr fein doppelt gefiedert und, wie ihr Name schon sagt, silbergrau.

In Australien wird sie vielfach als Landschaftsgehölz verwendet. Als Gartengehölz eignet sie sich weniger, weil sie Ausläufer macht und in ihrem Umkreis keine anderen Pflanzen aufkommen läßt. Im Wintergarten rieselt *A. dealbata* stärker als andere.

Acacia longifolia – Sydneys Goldene Akazie (+5°C)

Sydneys Goldene Akazie ist eine ausgesprochen ornamentale baumförmige Art, die zwischen 6 und 10 m Höhe erreichen kann, im Wintergarten aber viel kleiner bleibt. Mit bis zu 7cm sind ihre zylindrischen, in den Blattachseln stehenden Blütenstände für Akazien sehr groß. Da sie zudem in Überfülle erscheinen, wird diese Art ebenfalls als Schnittblume angeboten. Sie hat weidenartige, lange, schmale Phyllodien. *Acacia longifolia* wächst vergleichsweise rasch und kann bereits im 2. Jahr nach der Aussaat blühen. Wo es ihr gut gefällt, beispielsweise in

Kalifornien, können ausgepflanzte Exemplare nach 2 Vegetationsperioden bereits eine Höhe von 4 m erreicht haben, weshalb sie speziell in Kalifornien häufig als Straßenbaum Verwendung finden. *A. longifolia* ist sehr genügsam und wird häufig als Windschutzpflanzung verwendet. Sie eignet sich deshalb auch gut für Terrassen, für Wintergärten zählt sie zu den besten.

Acacia podalyriifolia (+5 °C)

Die Queensland-Silberakazie ist ein kaum 5–6 m hoher kleiner Baum, der zu den meistgepflanzten Arten zählt. Der Grund sind vor allem seine schönen breitovalen, silberblauen Blätter, die sich vorzüglich von einem dunkelgrünen Hintergrund abheben.
Er wächst relativ schnell, ist aber ziemlich sparrig. Stärkere Fröste und Schatten verträgt *Acacia podalyriifolia* nicht, ansonsten ist sie sehr robust. Die Blüten erscheinen im Mittwinter und stehen bis zu 20 in 10 cm langen Trauben. Sie sind intensiv goldgelb und wesentlich größer als die der meisten anderen Akazien. Vorausgesetzt, der Standort ist vollsonnig, gehört *A. podalyriifolia* zu den besten Akazien für Wintergärten, wobei sie in unseren Breiten eine Höhe von 3 m selten überschreitet. Als Schattenbaum für hohe Wintergärten eignet sie sich somit nicht, wohl aber als Leitpflanze für niedrige Glasanbauten.

Acacia retinodes – »Mimose der Vier Jahreszeiten« (+5 °C)

Als »Mimose der Vier Jahreszeiten« ist diese Art in Europa sehr bekannt, in ihrer Heimat gilt sie als weniger wertvoll. Hier ist sie deshalb so beliebt, weil zu jeder Jahreszeit Blüten erscheinen können. Die weidenartigen, graugrünen Blätter sind gewöhnlich 7–12 cm lang und weniger als 6 cm breit, wobei es hier zahlreiche abweichende Auslesen gibt. Normalerweise ist *Aca-*

Üppig und zahlreich sind die zylindrischen Blüten von *Acacia longifolia,* die oft schon im 2. Jahr blüht.

cia retinodes ein kleiner, schmal aufrechter Baum, der im besten Falle 6 m erreichen kann. Da er etwas Kalk verträgt, ist er mit die wichtigste Veredelungsunterlage für die in Südfrankreich herangezogenen Schnittsorten.

Albizia julibrissin – Seidenbaum (–10°C)

Als Baum ist diese Pflanze nur etwas für große Wintergärten, strauchförmig jedoch auch für kleinere geeignet. Die laubabwerfende, aus Persien bis China stammende Art ist einer der beliebtesten kleinkronigen, sommerblühenden Bäume für alle Glasanbauten. Da sie bei uns an der Grenze zur Winterhärte ist und wegen ihres späten Austriebes auch von Spätfrösten nicht gefährdet wird, eignet sie sich ausgezeichnet auch für große Solaranbauten.
Während *Albizia julibrissin* freiwachsend eine eher rundliche bis ovale

Krone bildet, versucht man im Wintergarten häufig, sie schirmförmig zu ziehen, was durch zeitweiliges Herunterbinden der langen Leittriebe nicht schwierig ist. Die Pflanze ähnelt dann sehr stark den berühmten tropischen Straßenbäumen wie manchen *Cassia*-Arten oder gar *Delonix regia*, hat aber viel feinere Blätter. Diese sind sehr groß und doppelt gefiedert, die Einzelblättchen sind nur wenige Millimeter lang. *A. julibrissin* ist ein typischer Sommerblüher, ihre Blüten öffnen sich meist zwischen Anfang Juni und Anfang September; sie sind zart duftend und gleichen einem weißlichen bis rosafarbenen Nadelkissen. Bei der var. *rosea*, sind die kompletten Staubfäden intensiv hellrosa durchgefärbt. *A. julibrissin* leidet manchmal stark unter sogenanntem Die-Back, was in diesem Fall heißt, daß sich einzelne, auch starke Triebe oft ohne erklärbare Ursache in ein helles Braunrot verfärben und komplett absterben. Oft sind nur schwache Triebe oder nur die Triebspitzen betroffen. Durch Schnittmaßnahmen mit nicht sterilisierten Scheren sind viele Pflanzen schon von der Baumschule her mit der Rotpustelkrankheit, *Nectria galligena*, infiziert: Zahlreiche orangefarbene Pusteln erscheinen im Herbst und Winter zumeist unter Schnittstellen. Die Bekämpfung ist nur dadurch möglich, daß die Triebe bis tief ins gesunde Holz zurückgeschnitten werden. Notfalls muß man sogar die ganze Krone abwerfen, wenn ein Rückschnitt anders nicht möglich ist. Nach einem Totalverlust der Krone treibt *A. julibrissin* wieder willig aus, es dauert dann natürlich wieder einige Jahre, bis man erneut eine gesunde Krone aufgebaut hat. Auch andere Holz und Rinde zerstörende Pilze und Bakterien kommen bei *A. julibrissin* ziemlich häufig vor, von anderen Schädlingen und Krankheiten ist sie aber weitgehend frei. Im Kübel gezogene Pflanzen sind nicht sehr wüchsig, es sei denn, der Kübel ist extrem groß. Ausgepflanzte Exemplare dagegen gedeihen ausgezeichnet, nach einigen Jahren wird man sicher bereits schneiden müssen.

Der im Winter laubabwerfende Schlaf- oder Seidenbaum gehört zu den für große, ungeheizte Solaranbauten besten Bäumen. Er ist unter Glas sehr gesund und wüchsig.

Bambus

Kein Pflanzenliebhaber wird bestreiten, daß Bambus zu den schönsten und elegantesten Blattschmuckpflanzen sowohl im Freien als auch im Wintergarten gehört. Während eine ganze Reihe der niederen Arten in den meisten Teilen Mitteleuropas weitgehend winterhart ist, gilt dies für die höher wachsenden Arten mit wenigen Ausnahmen nicht. Diese sind selbst im Weinbauklima oft an der Grenze ihrer

Frosttoleranz, halten dagegen im maritimen Klima auf Grund der hohen Luftfeuchtigkeit und der relativ geringen Temperaturminima doch weitgehend aus. Alle diese Arten können also durchaus in Solarhäusern gepflanzt werden, nur einige wenige, meist als Zimmerpflanzen angebotene Arten, brauchen beheizte Wintergärten. Bambus für Wintergärten lassen sich nach verschiedenen Kriterien einordnen. Da ist zum einen die Frosthärte, die hier aber weniger von Bedeutung ist, da fast alle angebotenen Arten im nicht frostfreien Solarhaus durchkommen. Eine weitere Einteilungsmöglichkeit ist die zu erwartenden Höhe. Diese Einteilung wäre aber mit vielen Fragezeichen behaftet, weil Bambus je nach Kulturbedingungen sehr verschieden hoch werden können, vor allem, wenn es um den Vergleich zwischen ausgepflanzten Bambus und solchen in Kübeln geht. Am sinnvollsten für Wintergartenpflanzungen erscheint eine Einteilung nach Verwendung in 3 Gruppen:

• Die erste Gruppe kommt als Unterwuchs in sommergrünen Bergwäldern vor, meist in Japan, Korea und Nordchina. Sie ist meist stark ausläufertreibend und oft dicht im Wuchs.

• Die zweite Gruppe bildet waldähnliche, hohe Bestände und treibt Ausläufer.

• Die dritte Gruppe bildet horstige Büsche, wächst gelegentlich auch flächig, aber mit nur sehr kurzen Ausläufern. Am Naturstandort findet man diesen Typ zumeist zusammen mit Laub- oder Nadelbäumen. Zwischen diesen 3 Gruppen gibt es zahlreiche Übergänge.

Die Pflanzen der ersten Gruppe wird man vor allem als Bodendecker einsetzen. Dies kann für andere Pflanzen unter Umständen gefährlich werden, da diese niedrig bleibenden, stark ausläufertreibenden Bambus zumeist ausgesprochen wüchsig sind und innerhalb kürzerer Zeit die komplette

Pflanzfläche erobern können. Ist das Becken nicht massiv eingefaßt oder haben Betoneinfassungen Risse, stellt dies für diese Bambus-Arten kein sonderliches Hindernis dar. Zwischen in Sand verlegten Platten treiben ihre Ausläufer durch jede Ritze und können rasch ganze Sitzplätze überwuchern. Man kann mit diesem Nachteil leben, wenn man die Pflanzen an unerwünschten Stellen rasenartig kurz schneidet. Dennoch werden die Platten früher oder später wackeln bzw. verschoben werden. Eine Abhilfe ist hier kaum möglich. Bambus gehört in diesem Stadium zu den wüchsigsten, kaum mehr auszurottenden Wurzelunkräutern. Trotzdem sollte man zu diesem niedrig bleibenden Bambus nicht grundsätzlich Nein sagen. In massiven Becken mit wenigen Solitärpflanzen, die die Wurzelkonkurrenz von Bambus aushalten, können sie sehr schöne Bilder abgeben und haben den gewaltigen Vorteil, daß sie kleines Fallaub oder abfallene Blüten »schlucken«, man muß dieses Material also nicht – wie bei anderen Bodendeckern – entfernen. Am besten kombinieren lassen sich die niedrig wachsenden Bambus mit den meisten ostasiatischen Pflanzen, die ein sehr stabiles Wurzelsystem haben. Genannt seien hier nur *Nandina*, die verschiedenen ostasiatischen Mahonien-Arten, *Fatsia*, als Blütenpflanzen besonders *Viburnum* und – zumindest im Randbereich und bei sehr niedrigen Bambus-Arten – auch zahlreiche immergrüne Stauden. Die botanischen Namen sind ein Problem für sich, viele Arten können erst bestimmt werden, wenn sie

Bambus-Arten gehören zu den beliebtesten Wintergartenpflanzen. Zum einen wegen ihrer lockeren, attraktiven Belaubung, zum anderen, weil schon ein einziger Stengel wirkungsvoll ist. Unerwünschte Ausläufer lassen sich im Jugendstadium leicht ausbrechen oder in der gewünschten Höhe kappen.

blühen und das ist nur sehr selten der Fall. Deshalb können manche Arten unter ganz verschiedenen Gattungsnamen im Handel sein, dieselbe Art beispielsweise unter dem Namen *Pleioblastus* oder *Arundinaria* oder *Sasa*.

Ähnlich im Ausbreitungsdrang wie die niederen Bambus-Arten sind auch die der zweiten Gruppe, die waldähnliche Bestände bilden. Die Mitglieder dieser Gruppe machen scheinbar – der Abstand zwischen den Sprossen ist größer – bei weitem nicht so zahlreiche Seitentriebe wie die der rasenartig wachsenden. Unerwünschte Triebe können leicht abgebrochen werden, sobald sie aus dem Boden kommen. Bei diesen waldartig wachsenden Bambus darf ihre im Wintergarten zu erwartende Höhe nicht unterschätzt werden – zumindest, wenn sie ausgepflanzt sind. Während viele Arten im Kübel selbst im niederen Wintergarten noch ausgezeichnet gehalten werden können, entwickeln sie ausgepflanzt ihre volle Höhe, wobei speziell einige *Phyllostachys*-Arten selbst im zweistöckigen Wintergarten schnell das Dach erreichen können. Man muß bei diesen Arten deshalb damit rechnen, daß man gelegentlich die Spitzen entfernen muß, was die Wirkung des Bambus aber nur wenig beeinträchtigt. Wenn diese Bambus-Arten im Kübel gezogen werden, wirken sie ganz anders als ausgepflanzt. Die Rhizome stoßen ziemlich schnell an die Topfwand, schieben sich an dieser entlang und kommen dann irgendwo am Topfrand ans Tageslicht. Auf Grund des beengten Topfvolumens fehlen ständig Nährstoffe und Wasser, weshalb diese Arten im Kübel nicht annähernd so hoch werden wie ausgepflanzt. Sie wachsen dann buschartig, wobei sie aber – weil diese Wuchsform ihnen nicht von Natur aus zu eigen ist – nicht so elegant wirken wie die richtigen horstbildenden Arten. Die dritte Gruppe umfaßt die, die nur

horstige Büsche bilden oder nur kurze Ausläufer machen. Im Gegensatz zu den waldartig wachsenden Bambus bilden diese Gattungen eine geschlossene Form. Insofern ist ihr Ausbreitungsdrang relativ gering; sie lassen sich durch Abstechen von Teilstücken leicht in Grenzen halten. In gut sortierten Zierpflanzengärtnereien sind eine ganze Reihe horstbildender Arten erhältlich, die als Zimmerpflanzen tauglich sein sollen. Das gilt nur sehr eingeschränkt, nichtsdestoweniger sind diese Arten in Wintergärten sehr

gut brauchbar. Allerdings vertragen die meisten dieser Zimmerbambus keinen oder kaum Frost, auch keine niedere Temperatur über längere Zeit. Sieht man von dem Ärger ab, den rasenbildende Bambus am falschen Standort machen können, sind Bambus außerordentlich pflegeleichte

Neuerdings verstärkt angeboten wird *Bambusa ventricosa* 'Buddhas Belly'. Den Namen trägt er, weil die einzelnen Stengelelemente (Internodien) bauchartig aufgeblasen sind.

Bambus von A–Z

Name	Höhe	Ausbreitungsdrang	Bemerkungen
Arundinaria disticha (syn. *Pleioblastus distichus*)	bis 40 m		Sehr schattenverträglicher Bodendecker. Farn-ähnliche Blattstellung. Auch für kalte Wintergärten.
Arundinaria falconeri (syn. *Thamnocalamus falconeri*)	bei geringer Nähr-stoffzufuhr 3 m, sonst bis 6 m	Mittel	Halme anfangs olivgrün, später stumpfgelb, für einen Bambus ungewöhnlich dünn.
Arundinaria pumila (syn. *Pleioblastus pumilus*)	bis 80 cm	Bildet rasch ausgedehnte Teppiche	Ähnlich *A. pygmaea*, nur höher. Hat breitere, längere Blätter.
Arundinaria variegata	30-40 cm	vergleichsweise gering	Bodendecker. Dichttriebig, weiß-grün gestreifte Blätter. Auch für kalte und ungeheizte Wintergärten.
Bambusa glaucescens	Niedrig	Gering	Schöne feinlaubige und schwachwüchsige Sorte 'Golden Goddess' gedeiht auch in Innenräumen. Verträgt nur geringen Frost, eher für lauwarme bis warme Wintergärten.
Bambusa tuldoides 'Ventricosa' ('Buddhas Belly')	Hoch	Mittel	Die handelsübliche Form – alter, oben eingekürzter Trieb – geht beim Neuaustrieb verloren: Nur für den lauwarmen oder warmen Wintergarten.
Chimonbambusa maromorea (syn. *Arundinaria marmorea*)	2 m	Hoch	Kann auch in niedrigen Wintergärten ausgepflanzt werden. Reife Triebe purpurrot.
Chimonobambusa quadrangularis (syn. *Arundinaria quadrangularis*)	bis 3 m	Hoch	Kantige Rohre, bis 23 cm lange Blätter. Junge Triebe sind eßbar. Für niedere Wintergärten eine der attraktivsten Arten.
Fargesia nitida und *F. murielae* (syn. *Sinarundinaria*)	2-4 m	Hoch	Bei uns bekanntester Freiland-Bambus. Typischer, überhängender, graziler Wuchs. Für ungeheizte Glasanbauten.
Phyllostachys aurea	bis 4 m	Hoch	Bildet waldähnliche Bestände. Für zweistöckige, kühle Wintergärten ideale *Phyllostachys*-Art. goldgelb.
Phyllostachys bambusoides	Je nach Temperatur, Düngung und Typ: 3 bis ca. 10 m	Hoch	Triebe bis 15 cm Durchmesser, Sprossen eßbar. Auch für kalte, nicht sicher frostfreie Wintergärten.
Phyllostachys nigra	3-6 m, die Form 'Boryana' auch bis 15 m.	Hoch	Bildet waldähnliche Bestände. Triebe schwärzlich. Schöne Sorte ist 'Henonis', deren Halme grün bleiben. Für kalte und sogar ungeheizte Wintergärten.
Phyllostachys viridis (syn. *Phyllostachys mitis*)	Je nach Typ, meist 6 m, manche bis 15 m	Hoch	Bremsen des Höhenwachstums mit knappen Wassergaben möglich. Junge Sprosse sind eßbar. Auch für kalte, nicht sicher frostfreie Wintergärten.
Pleioblastus chino	Bis 2 m	Gering	Dunkelgrüne, rot überhauchte Triebe, von unten an gut verzweigt.
Pseudosasa japonica (syn. *Arundinaria japonica*)	2-4 m	Gering	Annähernd winterhart, also auch für ungeheizte Glasanbauten. Blätter bis 30 cm lang und 4 cm breit.
Sasa palmata	Bis 2 m	Gering	Sehr schön tropisch wirkend. Halme nur 6-8 mm stark. Riesige Blätter mit 30 cm Länge und 8 cm Breite. Liebt einen feuchten Standort. Auch für ungeheizte Wintergärten.
Sasa tesselata	Bis 2 m	Mittel	Hellgrüne Rohre mit 60 cm langen Blättern Heimat: China.
Shibatea kumasasa	0,5 m	Gering	Bodendecker, der dichte, üppig belaubte Büsche bildet. Gut im Schatten.

Pflanzen. Die einzige Arbeit beschränkt sich darauf, alte, abgestorbene Triebe zu entfernen, beziehungsweise bei ausläufertreibenden Arten die nicht erwünschten Triebe abzubrechen. Etwas Ärger kann es mit dem eigentlich ganzjährig fallenden Laub geben, das man auf jeden Fall unter der Pflanze liegen lassen soll. Dieses Laub kann sehr lästig werden, wenn es in mit Teppichböden belegte Wohnräume gerät, weil es mit den Teppichen eine so innige Verbindung eingeht, daß der Staubsauger meistens passen muß. Bambus gehören zu den wenigen Pflanzen, die zur Ernährung bzw. zur Halmfestigung Silizium brauchen. Stehen die Pflanzen in normalem Gartenboden und bleibt das Fallaub erhalten und wird zersetzt, ist in aller Regel keine zusätzliche Silizium-Düngung notwendig. Bei anderen Böden und falls das Laub entfernt wird, muß zusätzlich mit Urgesteinsmehl gedüngt werden, wobei Zement genauso wirksam ist. Wenn die Pflanzen gut mit Silikat versorgt sind, können sie ganz erhebliche Düngermengen aufnehmen und in entsprechendes Wachstum umsetzen, was in den ersten paar Jahren durchaus erwünscht ist. Ansonsten düngt man Bambus – der bekanntlich zu den Gräsern zählt – am besten mit Rasendüngern. Für die Wintergarten-Eignung von Bambus spricht, daß sie sehr selten von Schädlingen und so gut wie nie von Krankheiten befallen werden. Gelegentlich treten zwar Spinnmilben auf, jedoch ist der Befall selten so stark wie bei einigen Laubgehölzen des Wintergartens. Der ständige Blattabwurf ist keine Krankheit, sondern für alle Bambus typisch. Das alte Laub wird ganzjährig abgestoßen, in verstärktem Maße dann, wenn die Pflanze vom Gärtner in den Wintergarten kommt und dann schlagartig einem anderen Klima ausgesetzt ist. Dieser scheinbare Schaden bei frisch gepflanzten Bambus gibt leider oft nicht gerechtfertigen Anlaß zu Rekla-

mationen. Wird die Pflanze aber normal behandelt, wächst sich der Laubfall in wenigen Wochen wieder aus. Ansonsten gibt es einen Höhepunkt des Laubfalles im Frühjahr, gleichzeitig setzt das Hauptwachstum ein und zahlreiche neue Blätter werden gebildet.

Bauhinia – Orchideenbaum

Nach den schönsten 5 Wintergartenbäumen gefragt, werden verschiedene Pflanzenkenner wohl ganz verschiedene Listen aufstellen. Eine Gattung ist aber sicher bei allen dabei: *Bauhinia*. Die verschiedenen *Bauhinia*-Arten haben so ziemlich alle Eigenschaften, die ein guter Wintergartenbaum haben muß. Sieht man von ihrem Wunsch nach einem gut durchlässigen Boden ab, sind sie völlig anspruchslos. Sie werden auch im Alter nicht zu hoch, lassen sich zudem sehr leicht schneiden, besitzen ein ganz ungewöhnliches, äußerst dekoratives Laub und blühen bereits als junge Pflanze – und

das im Winterhalbjahr. Schädlinge und Krankheiten kommen so gut wie nie vor. Dazu gehören *Bauhinia* zu den wenigen tropischen Blütenbäumen, die auch in einem 5 °C-Wintergarten – bei entsprechend trockenem Boden – über den Winter kommen. Kurzzeitige Fröste machen zumindest älteren Pflanzen nichts aus. Ausgepflanzt wachsen *Bauhinia* recht rasch, im Topf dagegen ziemlich langsam. *Bauhinia* kann man selbst im einstöckigen Wintergarten im Topf als Baum ziehen; ihr Wuchs bleibt gebremst. Allen *Bauhinia*-Arten zu eigen ist die ausgesprochen dekorative, auffällige und sehr große Blüte, weshalb sich weltweit für alle Bauhinia der Begriff 'orchid-tree', also Orchideenbaum, durchgesetzt hat. Tatsächlich ähneln die Blüten sehr stark Orchideen.

Die weiße Form des Orchideenbaums, *Bauhinia variegata* 'Alba' ist ziemlich selten. Freiwachsend ein schwach pyramidaler Großstrauch, kann man sie auch baumartig ziehen.

Eigentümlich ist auch das *Bauhinia*-Blatt. Es setzt sich aus 2 symmetrischen Hälften zusammen, die einzeln meist die Form von Bohnen haben. Dadurch entsteht eine mehr oder weniger tiefe, bei manchen Arten bis zum Blattstiel reichende Kerbe. Von manchen wird das Laub auch mit dem Abdruck eines Kamelhufes verglichen, was dieser ungewöhnlichen Blattform durchaus nahe kommt.

Bauhinia acuminata (+5 °C/+10 °C)

Eigentlich ein straff aufrecht wachsender Strauch, ist diese *Bauhinia* wohl die beste, wenn man einen kleinen Baum für einen nur gut zimmerhohen Wintergarten braucht. Als Strauch wird sie kaum über 3 m hoch. Die typischen zweilappigen Blätter dieser laubabwerfenden Art sind für eine *Bauhinia* recht groß, 7–15 cm lang. Die Blüten sind reinweiß und stehen in kurzen, zusammengesetzten Trauben in den Blattachseln. Sie können einen Durchmesser von bis zu 10 cm erreichen. Auffällig ist das lange herausragende Staubfadenbüschel. Die Blütezeit von *Bauhinia acuminata* liegt je nach Temperatur mehr im Spätwinter oder mehr im Frühjahr, die ersten Blüten können sich im Februar öffnen, die letzten im Juni. *Bauhinia acuminata* remontiert sehr stark, so daß bei älteren Pflanzen immer die eine oder andere Blüte offen ist. Übrigens: Diese Art blüht auch schon als ganz junge Pflanze. Das Verbreitungsgebiet reicht von Ceylon über Malaysia nach China und nach Zentralindien. Man sagt *B. acuminata* nach, daß sie ziemlich frosthart ist, wobei es hier wohl weitgehend auf die Herkunft ankommt.

Bauhinia galpinii (+10 °C)

Dieser halbkletternde Strauch wird trotz seiner langen, dünnen, zum Körbeflechten geeigneten Triebe gelegentlich baumartig und erreicht dann eine Höhe von etwa 4–5 m. Er kommt im östlichen und nördlichen Transvaal und in Swaziland recht häufig vor, aber auch noch in Zimbawe. *Bauhinia galpinii* wächst sehr rasch, wenn sie ausgepflanzt wird. Ist ihr Wuchs gewöhnlich eher breitlagernd, läßt sie sich doch beliebig schneiden und zu einem Stamm aufbauen. Die etwa 5 cm breite Blüte besteht aus 5 ziegelroten, wellig gerandeten Kronblättern. Die Blütentrauben erscheinen zwischen Mai und August. *B. galpinii* blüht bereits als relativ junge Pflanze – ganz im Gegensatz zu vielen anderen Arten. Sie ist eine ausgezeichnete Wintergartenpflanze, die schon von der Keimung an wenig Schwierigkeiten bereitet. Außerdem ist sie ausgesprochen trockenheitsresistent, wächst in jedem Boden und nimmt nichts übel. Diese Art, die eigentlich sehr viel Wärme und möglichst viel Sonne braucht, erträgt aber auch bis zu 5 °C Frost und treibt – falls sie einmal zurückfriert – von unten wieder aus.

Bauhinia monandra (+5 °C)

Die dritte Art in der Gruppe kleiner Bäume neben *Bauhinia purpurea* und *B. variegata* ist *B. monandra*, die aus Burma stammt. Sie ist vergleichsweise selten. Im Winter wirft sie das Laub ab und blüht gewöhnlich überaus reich mit großen Blüten an den Triebspitzen exakt zu der Zeit, die die Lücke zwischen den anderen beiden Arten füllt, also vom Frühjahr bis zum späten Herbst. Wenn die Blüten von *B. monandra* aufgehen, zeigt das erste Blütenblatt ein fast grelles Rot auf hellgelbem Hintergrund, die anderen 4 Blütenblätter sind weiß oder zartrosa mit einzelnen roten Flecken. Aber schon nach 1–2 Tagen verwischen sich die Unterschiede zwischen den einzelnen Blütenblättern, alle werden tiefrosa.

Bauhinia purpurea (+10 °C)

Diese Art wird sehr häufig mit *Bauhinia variegata* verwechselt. Ohne Blüten soll sie sich vor allem darin unterscheiden, daß sie etwas größer wird, nicht ganz so steif wirkt und stärker verzweigt ist. Ansonsten ist der Hauptunterschied die Blütezeit, *B. purpurea* ist nämlich ein typischer Herbst- oder Frühwinterblüher. Um diese Zeit ist die Pflanze noch voll belaubt. Auch ihre Blüten stehen in wenigblütigen Trauben am Ende der Triebe, sie sind groß, rosa oder purpurfarben. Zur Unterscheidung von *B. variegata* überlappen sich die Blütenblätter nicht, sie sind wesentlich schmaler. Wild kommt diese Art in fast ganz Indien und Teilen von China vor, ist in der Natur aber selten.

Bauhinia variegata, die bekannteste Orchideenbaumart, ist ein typischer Spätwinterblüher. Leider hat sie in feuchten Wintergärten dann noch einen Teil ihres langsam eintrocknenden vorjährigen Laubes.

Bauhinia variegata (+10°C)

Mit Abstand die verbreitetste Art ist *Bauhinia variegata*. Dort, wo ein ausgeprägtes Jahreszeitenklima herrscht oder wo der Herbst sehr trocken ist, verliert sie im Spätherbst das gesamte Laub, blüht dann im Spätwinter und Anfang Frühjahr, worauf dann sofort der neue Laubaustrieb folgt. In Gegenden mit eher maritimem Klima, in denen die Jahreszeiten nicht sonderlich ausgeprägt sind – beispielsweise auf den Kanaren –, ist *B. variegata* annähernd halbimmergrün, der Laubverlust zieht sich über den ganzen Winter hin. Während der im Spätwinter und Frühjahr einsetzenden Blüte hängt also noch reichlich Laub am Baum. Die Blätter von *B. variegata* sind etwa 10–15cm lang und mindestens genauso breit. Der die Blatthälften teilende Spalt reicht etwa bis zu einem Viertel oder einem Drittel ins Blatt herein. Die sehr großen Blüten stehen in kurzen Büscheln zu zweit oder zu dritt am Ende der Zweige in den Blattachseln. Die Blüte besteht aus 5 einzelnen, deutlich ausgeprägten Blütenblättern, die sich zum Teil überlappen. Die Farbe ist sehr vielfältig, sie kann rosa, weiß, malvenfarben sein, mit einem purpurnen Fleck auf zumeist nur einem Blütenblatt. Die weiße Form, die unter dem Namen var. *candida* oder als *B. alba* im Handel ist, hat einen gelben Fleck. Je nach Wintergartentemperatur kann die Blüte im Januar oder Februar beginnen, sie hält dann abhängig von der Witterung bis in den April oder gar Mai an. Auch *B. variegata* remontiert kräftig. Diese Art ist ein typischer Baum der Himalaya-Vorgebirge im Norden Indiens. Als junge Pflanze ist diese Art ziemlich frostempfindlich und mag auch keine tiefen Temperaturen über längere Zeit. Ältere Pflanzen vertragen dagegen durchaus einmal -5 °C.

Brachychiton (jetzt Sterculia)

Die Gattung *Brachychiton* wurde vor kurzem aufgelöst. Der botanisch richtige Name ist jetzt *Sterculia*. Da Brachychiton aber für Wintergärten ausgesprochen wichtig ist und es sicher noch eine ganze Reihe von Jahren dauern wird, bis der neue Name eingeführt wird, soll hier – um Mißverständnissen vorzubeugen – der alte Name *Brachychiton* beibehalten werden. Unter Ausschluß der zahllosen Hybriden kennt man 31 Arten. Sie sind sehr vielgestalt, man sieht ihnen ihre Verwandtschaft oft nicht an. Die Mehrzahl der Arten kann – wohlgemerkt: kann – während der Trockenzeit die Blätter ganz oder teilweise abwerfen. Andere Arten wiederum sind absolut immergrün. Der Abwurf des Laubes kann sich bei *Brachychiton* auch nur auf einen Teil der Krone erstrecken, nach dem Laubabwurf folgt die Blüte. Gleichzeitig ist der andere Teil des Baumes absolut grün. Dies kann sehr irritierend sein. Wenn man *Brachychiton* als Tuff erhält, also mehrere Pflanzen desselben Saatgutes in einem Topf stehen, wirft häufig eine Pflanze ihr Laub ab, während die andere grün bleibt. Oft wird dadurch vorschnell der Schluß gezogen, daß die eine Pflanze eingegangen sei. Dem ist nicht so, zeigt aber, daß sich der Laubabwurf und die dann in der Regel folgende Blüte kaum manipulieren läßt, zumindest nicht gezielt. Im übrigen können auch die absolut immergrünen Arten von *Brachychiton* in Zeiten extremer Trockenheit schadlos ihr Laub abwerfen. Die Gattung *Brachychiton* wächst fast in ganz Australien, wobei die einzelnen Arten jedoch ein sehr spezielles Vorkommen haben. Man findet sie sowohl in Regenwäldern als auch in trockenen, absolut ariden Gebieten. Die Blüten sind bei vielen Arten durchaus sehenswert, als Farben kommen Weiß, Rosa und Rot vor. Die Form ist meistens glockenförmig. Während *Brachychiton* am Naturstandort in der Jugend relativ langsam und im Alter schnell wächst, ist das bei uns eher umgekehrt, solange die Pflanzen in Töpfen stehen. Sämlinge können durchaus im ersten Jahr 30 cm, im zweiten 1m erreichen. Sollte *Brachychiton* im Wintergarten zu hoch werden, kann man ihn rigoros kappen. Auch in südlichen Ländern findet man häufig Exemplare, die auf einen armstarken Stumpf zurückgeschnitten sind, ohne daß noch ein einziges Blatt am Baum ist. Aus diesem Stumpf treibt *Brachychiton* wieder aus, man beläßt die erwünschten Triebe, der Rest wird ausgebrochen. Sie sind ausgezeichnete Wintergartenbäume, die nicht heikel sind. Mit etwas Kalk im Wasser oder im Boden kommen sie durchaus zurecht und zeigen nicht die Blattaufhellungen, die wir von Akazien kennen. *Brachychiton* sollte im Wintergarten auf jeden Fall als Kronenbaum verwen-

det werden, wobei die Intensität des Schattens durch die Wahl der Art bestimmt wird. Manche *Brachychiton*-Arten wirken sehr locker mit ihrer Belaubung – ähnlich wie *Eucalyptus*, andere mit großen Blättern dagegen

Brachychiton sind sehr vielgestaltig. *B. discolor* (Abb.) ähnelt eher einer Aralie, andere Arten zeigen Blätter ähnlich einer immergrünen Pappel oder auch wie Eukalyptus.

sehr massiv und sind vielleicht mit einer *Brassaia actinophylla* oder einer *Schefflera* zu vergleichen, aber auch mit anderen Araliengewächsen.
Für viele *Brachychiton* typisch ist der immens verdickte Wurzelhals, der in ähnlich verdickte Speicherwurzeln übergeht. Dieses Organ ist so dekorativ, daß man es mit ständigem Höhertopfen der Pflanze zunehmend freilegen kann. Schädlinge kommen ausgesprochen selten vor, im Wintergarten können höchstens Spinnmilben zum Ärgernis werden. An Pilzkrankheiten

sind es vor allem Wurzelpilze, die aber nur dann auftreten, wenn die Pflanze viel zu naß steht. Diese machen sich oft zuerst daran bemerkbar, daß die Triebspitzen eintrocknen. Obwohl die beschriebenen *Brachychiton*-Arten fast ausschließlich in den frostfreien tropischen und subtropischen Gebieten Australiens vorkommen, ertragen sie durchaus kurze Fröste bis –5 °C, eventuell sogar darunter. Es ist dann zwar damit zu rechnen, daß die Spitzen des Neutriebes erfrieren, die Pflanze selbst, vor allem der Stamm, wird aber weiter nicht geschädigt. Überraschend hart scheinen auch die Wurzeln verschiedener *Brachychiton*-Arten zu sein. Selbst bei Bodenfrost braucht man die Pflanze nicht aufzugeben.

Carica papaya – Papaya, Melonenbaum (+15 °C)

Papaya ist eine Pflanze für anspruchsvolle Menschen. Man muß nicht Liebhaber tropischer Obstgehölze sein, um Papaya im Wintergarten pflegen zu wollen. Richtig herangezogen, wächst sie rasch so üppig, daß sie es mit fast allen Blattschmuckpflanzen aufnehmen kann. Wenn schon ihre Blätter allein das Auspflanzen im Wintergarten wert sind, dann um so mehr die Tatsache, daß *Papaya* im warmen Wintergarten bereits wenige Monate nach der Aussaat blüht und Früchte ansetzt, die noch im selben oder am Anfang des nächsten Jahres ausreifen. Allerdings ist *Papaya* heikel und bei Bodentemperaturen unter 10 °C nicht über den Winter zu bringen. *Papaya* ist eine Pflanze der warmen Tropen, wächst aber auch leicht in den Subtropen. Neben rein männlichen und rein weiblichen Pflanzen gibt es solche, deren Blüten sowohl männlich als auch weiblich sind. Zur Fruchtentwicklung braucht *Papaya* eine Bestäubung. Es müssen also männliche Blütenorgane

vorhanden sein. Rein weibliche Sorten fruchten deshalb nur bei Anwesenheit männlicher oder gemischt-geschlechtlicher Pflanzen. Da man gewöhnlich nicht weiß, welcher Sorte die eigene Papaya angehört, empfiehlt es sich, 3–4 Jungpflanzen in ein Pflanzloch zu setzen. Dies ist bei *Papaya* ohne weiteres möglich, da die Pflanze ungeschnitten nur eintriebig wächst. Im Februar, wenn bei uns *Papaya*-Früchte reichlich auf dem Markt sind, sät man bei Zimmertemperatur aus. Die Keimung erfolgt nach ungefähr 2 Wochen. Als Aussaaterde hat sich eine Mischung aus Torf und Perlite oder Vermiculite 1:1 bewährt. Am besten legt man gleich 5 Samen in ein Töpfchen und topft um, sobald sich die Pflanzen bedrängen. Auf Grund des raschen Wachstums kann man vom Aussaattopf ohne weiteres in einen Topf mit 20 cm Durchmesser umtopfen. Die Erde sollte unbedingt krankheitsfrei und stark aufgedüngt sein, es empfiehlt sich deshalb, Einheitserde zu verwenden. Ungefähr 2 Monate nach der Keimung müssen die Pflanzen so groß sein, daß man sie entweder direkt in den Wintergarten oder in einen wesentlich größeren Kübel setzt. Da die Pflanzen in einem Jahr über 1m hoch werden können, hat der Tuff einen Platzanspruch von 1m². Knapp 3 Monate später erscheinen die ersten Blüten. Von nun an bis zum Einbruch niederer Temperaturen blüht Papaya ununterbrochen und setzt – so sie bestäubt wird – auch Früchte an. Im Herbst unterdrücken niedere Temperaturen das vegetative Wachstum. Dementsprechend erscheinen auch keine neuen Blüten mehr, die Früchte reifen weiter. Bei Durchschnittstemperaturen über 10 °C kann damit gerechnet werden, daß bei sehr frühreifen Sorten die ersten Früchte im Januar und Februar geerntet werden können. Auch nicht ganz reife Früchte kann man abnehmen und sie auf der Fensterbank ausreifen lassen. Im lauwar-

men Wintergarten brauchen *Papaya* im Winter nur wenig Wasser, das mindestens Zimmertemperatur haben sollte. In den Tropen und Subtropen zieht man Papaya gewöhnlich 3–6 Jahre lang, später ist die Kultur nicht mehr lohnend. Dies hat verschiedene Gründe. Zum einen dauert die Fruchtreife mit zunehmendem Pflanzenalter immer länger, da immer mehr Früchte gleichzeitig reifen, die Blattzahl aber nicht zunimmt. Zum anderen kommt es ziemlich oft vor, daß die Pflanze auf Grund von Pilzbefall bis zu diesem Alter sowieso schon ausgefallen ist. Der Hauptgrund für das Ende der Papaya-Kultur ist aber deren Empfänglichkeit für Viruskrankheiten. Diese werden im Wintergarten durch die bekannten tierischen Schädlinge verbreitet und können nicht bekämpft werden. Ein typisches Symptom für Viruskrankheiten sind unregelmäßig gelb-scheckige Blätter und ein allgemein viel schwächeres Wachstum. Solche Pflanzen sind gewöhnlich nicht mehr zu retten, sie kränkeln nur noch dahin. Solange Papaya aber zügig

Papaya gehört zu den schönsten, aber leider kurzlebigen Pflanzen des warmen Wintergartens. Besser wählt man die sehr ähnliche Babaco (*Carica pentagona*), die auch kühlere Temperaturen verträgt.

wachsen, sollten sie überaus reichlich gedüngt, aber nur mäßig gegossen werden. Als Dünger empfiehlt sich eine Formulierung im Verhältnis von 15 : 5 : 20, die je nach Wachstum eßlöffelweise in ein- oder mehrwöchigen Abständen zu verabreichen ist. Wer Papaya auf Grund von hohen Wintergarten-Temperaturen mehrjährig ziehen kann und ein Interesse an tatsächlich reifen Früchten hat, darf nicht die Nerven verlieren, wenn die Früchte nicht reif werden wollen. Während nämlich frühreife Sorten durchaus schon nach 130 Tagen genießbar sein können, rechnet man selbst in Südafrika bei spätreifenden Sorten mit gut 10 Monaten. Papaya kann man übrigens nicht nur als Obst, sondern auch als Gemüse essen; man verwendet dann die unreifen Früchte.

Was viele Gartencenter bei uns als *Dracaena indivisa* anbieten, ist tatsächlich *Cordyline australis.* Zusammen mit *Phormium,* dem Neuseeländer Flachs, mit dem sie auch in der Natur vorkommt, kann man Szenerien bilden, die keiner weiteren Unterstützung bedürfen.

Cordyline australis und C. indivisa – Keulenlilien (+5 °C)

Die Gattung *Cordyline* umfaßt eine Reihe immergrüner, palmenähnlicher Bäume oder Sträucher. Ihre schwertartigen Blätter stehen als Blattschopf gedrängt an den Triebspitzen, weswegen sie häufig mit *Yucca* verwechselt werden. Ebenso wie bei diesen stehen auch bei ihnen die weißen Blüten in aufrechten, verzweigten Rispen am Ende der Triebe. Die Blüten von *Cordyline australis* und *C. indivisa* duften. *Cordyline* verwendet man meist solitär als Palmenersatz, vor allem dort, wo Palmen zu mächtig wären. Zwar werden die genannten Arten für die meisten Wintergärten im Laufe der Zeit zu groß, sie lassen sich jedoch im Gegensatz zu Palmen zurückschneiden, was allerdings riskant ist. Sehr gut paßt *Cordyline* auch in Felssteppenpflanzungen zusammen mit Sukkulenten. Von den tatsächlich aus Felssteppen stammenden Pflanzen weichen sie insofern ab, als sie aus einem sehr ausgeglichenen, luftfeuchten Klima stammen und weder strenge Fröste noch sommerliche Überhitzung gewöhnt sind. *Cordyline* sind anspruchslos, Schädlinge kommen praktisch nie vor, Krankheiten wie Herzfäule höchstens im schlecht gelüfteten Winterquartier oder bei Staunässe. Im übrigen werden sie wie Palmen behandelt. *C. australis* verträgt mäßige Fröste, in südküstennahen Gebieten Englands sieht man sie deshalb schon häufig in den Gärten. In einem kalten Wintergarten ausgepflanzt, erträgt sie auch über mehrere Monate

Temperaturen um 0 °C. Von *C. indivisa* unterscheidet sich diese Art durch ihre wesentlich schmaleren, nur wenige Zentimeter breiten Blätter und die typische gabelige Verzweigung nach der Blüte. *C. indivisa* ist auch im Alter nur eintriebig, die Blätter sind über 10 cm breit.

Diospyros kaki – Kakipflaume (–10 °C)

Ein prächtiger, kleiner, laubabwerfender Obstbaum für Wintergärten ist Kaki, *Diospyros kaki.* Bereits in Süd-

tirol findet man dieses Gehölz in Hausgärten ziemlich häufig. Es fällt besonders im Herbst auf, da die reifen Früchte noch im November – also nach dem Laubfall – am Baum hängen. Kaki ist für Solarhäuser, für kühle Wintergärten und für Wintergärten, deren Temperaturen nicht über 10 °C liegen, ein idealer Schattenbaum. Obwohl Kaki zur Blüte keine extrem niederen Temperaturen braucht, sind doch ungefähr 900 Stunden unter 10 °C für die obligatorische Winterruhe notwendig. Steht Kaki zu warm und treibt deshalb zu früh aus, sind Temperaturen unter –2 °C für mehr als 30 Minuten für den Neutrieb tödlich. Deshalb sollte man den Austrieb durch spätwinterliches Lüften verzögern. Zur Reife brauchen Kaki einen langen, warmen Herbst, optimal sind Durchschnittstemperaturen von 22 °C im September und 16 °C im Oktober. Bei Kaki gibt es 2 Sortengruppen, solche mit adstringierenden Früchten – das heißt, es zieht einem den Mund zusammen, wenn die Frucht nicht überreif ist – und solche mit nicht adstringierenden Früchten. Nicht adstringierende Kaki-Sorten sind reif, sobald sie weich sind. So man sie nicht frisch verzehrt, kann man sie auch sehr gut trocknen. Während früher hauptsächlich die Sorte 'Hachiya' auf dem Markt war, deren Früchte zum Zeitpunkt des Kaufes nicht genußreif war, was der weiteren Verbareitung sicher abträglich war – hat ihr die Sorte 'Fuyu' inzwischen den Rang abgelaufen. Die Früchte von 'Fuyu' sind genußreif, sobald sie rot sind, sie müssen also zur Ernte nicht unbedingt weich werden. Allerdings hat diese Sorte diverse gravierende Nachteile. Meistens auf *Diospyros lotus* veredelt, ist 'Fuyu' fast immer rein weiblich und setzt deshalb ohne Bestäubung nur wenig Früchte an, aber immer noch reichlich genug für den Sofortverzehr. Wird sie aber bestäubt, enthalten die Früchte viele Samen. Im übrigen baut die Sorte ab, das heißt, die Edelreiser haben nicht mehr dieselbe Qualität wie vor Jahren. Sobald das Grundgerüst erzogen ist, braucht Kaki nicht mehr geschnitten zu werden. Kaki wächst in eher schweren, gleichwohl durchlässigen Böden am besten. Die Nährstoffansprüche sind relativ gering, vergleichsweise hoch ist der Bedarf an Kalium und Magnesium. Besonders im Spätsommer kann es zu Magnesiummangel kommen, der sich in Form von gelblichen Blattaufhellungen bemerkbar macht. Typisch für Kaki ist ein periodischer Fruchtfall. Je geringer die Neigung der jeweiligen Sorte ist, unbe-

fruchtet Früchte anzusetzen, desto höher ist er. Der erste Fruchtfall folgt unmittelbar auf die Blüte, er ist spätestens Ende Juli beendet. Ein zweiter Fruchtfall findet Mitte August bis Mitte September statt. Man nimmt an, daß dieser Fruchtfall auf Nährstoffkonkurrenz zurückzuführen ist. Nach einer Sommerruhe wachsen nämlich um diese Jahreszeit die Wurzeln sehr stark, sie wetteifern dann mit den Früchten um die Nährstoffe. Es kann deshalb durchaus geraten werden, in dieser Zeit noch einmal flüssig nachzudüngen, was bei anderen laubabwerfenden Pflanzen ein Kardinalfehler wäre. Gelegentlich kommt es aber zu unerwünscht gutem Fruchtansatz. Man sollte deshalb nach dem ersten Fruchtfall kontrollieren, ob auf eine angesetzte Frucht mindestens 20–25 entwickelte Blätter kommen. Ist dies nicht der Fall, bricht man einen Teil der Früchte aus. Krankheiten und Schädlinge treten bei Kaki selten auf.

Dombeya – Hortensienbaum (+10 °C)

Die aus der Familie der Sterculiaceae stammenden *Dombeya* sind ausgezeichnete Großsträucher oder kleinkronige Bäume für den größeren Wintergarten. In Südafrika, auf Madagaskar und den Maskarenen gibt es ungefähr 190 Arten. Während man in Südafrika *Dombeya* danach unterscheidet, ob sie im Frühjahr oder im Herbst blühen, ist die Blütezeit bei uns weitgehend von der Temperatur im Wintergarten abhängig. So ist es durchaus nicht ungewöhnlich, daß die herbstblühenden *Dombeya* bei uns im Herbst zwar Blütenstände bilden, diese sich aber

Für kühle Wintergärten sind Kaki ausgezeichnete kleinkronige Bäume, die kaum Schnitt brauchen. Neben ihren Früchten, die bis zum Winter hängenbleiben, ist auch ihr gelbes Herbstlaub dekorativ.

bei kühler Überwinterung kaum mehr weiterentwickeln. Erst mit steigenden Temperaturen im Frühjahr öffnen sie sich, zeitlich nur wenig früher als die der eigentlich frühjahrsblühenden Arten. Ist der Wintergarten jedoch sehr warm und der Winter sehr sonnig, kann Dombeya durchaus auch zu Weihnachten in Blüte stehen. Die meist in Dolden zusammengesetzten Einzelblüten erinnern an hängende Hortensien-Blütenstände. Sie fallen nach dem Verblühen nicht ab, man muß sie also herausschneiden, sobald sie unschön werden. Die Blätter aller *Dombeya*-Arten ähneln denen der Zimmerlinde in Größe und Form. Alle *Dombeya* wachsen am besten in einem nährstoffreichen Boden mit viel Wasser, auch im Winter.

Dombeya gehören zu den wüchsigsten Großsträuchern des mäßig warmen Wintergartens. Im Blatt einer Zimmerlinde ähnlich, blühen sie meist im Winter. Die Blütenstände mit zartroten bis weißen Blüten hängen oder stehen.

Dombeya wallichii (+10 °C)

In Kultur am häufigsten findet man *Dombeya wallichii* aus Madagaskar. Ihre Blütenstände erscheinen meist bereits im Spätherbst, die zartrosa Blüten öffnen sich im Winter und Frühjahr. Diese ausgesprochen anspruchslose Pflanze erinnert in vielem an die altbekannte Zimmerlinde, wenn auch ihr Laub von viel dunklerem Grün ist und sich im Winter bei niederen Temperaturen teilweise purpurn verfärbt. *D. wallichii* hat sich als sehr robuste Art für den lauwarmen und warmen Wintergarten erwiesen. Sie nimmt weder gelegentliches Absinken der Temperatur auf Werte bis zu 0 °C krumm, noch starke Temperaturschwankungen. Nur wenn sie im Winter zu trocken steht, können die Blütenknospen abgestoßen werden. Pflanzt man diese Art im Wintergarten aus, wächst sie sehr rasch. Ein Schnitt wird über kurz oder lang deshalb unumgänglich; er wird problemlos vertragen.

Da bei uns während der Winterblüte der Wollmispeln keine Bienen fliegen, erhält man nur mit Hilfe eines Pinsels einen reichen Fruchtansatz.

Eriobotrya japonica – Wollmispel, Loquat(–5 °C)

Anders als ihr Name vermuten läßt, stammt die immergrüne Wollmispel, in Italien als Nespoli bekannt, aus China. Typisch für sie sind die länglich-ovalen, großen, grob gesägten, glänzend tiefgrünen Blätter, die bei gut ernährten Pflanzen bis zu 30 cm lang werden können und an der Blattunterseite, ebenso wie die Triebe, wollig behaart sind. Aus den im Spätherbst und Winter erscheinenden, nicht sonderlich auffallenden weißen, aber intensiv duftenden Blüten entstehen etwa im Mai reifende, eßbare Früchte, das erste Obst der Saison, die Loquat. Sie sind aprikosenfarben, säuerlich-aromatisch und ziemlich saftig. Sie besitzen haselnußgroße Samen, weshalb die Ausbeute an Fruchtfleisch gering ist. Da aus Samen gezogene Pflanzen viele Jahre bis zur ersten Blüte brauchen können, werden Loquat immer öfter veredelt. Als Unterlage wird meist Quitte verwendet, die häufig wieder austreibenden Wildtriebe müssen laufend entfernt werden. Wichtigste Sorte

ist 'Tanaka'. Als Strauch wie als Baum wirkt *Eriobotrya* ziemlich architektonisch, dominierend und dunkel. Er gibt einen vorzüglichen Solitärbaum für größere, nicht unbedingt frostfreie Glasanbauten ab, –10 °C verträgt er ausgepflanzt ohne weiteres. Man kann *E. japonica* fast beliebig zurückschneiden. Meist ist das aber kaum nötig, da sie sich von selbst gleichmäßig aufbaut. Ansonsten macht der Baum kaum Probleme, stellt keine besonderen Ansprüche an das Substrat und ist unter Glas nahezu krankheitsfrei, so er nicht bereits in der Baumschule mit Holz bzw. Rinde zerstörenden Pilzen oder Bakterien infiziert wurde.

Erythrina

Erythrina gehören sicher zu den schönsten blühenden Bäumen und Sträuchern Südafrikas. Sie sind wie ihre indischen und südamerikanischen Verwandten inzwischen in den Tropen und Subtropen der ganzen Welt als Ziergehölze verbreitet. Sowohl die Bäume wie auch die in ihrer Heimat als Wurzelunkraut gefürchteten (halb)strauchigen Arten gelten bei uns als wurzelempfindlich, kalte, nasse Böden im Winter überleben sie nicht. Rammt man in südlichen Ländern einfach einen armstarken Ast in den Boden, so schlägt er sicher Wurzeln, bei uns

fault er jedoch ab. Man darf *Erythrina* im Wintergarten deshalb nicht mit Pflanzen zusammensetzen, die in der kalten Jahreszeit viel Wasser brauchen. Die meisten Arten vertragen ein paar Grad Frost und überstehen längere Trockenperioden. Alle *Erythrina* werden gern von Spinnmilben befallen. Diese überwintern oft auf den Triebspitzen und überziehen die Pflanzen beim Austrieb sofort mit dichten Netzen.

Erythrina caffra (+10 °C)

Diese Art wurde und wird häufig mit *Erythrina lysistemon* verwechselt. Wenn die Bäume nicht blühen, können auch Profis sie kaum auseinanderhalten. *E. caffra* ist ein typischer Baum der Südküste Südafrikas. Er kann bis 12 m hoch werden, manchmal sogar bis 25 m. Seine Blüten erscheinen vor den Blättern im Spätwinter und Frühjahr, sind Orange- bis Scharlachrot mit einem Stich ins Terrakottafarbene und erscheinen in mehreren dichten Trauben am Ende gut ausgereifter Triebe. Die korallenroten Samen sind auf einer Seite mit einem schwarzen Punkt markiert.
Überraschenderweise erträgt *E. caffra* etliche Grad Frost. Allerdings blüht sie dort, wo häufig Fröste auftreten, ziemlich selten, weil die empfindlichen Triebspitzen und damit die bereits angelegten Blütenknospen erfrieren. *E. caffra* wird gerne als Alleebaum verwendet.

Erythrina lysistemon – Kaffernbaum (+10 °C)

Diese Art heißt im südafrikanischen Transvaal Kaffernbaum, ein deutlicher Hinweis auf ihre eher nördliche Ver-

Eriobotrya sind ausgezeichnete kleinkronige Bäume für kühle Wintergärten. Allerdings brauchen auch veredelte Pflanzen mehrere Jahre, bis sie zum ersten Mal blühen und fruchten.

Nur für warme Wintergärten: baumartige *Erythrina*. Nachteile: Spinnmilben,
Stacheln und zu starkes Wachstum.

breitung. Sie kommt in Zentral-Nord-
und Osttransvaal vor über Swaziland
und Natal, auch in Botswana, Angola
und Mozambique. *E. lysistemon*
wächst unter Bedingungen, die wesentlich trockener sind als die bei
E. caffra. Man findet sie im Buschwald,
in der trockenen Savanne, an Hängen,
in Küstensanddünen und in bewalde-
ten Schluchten. Gewöhnlich bleibt sie
kleiner als *E. caffra*; ganz selten
erreicht sie 12 m. Oft ist sie von unten
an verzweigt. Von den Zweigen und
von der Belaubung her läßt sich *E. lysistemon* kaum von *E. caffra* unterscheiden, mit der Ausnahme, daß die Blattmittelrippe bei *E. lysistemon* oft kleine
Haken aufweist, was bei *E. caffra* nicht
der Fall ist. Die Blüten von *E. lysistemon* erscheinen entweder vor den
Blättern oder gleichzeitig mit dem
Austrieb, je nach Temperatur zwischen
Mittwinter und Mitte Frühjahr. Die Blütenfarbe ist ein helles, klares Scharlachrot; es ist wesentlich heller als das
von *E. caffra*.

Eucalyptus – Eukalyptus

Wenn es überhaupt typisch australische Bäume gibt, dann sind dies zwei-
felsohne die ausschließlich in Australien und Tasmanien beheimateten
Vertreter der Gattung *Eucalyptus*. Wie
viele *Eucalyptus*-Arten es tatsächlich
gibt, ist eine Wissenschaft für sich. Die
letzten Schätzungen belaufen sich auf
etwa 700, wobei hier die Zahl der
Unterarten nicht mitgezählt ist. Um
die verschiedenen *Eucalyptus*-Arten
unterscheiden zu können, braucht
man vor allem Blüten und Früchte. Da
diese oft erst bei alten Pflanzen erscheinen, ist es in unseren Breiten in
aller Regel unmöglich, einen bestimmten *Eucalyptus* einer Art zuzuordnen.
Dies bedeutet weltweit für Gärtner,
genauso wie für Liebhaber, daß sie
beim Kauf von *Eucalyptus* auf die
Zuverlässigkeit ihres Pflanzenlieferan-
ten angewiesen sind, dieser wiederum
auf die Zuverlässigkeit seines Saatgut-
Lieferanten. In Anbetracht oft mehre-
rer Zwischenhandelsschritte und vielfach dubioser Saatgutquellen kann
deshalb mit Ausnahme weniger, typischer Arten davon ausgegangen werden, daß ein Großteil der im Handel

befindlichen Pflanzen einen falschen
Namen tragen. Die Blüten der Eukalypten bestehen aus einer Art holzi-
gem Becher, aus dem nach Abspren-
gen des Deckels ein dickes, auffallend
gefärbtes Staubgefäßbündel herausragt. Es kommen alle Schattierungen
von Weiß, Cremefarben, Gelb, Orange,
Grün, Rosa, Scharlach und Karmesin
vor. Die meisten der zu Zierzwecken
gezogenen Eukalypten sind relativ
schwachwüchsig oder können doch
durch kräftigen Rückschnitt vergleichsweise klein gehalten werden. Es gilt
hier aufzuräumen mit dem verbreite-
ten Vorurteil, daß man Eukalypten
nicht schneiden dürfe, da sie ansonsten ihre »natürliche Schönheit« ver-
lören. Es gibt kaum Bäume, die stärker auf mechanische Beschädigungen
eingerichtet sind als Eukalypten. Seien
es Buschfeuer, Schneebruch, starke
Fröste oder Koala-Fraß – die meisten
Eukalypten sind ausgesprochen rege-
nerationsfähig. Zum Teil haben sie
sogar unterirdische Organe, sogenannte
Lignotuber, angelegt, aus denen sie
selbst nach einem vollständigen Verlust aller oberirdischen Teile wieder
austreiben können. Die natürliche
Schönheit der Eukalypten ist also das
Resultat mechanischer Beschädigungen! Entsprechend ihrer Heimat
haben diese Arten einen eher breitla-
gernden Wuchs, werden aber ohne
Schneedruck bei uns höher als am
Naturstandort. Durch gezielten Schnitt
der niederliegenden Triebe kann man
deshalb auch bei beengten Platzver-
hältnissen sehr schöne Bäume und
Sträucher ziehen, die selbst auf Dauer
im Wintergarten nicht zu hoch werden.
Es gibt eine ganze Reihe von Arten,
die auch im nicht frostfreien Winter-

Eukalyptus gehört nicht zu den narrensi-
cheren Wintergartenpflanzen. So elegant
der Habitus vieler Arten auch ist, so leiden sie bei uns doch im Winter oft unter
Lichtmangel – selbst in freistehenden
Gewächshäusern.

Eukalyptus: Über 600 Arten, vom Zwerg bis zum Giganten. Den Glauben, man dürfe Eukalyptus nicht schneiden, widerlegt die Pflanze selbst: Auch in der Natur sterben oft stärkste Äste plötzlich ab.

garten bzw. im Solaranbau aushalten. Die bei uns häufigste *Eucalyptus*-Art, *Eucalyptus gunnii*, die kaum mit einer anderen Art zu verwechseln ist, gehört zu ihnen. Neben *E. gunnii* und *E. niphophila* gilt als weitere extrem harte Art *E. parvifolia*, bei denen selbst die jüngsten Triebe, die kaum ausgereift scheinen, Fröste von –15 bis –18 °C angeblich schadlos aushalten können. Diese Art verträgt auch Kalk. Eukalypten brauchen vergleichsweise viel Wasser, sollten aber nur mäßig gedüngt werden. Sie kennen keinerlei Ruhezeit, wenn man vom kältebedingten Winterschlaf der hochalpinen Arten absieht. Dies läßt sich schon am Verzweigungsmuster der Eukalypten erkennen. Im Gegensatz zu Pflanzen mit ausgeprägten Ruhezeiten, die mit einer Endknospe abschließen, brechen bei *Eucalyptus* fortlaufend neue Seitenknospen bereits aus den Blattachseln jüngerer Triebe, weshalb *Eucalyptus*-Arten oft sehr dicht verzweigt sind. Es scheint ein Widerspruch, wenn trotz ihrer dichten Verzweigung und Belaubung Standorte unter *Eucalyptus*-Arten als hell gelten. Selbst in Eukalyptushochwäldern kommt die Sonne bis zum Boden durch. Dies liegt daran, daß diese Gattung bei sehr hoher Einstrahlung und gleichzeitig hoher Temperatur aus Gründen des Verdunstungsschutzes die Blätter dem Licht entzieht und – dem Lauf der Sonne folgend – diesem nur die Schmalseiten des Blattes entgegenzustellen versucht. Gerade diese Eigenschaft macht *Eucalyptus* ausgesprochen wertvoll für Wintergärten. Während tropische Pflanzen unter solchen Bedingungen schon längst kollabiert wären, wächst *Eucalyptus* mun-

Bei manchen Eukalyptus sind nicht Blätter, Rinde oder Habitus Hauptschmuck, sondern die Blüten. Besonders beliebt, aber heikel sind viele rotblühende Arten wie *E. macrocarpa, E.* x *rhodantha* und besonders *E. ficifolia.*

ter weiter, weil er eben die Möglichkeit hat, dieser immensen Strahlung auszuweichen. Vom Lichtfaktor her lassen sich deshalb Eukalypten wesentlich leichter unterpflanzen als zahlreiche andere wintergartengeeignete Bäume. Im übrigen geben *Eucalyptus* auch deshalb nur wenig Schatten, weil oft komplette Äste absterben und es wieder ein Jahr dauert, das Loch zu füllen, worauf im nächsten Jahr ein anderer Ast abstirbt.

Geht es einem *Eucalyptus* offensichtlich schlecht, ist der Schaden immer physiologischer Natur. Das heißt in unserem Fall, daß die Pflanze entweder zu wenig Licht hat oder mit dem Boden, den Nährstoffen oder dem Gießwasser nicht zurechtkommt.

Eucalyptus citriodora – Zitroneneukalyptus (+10 °C)

Mit einer Höhe am Naturstandort von 10–20 m ist diese *Eucalyptus*-Art nur mit Schnitt im Wintergarten zu halten. Man kommt aber hier an einer Vorstellung nicht vorbei, da für Liebhaber von Duftpflanzen *Eucalyptus citriodora* fast ein Muß darstellt. Gleichzeitig ist er wegen seiner Schönheit eine bei Gartenarchitekten weltweit äußerst beliebte Pflanze, die man unbedingt solitär verwenden sollte. Bei *E. citriodora* sind alle Teile der Pflanze ausgesprochen dekorativ. Dies beginnt bei der glatten, graurosa oder fast weißlichen Stammfärbung, führt über die großen Büschel weißer, im Winter erscheinender Blüten bis zu den länglich-lanzettlichen, 10–15 cm langen Blättern, die intensiv nach Zitronen duften, sobald man sie reibt. Die Pflanze bildet 2 Blatt-Typen, die sich

in der Form völlig gleichen. Die einen sind jedoch glatt und glänzend, die anderen rauh und mit Drüsenhaaren versehen. Letztere duften um ein Vielfaches stärker. *E. citriodora* teilt sich in Brust- oder Kopfhöhe in mehrere gleichrangige Leittriebe, beim Schnitt nimmt man immer komplette Leittriebe heraus.

Eucalyptus ficifolia (+10 °C)

Dieser rot- oder scharlachblühende *Eucalyptus* ist wohl weltweit die bekannteste zu Zierzwecken gepflanzte Art. Am Naturstandort in Westaustralien in der Regel 4–10 m hoch, blüht sie im Sommer, meist rot oder rosa, gelegentlich weiß. Alle Zwischentöne kommen vor. Zur Verwendung im Wintergarten muß betont werden, daß *Eucalyptus ficifolia* aus Samen nicht vor seinem 10. bis 15. Lebensjahr blüht. Dann ist er allen anderen Eucalypten überlegen. Bis zu diesem Zeitpunkt ist *E. ficifolia* nur eine Blattschmuckpflanze und ragt nicht aus der Zahl der anderen Eukalypten hervor. Vielmehr hat er eher den Nachteil, daß er zumindest als junge Pflanze kaum Frost verträgt und ziemlich anfällig gegen Gummifluß ist, was unter Umständen zum Absterben führen

kann. Von geringerer Bedeutung im Wintergarten selbst, aber speziell beim Transport älterer Exemplare ist wichtig, daß ihre Zweige im Vergleich zu anderen Eukalypten brüchig sind. Alte Pflanzen werden sich also kaum ohne Transportschäden zum Verwendungsort bringen lassen. Vor allem mit *E. ficifolia* wurden Versuche gemacht, über die Stecklingsvermehrung zu bestimmten Farbtypen zu kommen. Allerdings erweist es sich als fast unmöglich, aus Stecklingspflanzen Bäume zu ziehen, sie entwickeln sich in der Regel ohne Leittrieb – wie eine Krone ohne Stamm.

Eucalyptus (x) rhodantha – Roseneukalyptus (+5 °C)

Der Roseneukalyptus ist zumeist ein ziemlich sparriger, 2–3 m hoher Strauch, der seine großen, rosaroten Blüten meist ganzjährig zeigt mit einer Hauptblütezeit im Sommer. Er ähnelt sehr stark *Eucalyptus macrocarpa*, von dem er sich allerdings durch seinen erheblich schwächeren Wuchs unterscheidet. Mit 2–3 m Höhe ist er eine ideale Pflanze auch für kleinere Wintergärten. Die Blätter von *E. rhodantha* sind meist rund bis herzförmig und 5-10 cm lang bzw. breit.

Ficus carica – Echte Feige (– 10 °C)

Der Echte Feigenbaum hat einige unschlagbare Vorteile, die ihn als Solitärbaum für den Wintergarten prädestinieren. Dieses ausgesprochen dekorative Ziergehölz ist vielseitig zu verwenden – als Baum, Strauch oder am Spalier. Er trägt auch bei uns reichlich Früchte, ist in der Kultur anspruchslos und bekommt kaum Schädlinge und Krankheiten. Offensichtlich schon in vorhistorischer Zeit als Obstgehölz weit verbreitet, stammen die ersten schriftlichen Zeugnisse aus frühsumerischen Perioden, sind also schon fast 5000 Jahre alt. Mit Ölbaum und Wein gilt der Feigenbaum als eine der 3 semitischen Kulturgaben. Möglicherweise als Kreuzung zwischen wenig verwandten ostafrikanischen und mittelöstlichen Arten entstanden, ist er dort am meisten verbreitet, wo auch heute noch das Gros der Feigen herkommt - in Kleinasien. Sein Reich sind vor allem die unteren Bereiche der Mittelgebirge, die so steinig sind, daß hier kein Ackerbau möglich ist und sich auch kaum Wald entwickeln kann. Diese Gebiete bevorzugt der Feigenbaum, egal ob er in China, im asiatischen Rußland, in Italien, auf den Kanaren oder gar – dort als Kulturflüchtling – in Amerika wächst. Aus diesem kulturhistorischen Abriß geht klar hervor, daß es sich bei Feigen um äußerst anspruchslose, immens vielgestaltige Individuen handeln muß. Überall, wo Feigen wild wachsen, wird man sie in Mauern als gerade kniehohes Krüppelholz sehen, wenige Meter weiter als bis zu 10 m hohen und fast ebenso breiten Baum mit schirmförmiger, wenig verzweigter Krone. Die Blätter

können kaum handflächengroß sein, aber auch reichlich 20 cm breit, fast ganzrandig breit-oval bis extrem tief gelappt, manchmal mit 3, oft mit 5 Lappen. Die Bäume werfen sehr dichten Schatten. Das stark ausgeprägte Wurzelwerk reicht bis 8 m in die Tiefe und 15 m in die Breite, ist also längeren Trockenperioden bestens gewachsen. Pflanzt man sie im Wintergarten aus, sollten keine offenen Drainagerohre in »greifbarer« Nähe sein.
Wilde Bocks- oder Holzfeigen, San-Pedro-Feigen und Smyrna-Feigen sind

nicht zu empfehlen. Sie brauchen entweder eine hier nicht vorkommende Gallwespen-Art zur Befruchtung, oder ihre Früchte schmecken nicht. Einzig zu empfehlen sind gute Sorten der Fruchtfeige, die in der Regel stecklingsvermehrt werden.
Die Kultur der Fruchtfeigen ist höchst einfach und vor allem von den Umgebungsbedingungen (Klima) abhängig. Diese Feigen fruchten in der Regel zwei- bis dreimal im Jahr, wobei als Kübelpflanze im herkömmlichen Sinn oder im Freien direkt ausgepflanzt

Die laubabwerfenden Echten Feigen spenden im Sommer einen tiefen, kühlen Schatten, im Winter zeigen sie ihre mit oft hunderten unreifer Früchte geweihartig verzweigten Äste.

gerade eine Ernte möglich ist, im Wintergarten aber durchaus zwei oder drei. Die Feigen, die man in unseren Breiten ernten kann, bilden sich im Spätsommer/Herbst in den Blattachseln der obersten 30 cm des diesjährigen Triebes. Sie überwintern dann etwa erbsengroß und reifen im kalten Wintergarten je nach Temperatursumme und Sorte zwischen Juli und September. Ein zweiter Satz Früchte wird im Frühjahr am neuen Trieb gebildet. Diese Früchte – sie gelten als besser – werden bei uns bis zum Herbst groß und reifen nur noch im Wintergarten aus. Wenn Früchte abfallen, handelt es sich meist um Kulturfehler (trocken werden lassen, Düngerschock, zu hungrig gehalten), oder die Pflanze reagiert auf längere Schlechtwetter-(Kälte)perioden im Frühjahr oder Frühsommer. Mit Ausnahme von Spinnmilben sind tierische Schädlinge bei Feigen ohne Bedeutung. Gefährlicher sind Pilze, die in die Gefäßbahnen eindringen (*Verticillium*), aber auch die Rotpustelkrankheit (*Nectria*). Pflanzenhygiene bei der Vermehrung und Rückschnitt der befallenen Triebe schaffen Abhilfe. Ansonsten wird bei Feigen im Kübel wenig geschnitten, entfernt wird nur, was sich überkreuzt. Bei ausgepflanzten Feigen hingegen wird man über einen radikalen Rückschnitt alle paar Jahre nicht herumkommen, ihr Wachstum sprengt sonst den Rahmen der meisten Wintergärten. Selbst tief ins alte Holz kann zurückgeschnitten werden, die Wunden werden mit Baumwachs verschlossen. Beste Zeit hierzu ist das angehende Frühjahr, die Wunden schließen sich dann rasch. Bei uns reif gewordene Feigen sind nicht schlechter als solche aus dem Süden. Ein Drucktest sagt, wann sie reif sind, sie lassen sich dann ganz leicht vom Stiel lösen. Man kann sie schälen, aber auch mit der Schale essen. Lagern lassen sie sich schlecht, am besten noch bei Temperaturen zwischen 0 und 5 °C.

Wer Feigen essen will, sollte sich eine Fruchtsorte kaufen: Bocksfeigen besitzen zwar schönere, tief gebuchtete Blätter, aber fruchtfleischlose Früchte.

Grevillea

Mit über 270 Arten ist die Gattung *Grevillea* die artenreichste Gehölzgattung Australiens nach *Acacia* und *Eucalyptus*. *Grevillea* kommt fast ausschließlich in Australien vor, die wenigen Ausnahmen beschränken sich auf die benachbarten Inseln. Für Wintergärten, deren Pflanzenauswahl an der südlichen Hemisphäre orientiert ist, gehören *Grevillea* – obwohl sie zu den ansonsten oft heiklen Proteaceen zählen – zu den wichtigsten Pflanzen. Sieht man einmal von der seit langem bekannten Silber- oder Seideneiche, *Grevillea robusta*, ab, wurden die wertvollen Eigenschaften vieler anderer Arten und Sorten in der nördlichen Hemisphäre erst im letzten Jahrzehnt dem Gartenbau bewußt. Inzwischen werden auch bei uns eine ganze Reihe von Arten und Sorten angeboten, vor allem aus Israel und Holland. Vielfach werden sie auf Stämme oder Stämmchen von *G. robusta* veredelt. Die besondere Stärke von *Grevillea* – speziell von *Grevillea robusta* – sind ihre geringen Ansprüche an den Boden. Dazu haben die meisten Arten eine sehr lange Blütezeit mit Schwerpunkt im Winter, sehr auffallende Blütenfarben in allen Gelb-, Orange-, Rot-, Rosa-

und Lila-Tönen und unterschiedlichste Blattformen – zwischen schmal nadelartig über sägeblattähnlich bis zu großblättrig und tief gebuchtet. Vor allem zu erwähnen ist, daß die hier gängigen Grevillea-Arten bei halbwegs zusagendem Standort sehr sichere Blüher sind. Wichtigste Voraussetzung für eine erfolgreiche Kultur ist, daß die Pflanze freistehen muß, also auf keinen Fall in eine Strauchgruppe eingezwängt werden darf - es sei denn, sie ist viel höher und ragt entsprechend heraus. Eine ständige Luftumwälzung durch einen Ventilator wirkt sich ausgesprochen vorteilhaft aus. Zum anderen gedeihen alle *Grevillea* am besten in einem eher sauren, durchlässigen Boden. Wenn man sie behandelt wie Azaleen oder Kamelien, kann bei der *Grevillea*-Kultur kaum etwas schiefgehen. *Grevillea* gehören zu den schwach zehrenden Pflanzen, hinsichtlich der Düngung sollte man sich also immer an der Untergrenze orientieren. Bewässert werden sie je nach Topfgröße, aber immer nach der Devise »Soviel wie nötig, und so wenig wie möglich«. Dies gilt vor allem im Winter, wenn man von oben gießen muß, wobei dann Vorsicht geboten ist: Bei niederen Wintertemperaturen sollten die Blätter speziell der niedrigen, dichtbuschigen Arten unbedingt trocken gehalten werden. *Grevillea* sind sehr empfindlich gegenüber Grauschimmel (*Botrytis*), der sich in einem feuchten Milieu wesentlich besser entwickeln kann als auf trockenen Pflanzen. Gegenüber Trockenheit sind *Grevillea* erstaunlicherweise ziemlich tolerant. Sie nehmen es nicht übel, wenn sie erst gegossen werden, nachdem sie bereits zu welken begonnen haben. Das gilt nicht im Winter, wenn sie bereits Blütenknospen angesetzt haben, diese werden bei Trockenheit schwarz bzw. abgeworfen. Da die meisten *Grevillea*-Arten relativ rasch wachsen, kann man sie speziell als jüngere Pflanze oft zweimal im Jahr umtopfen.

Man verwendet dann auf jeden Fall ein durchlässiges, saures Substrat, das sich im pH-Bereich von 4,5–5,5 bewegen sollte. Bei einem höheren pH-Wert werden die Blätter oft gelb, die Pflanzen kümmern. Sieht man von Spezialsubstraten, wie zum Beispiel für blaue Hortensien, ab, sind die meisten käuflichen Erden für *Grevillea* (Ausnahme: *G. robusta*) nur bedingt geeignet, da sie entweder zu hoch aufgedüngt oder zu wenig durchlässig sind, oder sie sind zu hoch aufgekalkt – beispielsweise TKS 1. Man kann diese Substrate jedoch abmagern bzw. den pH-Wert reduzieren, indem man grobfaserigen Torf, Heideerde, Nadelerde, Moorerde, sauren Sand, Quarzkies oder ähnliche Stoffe beigibt. Viele ältere Gärtner schwören auf einen reichlichen Zuschlag von Holzkohle – ganz sicher auch heute noch kein schlechter Tip. Abgesehen von Grauschimmel sind *Grevillea* wie alle Proteaceen empfindlich gegen Bodenpilze wie *Pythium* und *Phytophtora*, wobei *Grevillea* noch die am wenigsten empfindliche Gattung ist. Diese Krankheiten stellen sich vor allem ein, wenn die Bodentemperatur unter 10 °C liegt und der Boden naß ist. Die Düngung von größeren *Grevillea*-Pflanzen erfolgt bei Gärtnern der alten Schule mit auf den Topf gelegten Kuhfladen. Heute wird man wohl eher einen Dauerdünger, der 8-9 Monate anhält, vorziehen. Auch andere, langsamwirkende, vor allem organische Dünger sind brauchbar. Vor Mineraldüngern soll ausgesprochen gewarnt werden, zumal dann, wenn das Substrat wenig

oder keinen Ton enthält. *Grevillea* sind – wie alle anderen Proteaceen – ziemlich salzempfindlich und reagieren auf stärkere Schwankungen der Salzkonzentration in der Bodenlösung mit Blattfall. Gegossen werden sollten *Grevillea* nur mit Regenwasser. Ist dies nicht möglich, stellt man entweder die Düngung auf schwefelsaures Ammoniak um oder streut gelegentlich einen je nach Pflanzengröße mehr oder weniger vollen Löffel Schwefelblüte auf den Wurzelbereich.

Grevillea banksii – Rote Grevillea (+10 °C)

Grevillea banksii stammt aus dem wärmeren, feuchteren, östlichen Australien, wo sie als 2–3 m hoher Strauch vorkommt. Ihre zumeist roten, selten weißen Blüten erscheinen fast während des ganzen Jahres mit einer Hauptblütezeit vom Frühjahr bis in den Herbst. Die Blütenstände stehen aufrecht und können bis 15 cm lang werden. Ihre bis 20 cm langen Blätter

Eine der schönsten *Grevillea* ist *G. banksii*, hier auf einem Stamm von *G. robusta* veredelt. Letztere hat wenig Probleme mit bodenbürtigen Krankheiten. Für alle Grevilleen gilt: Wegen der speziellen Bodenansprüche lieber im Tontopf ziehen und möglichst im Sommer draußen kultivieren. Die im Wintergarten häufigen Fäulnispilze tauchen dann so gut wie nie auf.

sind farnartig und ähneln denen von
G. robusta, auf deren Stämme veredelt man sie gewöhnlich angeboten
findet. Soll die Pflanze nicht sparrig
werden, müssen auf Stamm gezogene
G. banksii zurückgeschnitten werden,
was oft gar nicht so einfach ist.
Während die Pflanzen nämlich an den
Triebspitzen blühen, bilden sich gleichzeitig Seitentriebe, die oft sofort wieder Blütenknospen ansetzen. Ein Rückschnitt würde diese entfernen. Für
eine ganzjährige Blüte im Wintergarten
empfiehlt es sich, immer nur einzelne
Triebe einzukürzen – nie die ganze
Pflanze auf einmal.

Grevillea robusta – Australische Silbereiche, Australische Seideneiche (+5 °C)

Die australische Seiden- oder Silbereiche ist bei uns seit langem als Zim-
mer- und Kübelpflanze bekannt. Ausgepflanzt ist sie überaus raschwüchsig
und kann sich zu einem über 30 m
hohen, schmal pyramidalen Baum entwickeln. Ihre dekorativen, farnartig gefiederten Blätter werden bis zu 20 cm
lang. In kühlen Wintergärten wird das
Laub während der lichtarmen Jahreszeit größtenteils abgeworfen.
Als Schattenbaum für hohe Wintergärten eignet sich diese Art ausgezeichnet, sie macht recht rasch eine im
Sommer mäßigen Schatten werfende
Krone, ist aber gleichzeitig sehr licht,
weil sie viel Laub verliert. *Grevillea
robusta* läßt sich sehr gut schneiden
und wächst rasch, weshalb man sie für
viele Jahre als dekorativen Solitär im
Wintergarten halten kann. Leider läßt
die Blüte meistens ziemlich lange auf
sich warten. Ihre Blütenstände erscheinen zwischen Spätwinter und Sommer,
sie sind tief orangegelb und die größten der Gattung. Neben den Blüten
und dem dekorativen Laub ist besonders der neue bronze-rosa Laubaustrieb ein besonderer Schmuck der
Pflanze.

Grevillea robusta ist wegen ihrer Belaubung auch als Topfpflanze beliebt. Eine Blüte ist bei uns erst im Alter ab 10 Jahren zu erwarten. Als bizarrer, häufig geschnittener Wintergartenbaum kann sie sich mit *Jacaranda* messen.

Jacaranda mimosifolia (+10 °C)

Der wichtigste baumartige Vertreter
der Familie *Bignoniaceae* ist sicher
Jacaranda mimosifolia, oft mißver-
ständlich »Rio-Palisander« benannt –
diese Pflanze hat mit Palisander nichts
zu tun und gehört nicht einmal zur selben Familie. *Jacaranda* zählt in den
Tropen und Subtropen wohl zu den
auffälligsten Pflanzen des Frühlings,
weil der Baum in aller Regel vor dem
Laubaustrieb blüht. Wo er hart genug
ist, ist *Jacaranda* einer der beliebtesten Straßenbäume. *J. mimosifolia* –
um diese Art handelt es sich zumeist
– wird an ihrem Heimatstandort in
Brasilien und an ähnlich zusagenden
Stellen ein mittelgroßer Baum, der
gelegentlich bis 20 m hoch werden
kann. Trotz ihrer Endhöhe ist sie für

Wintergärten ausgezeichnet geeignet.
Wo es ihr nämlich gefällt, beispielsweise in Kalifornien oder auch in Teneriffa, können schon 1 m hohe Pflanzen
blühen. In unseren Breiten geht das
nicht so rasch. Mit etwas Fingerspitzengefühl kann *J. mimosifolia* als 3-4 m
hoher Baum gehalten werden, wie das
beispielsweise in kleinen Hausgärten
in Florida oder genauso entlang der
Straße zu den Pyramiden in Kairo der
Fall ist. Die Pflanzen sehen dann einer
Kugelakazie nicht unähnlich und können – so sie reichlich gewässert werden – fast immergrün sein. Dies ist
nicht unbedingt erwünscht, sie blühen
dann nämlich, während sie voll belaubt sind, was dem *Jacaranda*-
Blütenstand viel von seiner luftigen
Wirkung nimmt. Aber allein schon
wegen ihrer Blätter ist sie ausgesprochen dekorativ, weshalb sie gelegent-

lich als Zimmerpflanze angeboten wird.

Die Blätter sind farnartig fein geschlitzt oder besser doppelt gefiedert, sehr symmetrisch und überaus elegant. Ihre Gesamtlänge kann durchaus 0,5 m betragen. Die Blütezeit bei

Für sehr große, mäßig warme Wintergärten gehört *Jacaranda* schon wegen ihrem Laub und ihrer Zweigstruktur zu den schönsten Bäumen. Wenn man sie nicht zum falschen Zeitpunkt schneidet, erscheinen ihre Blüten auch bei uns.

Jacaranda ist kurz. Je nach Temperatur liegt sie zwischen Anfang März und Mitte Mai, hält aber kaum mehr als 4 Wochen an. Allerdings ist es nicht ungewöhnlich, wenn *Jacaranda* außerhalb der normalen Blütezeit weitere Blüten bringen. Die Blüten selbst sind blau bis malvenfarben, röhrenförmig und ungefähr 5 cm lang. Bis zu 90 Stück stehen zusammen in einem lockeren, aufrechten Blütenstand. Ihre Fernwirkung vor Gebäuden ist enorm, blühende Bäume wirken wie eine riesige lichte, blau-lila Blütenwolke. Wie alle Bignoniaceen liebt *Jacaranda* sehr viel Licht. Im Zimmer gezogene Pflanzen bilden in aller Regel nur dünne Triebe und haben oft nur ein paar Blätter an der Spitze. Zudem steigt die Anfälligkeit für Weiße Fliege. Die Schönheit der Pflanze ist dann schnell dahin. Das Fallaub von *Jacaranda* riecht recht unangenehm, besonders, wenn es naß geworden ist und zu verrotten beginnt. Es sollte also entfernt werden.

Magnolia – Magnolie

Von den Magnolien ist eine ganze Reihe, speziell von den schwächerwüchsigen Arten, für den kalten Wintergarten und für unbeheizte Solaranbauten geeignet. Vor allem sehr früh blühende Arten wie *Magnolia stellata* oder deren Hybriden. Diese Pflanzen sind zwar vollständig winterhart, leiden jedoch bei uns im Freien sehr häufig unter Spätfrösten. Die Gefahr von Spätfrösten ist unter Glas ziemlich gering, wobei man allerdings berücksichtigen muß, daß man die Pflanzen zweifellos zwangsläufig verfrüht, die Blüte also bei manchen Arten noch mitten in den Winter fallen kann. Zu dieser Zeit besteht natürlich noch ein gewisses Frostrisiko. Die Winterruhe der Magnolien ist nicht sehr stabil: Gerade bei *M. stellata* reichen eine Reihe warmer Tage und die Blüten

<u>Oben:</u> Die immergrüne Magnolie mit ihren duftenden Riesenblüten eignet sich nur für hohe, kalte Wintergärten.
<u>Rechts:</u> Ohne seine fliederfarbenen Blüten und den folgenden Fruchtschmuck ist der Paternosterbaum keine auffallende Erscheinung.

sind offen. Neben der im folgenden beschriebenen *M. grandiflora* gibt es noch eine ganze Reihe weiterer, nicht winterharter Magnolien, die in Wintergärten Verwendung finden können. Da sie jedoch in Mitteleuropa kaum angeboten werden, sind sie Pflanzen für Liebhaber, die sich nicht scheuen, Kontakte zu holländischen oder vor allem englischen Baumschulen aufzunehmen, wo sehr große Sortimente vorhanden sind.

Magnolia grandiflora (–5 °C)

Nicht winterhart bzw. im Weinbauklima an der Grenze der Winterhärte ist eine der schönsten Arten, *Magnolia grandiflora*. Diese aus den südöstlichen USA stammende Art ist sowohl in Südengland als auch südlich des Brenners einer der beliebtesten Garten- und Parkbäume. Für Wintergärten ist *M. grandiflora*, zumindest die meisten Sorten, weniger geeignet – sie wird zu groß. Zwar läßt sie sich, wie in Italien häufig, ausgezeichnet schnei-

den, was riesige dichte, immergrüne Kegel ergibt, nur blüht sie dann kaum. Gleichwohl wirkt sie mit ihren großen ovalen, oberseits glänzenden, unterseits meist rostbraunen lederartigen Blättern ausgesprochen attraktiv, auch wenn sie für manchen etwas Dunkles, Düsteres ausstrahlt. Schneidet man *M. grandiflora* nicht, weil man sich an den köstlich duftenden, cremeweißen Blüten, die oft 25 cm breit sind, erfreuen will, kahlt die Pflanze sehr rasch aus und hinterläßt ein wenig schönes, sparriges Zweiggerüst. Die Blüten stehen am Ende der Triebe und sind von unten kaum sichtbar. Um sie genie-

ßen zu können, muß man deshalb entweder eine erhebliche Strecke vom Baum zurücktreten können, oder man muß auf ihn herabschauen. *M. grandiflora* kann während des gesamten Sommerhalbjahres blühen. Sie ist eine sehr robuste, nahezu schädlings- und krankheitsfreie Pflanze und verträgt auch Kalk sehr gut. Besonders erwähnt werden muß, daß die meisten angebotenen Pflanzen veredelt sind. Sämlinge blühen erst in hohem Alter und kommen eigentlich nur dann für den Wintergarten in Frage, wenn man den Baum schneiden will und sich mit dem Laubschmuck zufrieden gibt.

Melia azedarach – Paternosterbaum (0 °C)

Der auch »Chinabeere« oder »Stolz von Indien« genannte laubabwerfende Baum ist so hart, daß er sogar in einem nicht frostfreien Wintergarten gezogen werden kann. In allen Ländern rund ums Mittelmeer ist diese aus Nordindien, Zentral- und Westchina stammende Art ein beliebter kleiner Gartenbaum oder Großstrauch mit wenigen Leittrieben. *Melia*-Blätter sind bei gut ernährten Pflanzen fast meterlang, hängen elegant über und sind doppelt gefiedert. Bei uns zumeist mit dem Laubaustrieb, manchmal aber auch erst im Sommer, entwickeln sich an den Triebspitzen große, lockere Rispen mit kleinen, duftenden lila Blüten. Gelegentlich werden Büschel rundlicher, gelber Früchte angesetzt, die bis weit nach dem Laubfall am Baum haften bleiben. *Melia azedarach* ist eine unproblematische Pflanze, die in jedem Boden wächst und kaum unter Schädlingen und Krankheiten zu leiden hat. Sie gehört zu den Wintergarten-Bäumen, die als mehr- und schiefstämmige Exemplare zumeist schöner wirken. Sie werden dann zu beeindruckenden Pflanzen, deren lichter Schirm eine ganze Sitzgruppe überschatten kann.

Musa – Eß- und Zierbananen

Es gibt nur wenige Pflanzen, mit denen sich in kürzerer Zeit der Grundstock zu einem tropisch üppigen Wintergarten legen läßt als mit Bananen. Schnell werden jedoch die meisten Arten zu hoch und zu breit für Standard-Wintergärten. Es gibt 3 Gruppen von Bananen, die für den Innenbereich geeignet sind. Dies sind als erstes die Zier- oder Zwergbananen tropischer Herkunft, als zweites die Japanische Faserbanane, die aus den Subtropen

stammt und mit niederen Temperaturen auskommt, und als drittes die bekannte Eßbanane, *Musa acuminata.*

Zierbananen (+15 °C)

Die aus den Tropen stammenden Zierbananen sind auch für kleine Wintergärten geeignet, vorausgesetzt, diese sind zimmerwarm. Die wichtigsten Arten sind *Musa uranoscopus* und *M. velutina* . Diese können schon in einer Höhe von ungefähr 1,20 m zur Blüte kommen. Die Blätter der genannten Arten sind alle mehr oder weniger rot oder rötlich geflammt.

Bananen verleihen einem Wintergarten eine eigene Note. Faserbananen sollte man nicht in Terrakotta ziehen, da sie durch ihre Kindel sehr schnell breit werden und den Topf sprengen oder die Kindel ständig entfernt werden müssen.

Ausgesprochen dekorativ und gelegentlich als Schnittblumen angeboten werden ihre Blütenstände. Sie sind meist tiefrot und tragen gleichfalls rötliche Früchte. Wesentlich höher – bis über 4 m, in Blatt und Blüte aber ähnlich, wird *M. zebrina,* ebenso die nahe Verwandte *Ensete ventricosum* 'Maurelii'. Alle diese Arten verlangen ganzjährig einen warmen Standort. Gelegentlich wird ins Spiel gebracht, daß sie doch viel tiefere Temperaturen ertragen müßten, da auch an ihrem Naturstandort oder dort, wo sie zu Zierzwecken aufgepflanzt sind, Temperaturen bis nahe an den Nullpunkt vorkommen. Es macht jedoch einen gewaltigen Unterschied, ob diese Temperaturen kurzzeitig einwirken oder ob die Pflanze ein halbes Jahr damit leben muß - kühlen, nassen Boden über längere Zeit erträgt keine Art.

Japanische Faserbanane (Musa basjoo) (+5 °C)

Für kühle, hohe Wintergärten ist einzig die Japanische Faserbanane, *Musa basjoo* (*M. japonica*) geeignet. Diese sehr raschwüchsige Art erreicht im Wintergarten ausgepflanzt leicht eine Höhe von 4m, bevor sie zur Blüte kommt. Als ältere Pflanze macht sie zahlreiche Ausläufer, die entweder am Stock belassen oder abgenommen werden können. Läßt man sie dran, wird die Pflanze in wenigen Jahren mehrere Meter breit. *M. basjoo* ist mit Abstand die härteste Bananenart, südlich der Alpen findet man sie häufig in Gärten. Auch in Mitteleuropa ist eine Überwinterung im Freien bei allerbestem Winterschutz durchaus erfolgversprechend, wobei allerdings die oberirdischen Teile absterben. Die Überwinterung von *M. basjoo* kann bei Temperaturen knapp über dem Gefrierpunkt erfolgen. Frost verträgt sie allerdings nicht, bereits bei – 1 °C erfrieren die Blätter. Dies ist weiter nicht schlimm, da bei einer kühlen Überwinterung sowieso mit einem kompletten Blattverlust zu rechnen ist und im Frühjahr mehr oder weniger tief in den Scheinstamm zurückgeschnitten werden muß. Je höher die Temperaturen, desto mehr Blätter behält die Pflanze. Die Japanische Faserbanane ist relativ schwierig zu bekommen, weil sie sich nur über Aus-

Bananen blühen und fruchten auch bei uns, so sie ausreichend lebende Blätter gebildet haben. Handelsklassenverdächtig werden die Früchte jedoch nicht.

läufer vermehren läßt, eine Kultur in großem Maßstab erfordert zahlreiche mächtige Mutterpflanzen und ist deshalb ausgesprochen kostspielig. Jüngere Pflanzen erhält man deshalb in der Regel nur beim Fachhandel oder in südlichen Baumschulen.

Eßbare Bananen (+15 °C)

Der Wunsch jedes Wintergarten-Besitzers ist natürlich eine »echte« Banane, also eine Art mit eßbaren Früchten. Die Kultur dieser Bananen im Wintergarten ist durchaus möglich. Die wichtigste Gruppe für den Pflanzenliebhaber ist die *Musa acuminata* »Dwarf

Cavendish«. Diese Bananen sind uns aus dem Süden als »Ladyfingers« bekannt, sie werden gerade spannenlang und sind sehr süß. Im Mittelmeerraum werden sie auf den Kanarischen Inseln, in Südspanien, Nordafrika, in der Türkei, auf Zypern und in anderen Anrainerstaaten angebaut. Von allen *M. acuminata*-Typen ist die »Dwarf Cavendish« die robusteste. Sie hat die niedrigsten Temperaturansprüche, kann deshalb bis zur frostbedingten Verbreitungsgrenze der Banane vordringen. Bei »Dwarf Cavendish« handelt es sich nicht um eine Sorte, sondern um verschiedene Selektionen. Diese weisen erhebliche Unterschiede auf, wenn sie an gleicher Stelle aufgepflanzt werden. Die niedersten Typen findet man im Bereich des östlichen Mittelmeers, also der Südtürkei und Zypern. Sie werden im Freien nur wenig über 2 m hoch, aber oft 3 m breit. Sie sind für niedere Wintergärten zu empfehlen, wobei auch diese mindestens 3 m hoch sein müssen. Wesentlich höhere Typen findet man beispielsweise auf Teneriffa, wo die Pflanzen im Freiland bis zu 4m erreichen, genau dieselbe Pflanze aber im geschützten Anbau in Foliengewächshäusern ohne weiteres 6m hoch werden kann.

Bevor eine Banane einen Fruchtstand entwickelt, bildet sie etwa 10 – 14 große Blätter. Bleiben diese Blätter alle am Leben, erscheint schließlich die Blüte. Sterben einige dieser Blätter ab, werden sie ersetzt. Erst wenn die Zahl von 10 – 14 erreicht ist, erscheint ein Blütenstand. Dies bedeutet bei unseren schlechten Überwinterungsbedingungen, daß der Blütenstand nicht im Frühjahr, sondern erst gegen Anfang Sommer erscheint, falls die Temperatur im Winter unter den genannten 14 °C lag und deshalb Blätter abgestorben sind. Nach dem Blütenstand erscheinen keine Blätter mehr, die Pflanze steckt ihre Energie einzig und allein in die Entwicklung ihres

Fruchtstandes. Um diesen vollständig entwickeln zu können, sind mindestens 6 voll leistungsfähige Blätter notwendig, was aber schon eine erhebliche Reifeverzögerung zur Folge hat. Es ist nämlich nicht so, daß die Banane ihre Früchte aus Reservestoffen – also aus Stamm und Wurzel – ernährt, sondern sie braucht vor allem die Assimilate der jüngsten Blätter. Bei uns im Wintergarten ist also eine Eßbananenkultur unter etwa 10 °C (minimale Bodentemperatur) nicht möglich, da bei tieferen Temperaturen die alten Blätter viel zu schnell absterben und die Fruchtstände deshalb nicht mehr ausreifen würden. Bananen sind ausgesprochen nährstoffbedürftig. Sie brauchen vor allem viel Kali und Magnesium. Bei Mangel an Spurenelementen, vor allem Mangan, sterben die Blätter frühzeitig ab. Bananen lieben einen eher schweren Boden und brauchen reichlich Wasser. Erfüllt man ihre Grundbedürfnisse, sind Bananen im Wintergarten eigentlich leicht zu halten. Krankheiten kommen bei ihnen nur im Zusammenhang mit Kälte vor. Bei den Schädlingen sind es vor allem Spinnmilben, die Bananen innerhalb kürzester Zeit ruinieren können. In Anbetracht der vergleichsweise hohen Wintergartentemperaturen empfiehlt sich der ganzjährige Einsatz von Raubmilben. Bananen entwickeln während des Wachstums zahlreiche Schößlinge. Will man tatsächlich Bananen ernten, sollte man von diesen Schößlingen alle bis auf den stärksten entfernen. Eine gewisse Ernteverfrühung bei Bananen ist möglich, wenn man die Fruchtstände – wie beispielsweise auf Teneriffa – in blaue Plastiksäcke einbindet. Da Bananen mit vergleichsweise wenig Licht auskommen, sind sie ganz vorzüglich auch für nicht allzu helle Innenbereiche geeignet. Eine ähnliche Wirkung wie mit Bananen läßt sich mit Baumstrelitzien, einer Bananen-Verwandten, erzielen, wobei man hier aber mehr Höhe braucht.

Olea europaea – Oliven (–5 °C)

Die Kultur von Oliven ist so einfach, daß sie nicht weiter beschrieben werden muß. Oliven wachsen auf fast allen Böden, so es sich nicht gerade um saure Moorerden handelt. Etwas ganz anderes ist es, Oliven auch zum Fruchten zu bringen. Obwohl manche Sorten ohne Befruchtung einige Früchte ansetzen können, sind doch die meisten Olivensorten selbststeril. Sie brauchen also einen Pollenspender. Ungeachtet dessen, daß es Sor-

ten gibt, die gemeinhin als gute Pollenspender gelten – genannt seien hier die italienische 'Pendolino' oder 'Uovo di Piccione' – ist die Frage des geeigneten Pollenspenders für eine bestimmte Art vor allem eine Frage des Standortklimas. Welche Olive mit welcher Befruchtersorte an einem Standort harmoniert, ist eine Erfahrungs-

Alte Olivenbäume, die durchweg aus aufgelassenen Plantagen stammen, haben ihren besonderen Reiz. Jede Pflanze ist ein Original und sicher einer der zuverlässigsten und pflegeleichtesten Wintergartenbäume.

sache. Da die Bestäubung der Oliven über den Wind erfolgt und Faktoren wie Regen im Wintergarten keine Rolle spielen, gleichzeitig zur Blütezeit noch keine gefährlich hohen Temperaturen vorkommen, ist die Frage der Befruchtung hier einzig eine Frage der richtigen Befruchtersorte. Etwa 7 Wochen nach der Vollblüte sieht man, wie viele Oliven sich weiterentwickeln werden. Alle nicht bestäubten wurden bis zu diesem Zeitpunkt abgeworfen. Ist der Fruchtansatz zu reich – mehr als 5 Früchte pro Blütenstand sind zuviel –, kann man ausdünnen, weil zu viele Früchte die Reifezeit verlängern und gleichzeitig die Fruchtgröße abnimmt. Während der Fruchtentwicklung brauchen Oliven reichlich Wasser. Unter schlechten Bedingungen nimmt vor allem das Fruchtfleisch ab. Bei Wassermangel schrumpfen die Früchte sogar. Unter unseren Bedingungen sind Oliven im Winter meist noch nicht reif. Sie wachsen erst wieder weiter, wenn die Bodentemperatur im Frühjahr hoch genug ist. Die Fruchtreife konkurriert dann mit der neuen Blüte, was immer auf Kosten des einen oder anderen geht. Dieses Problem ist auch für *Citrus* typisch. Man sollte sich deshalb überlegen, ob man die Früchte dann nicht schon im Spätwinter entfernt, auch grüne Früchte sind bekanntlich schon genußfähig. Im Wintergarten gehören Oliven zu den fast schädlings- und krankheitsfreien Pflanzen. Zieht man sie jedoch im Topf und stellt sie im Sommer ins Freie, kann bei einigen Sorten im Herbst bei reichen Niederschlägen eine gefährliche Pilzkrankheit auf den Blättern auftauchen. Diese Krankheit äußert sich in kreisförmigen, erst gelblichen, später schwärzlich werdenden Blattflecken, die rasch größer werden, letztlich das ganze Blatt umfassen und dieses dann zum Absterben bringen. Man sollte dagegen rechtzeitig mit Spritzungen eines zugelassenen Mittels gegen Pilzkrankheiten bei Rosen beginnen.

Palmen

Die Palmen sind das Symbol der Tropen. Von den bisher bekannten ca. 2600 Arten kommen die meisten in einem sehr schmalen Streifen zwischen 10° nördlicher und 10° südlicher Breite vor, nur ganz wenige Arten bewohnen die warm temperierten Gebiete. Grundsätzlich teilt man die Palmen in 2 Gruppen – die mit fächerförmigen Blättern und die mit gefiederten Blättern. Bei den fächerförmigen Blättern gehen die Blattfiedern handförmig von einem Zentrum aus, wie bei der Zwergpalme oder der Hanfpalme; bei den Palmen mit Fiederblättern sitzen die Fiedern einzeln am Blattstiel bzw. der Blattmittelrippe, wie das bei den bekannten Phoenix-Palmen der Fall ist.

Als ausgesprochen ornamentale Pflanzen gehören Palmen schon seit Jahrhunderten zu den beliebtesten Kübelpflanzen. Auch in Ländern, in denen sie im Freien hart sind, werden verschiedene Art gern zur Dekoration von Terrassen und ähnlichen befestigten Plätzen verwandt. Daß die Pflanzen in Kübeln gezogen werden, hat seinen Grund darin, daß die meisten Arten ausgepflanzt ein gewaltiges Wachstum an den Tag legen, was sie für einen kleinen Blickpunkt ungeeignet werden läßt. Dessen muß man sich bewußt sein, wenn man daran denkt, eine Palme im Wintergarten auszupflanzen. Es gibt zwar durchaus Palmen, die auch ausgepflanzt nur sehr langsam wachsen. Diese haben aber den Nachteil, daß sie als größere Pflanze fast unbezahlbar sind, als junge Pflanze aber keine Vorstellung von ihrer Schönheit geben können. Die Anzucht solcher Pflanzen dauert Jahrzehnte. Im Zwischenbereich gibt es wenig, selbst die bekannte Zwergpalme (*Chamaerops humilis*) zeigt ausgepflanzt ein kräftiges Wachstum, und kann – wenn sie erst einmal das Jugendstadium hinter sich gebracht hat – unter

guten Bedingungen in 10 Jahren zum mannshohen und über 2 m breiten Busch heranwachsen. Die Wüchsigkeit der Palmen unter Glas ist sehr viel größer als im Freien. Dies ist eine Folge von Lichtmangel. Während Palmen in freier Natur durch das UV-Licht gestaucht werden, ist das unter Glas nicht der Fall. Sowohl die Blattstiele werden viel länger als auch die Blattoberflächen viel größer. Pflanzt man beispielsweise eine *Washingtonia* mit gutem Stammansatz und 4 entwickelten Blättern aus einem Container in eine Pflanzfläche, so wird diese Pflanze ihren Durchmesser von gut 1 m innerhalb von etwa 3 Jahren auf 6 m vergrößert haben, wenn nur eine Schattenwirkung von vielleicht 40% vorhanden ist, ganzjährig hohe Temperatur und ausreichend Wasser und Nährstoffe vorausgesetzt. Das Längenwachstum ist entsprechend. Daß so eine Pflanze in einen normalen Wintergarten nicht hineinpaßt, versteht sich von selbst. Welche Palmen starkwüchsig sind, erkennt man sofort am Preis. Selbstverständlich schließt das alles nicht aus, daß man auch große Palmen im Wintergarten ziehen kann, nur läßt man sie dann halt im Kübel stehen. Die meisten Arten wachsen recht zufriedenstellend in großen Gefäßen, wobei der Jahreszuwachs auf Grund von ständigem Nährstoff- und Wassermangel natürlich relativ gering ist. Bei stabileren Gefäßen zeigt die Pflanze selbst den zum Umtopfen notwendigen Zeitpunkt an, mit zunehmenden Wurzelwachstum drückt sie sich aus dem Topf hoch. Die neuen Töpfe werden nur wenig größer (+10cm Durch-

messer), aber etwas höher genommen, man kann beim Umtopfen die Pflanze etwas tiefer setzen als zuvor. Beim Umtopfen beschädigt man die fleischigen, starken Wurzeln am besten nicht; das Abschneiden des Wurzelfilzes – wie es häufig empfohlen wird – kann die Pflanze über Jahre hinaus schädigen und zur Infektion durch Bodenpilze führen. Alte Palmen lieben eher schwere, lehmig-humose Erde, die beim Umtopfen mit Hilfe einer Dachlatte durch Stochern in dem Spalt zwischen dem alten Ballen und dem Topfrand etwas verdichtet werden muß. Damit Kübelpalmen üppig aussehen und eine gesunde Farbe behalten, sollten sie ein oder zweimal im Jahr mit Dauerdünger versorgt werden. Bei niedrigen Luft- oder Bodentemperaturen wachsen verschiedene nicht mehr weiter und haben dann auch keinen großen Nährstoffbedarf. Neben der Grunddüngung kann man während der Hauptwachstumsperiode flüssig nachdüngen.

Was vielfach unterschätzt wird, ist der Wasserbedarf der Palmen. Gerade in Töpfen hat man oft Schwierigkeiten, die notwendige Wassermenge überhaupt verabreichen zu können. Solange das noch von der Topfgröße her möglich ist, kann man deshalb auch über den Untersetzer gießen, nur darf darin im Winter kein Wasser stehen, weil die meisten Palmen speziell bei niederen Bodentemperaturen höchst empfindlich gegen nasse Füße sind.

Palmen sind zwar vergleichsweise wenig empfindlich gegen tierische und pilzliche Schädlinge; wenn jedoch ein Befall da ist, ist er meist ziemlich gravierend und über Jahre hinweg sichtbar, weil die Blätter der Palmen ein ziemlich langes Leben haben. Neben Wurzelfäule ist die mit Abstand schlimmste Palmenkrankheit die sogenannte Herzfäule. Man erkennt sie daran, daß die frisch austreibenden Blätter zunehmend stumpfgrün wer-

Zwergpalmen in dieser Größe sind zumindest im Kübel im Wintergarten etwas ähnliches wie Möbelstücke. Nur langsam nehmen sie an Umfang und Höhe zu. Als wohl schönste Kalthauspalmen wären sie wohl viel weiter verbreitet, wären sie nicht so kostspielig und verletzungsträchtig.

den, ihre Farbe verlieren, eintrocknen und eventuell herausgezogen werden können. An der Basis des herausgezogenen Blattes findet sich dann ein bräunlicher, stinkender Fäulnisherd. In diesem Stadium ist die Pflanze zumeist schon verloren, weil der Vegetationspunkt irreversibel geschädigt ist. Herzfäule ist in normalen Wintergärten selten, häufig kommt sie jedoch

Mit wenigen Palmen kann man viel erreichen. Palmen kommen mit verhältnismäßig wenig Licht aus, wachsen dann aber nicht mehr weiter, sondern werden eher immer kleiner.

vor, wenn die Pflanzen unter herabtropfendem Kondenswasser leiden. Hier werden die Pilzsporen wie mit einem Trichter ins Herz der Palme gewaschen. Auch Palmen, die im Sommer draußen stehen, sind während Schlechtwetterperioden, in denen die Pflanze längere Zeit nicht abtrocknet, durch Herzfäule gefährdet. Hier hilft nur ein Breitbandfungizid. Faulende Wurzeln bekämpft man im übrigen mit einer ähnlichen Brühe, nur daß diese gegossen wird und einen gegen *Phytophtora* wirksamen Bestandteil haben muß. Neben den genannten Fäulnispilzen kommen an den meisten

Palmen vor allem an älteren Blättern Blattkrankheiten vor, die sich in punktförmigen, erst hellen, später dunklen Blattverfärbungen bemerkbar machen. Diese Blattflecken lassen sich meist recht leicht mit einem der gängigen Rosenspritzmittel bekämpfen, wobei zu betonen ist, daß einmal vorhandene Flecken nicht mehr weggezaubert werden können. Man kann nur die jungen Blätter vor einer Infektion bewahren. Infolge der langen Lebensdauer der Palmenblätter sollte man mit einer Behandlung nicht zu lange warten, da diese Blattfleckenkrankheiten recht rasch um sich greifen und die Blätter bei starkem Befall ausgesprochen häßlich aussehen. Man kann sie natürlich wegschneiden, es dauert jedoch länger als ein Jahr, bis ein annähernd großer Schopf wieder entwickelt ist. Dasselbe gilt bei Spinnmilbenbefall. Dieser wichtigste tierische Palmenschädling verursacht anfangs nur an den Blattnerven hellgelb gepunktete, durchscheinende Blätter, bald ist das ganze Blatt befallen. Spinnmilben an Wintergartenpalmen sind nicht zu verhindern, man sollte deshalb prophylaktisch vorgehen. Auch Schildläuse findet man häufig an Palmen, man bekämpft sie mit einem der gängigen Öl-Spritzmittel, regelmäßiges Besprühen mit Blattglanzspray ist ebenso wirksam. Dies hält auch alle anderen Schädlinge kurz. Palmen müssen gelegentlich auch abgestaubt werden. Es reicht hier nicht aus, mit Blattglanzspray die Politur wieder aufzufrischen, auf diese Art wird nur der Staub fixiert. Wenn die Kübelpalmen – was häufig der Fall ist – im Sommer die Terrasse schmücken und dort dem Regen ausgesetzt werden, ist das Abstauben in der Regel nicht nötig. Dafür empfiehlt es sich, speziell im innerstädtischen Bereich die Blätter beim Einräumen mit einem milden Waschmittel (Schmierseife) von Ruß und ähnlich festhaftendem Schmutz zu säubern.

Name (Temperaturangabe in Klammern: Mindesttemp. lt. Thermostat)	Heimat	Höhe (ausgepflanzt)	Bemerkungen
Archontophoenix alexandrae und *cunninghamiana* (+10 °C)	Australien	bis 20 m	Bis 4 m lange Fiederblätter.
Arecastrum romanzoffianum (+5°C)	Paraguay, Uruguay, nördliches Argentinien	über 10 m	Fiederblätter 2-4 m lang, in der Mitte typisch geknickt. Verträgt einige Frostgrade.
Butia capitata (0°C)	Südamerika	5-7 m	Sehr langsamwachsende, robuste Fiederpalme, auch für nicht sicher frostfreie Wintergärten. Wird leicht mit Jubaea verwechselt, hat aber eher bläuliche Blätter mit stark gebogener Mittelrippe.
Chamaedorea – Bergpalme (+10°C)	Mittelamerika	je nach Art 1 – 10 m	Ausläuferbildende Fiederpalme. Oft als Tuff angeboten. Vertragen kurze Zeit auch etwas niedrigere Temperaturen.
Chamaerops Zwergpalme (-5°C)	Südeuropa	im Alter max 5-7 m in der Regel 2-3 m	Langsamwachsende, sich verzweigende Fiederpalme. Blattstiele stark bedornt. Auch für nicht unbedingt frostfreie Wintergärten gut geeignet.
Chrysalidocarpus lutescens Goldfruchtpalme (+15°C)	Madagaskar	ca. 5 m	Brauchen viel Wasser, schattenverträglich. Buschpalme, nur für lauwarme und warme Wintergärten.
Erythea (syn. Brahea) armata (+5°C) Blaue Palme	südliches Nordamerika	bis 10 m, aber extrem langsam wachsend	Kostbarste, dekorative Fächerpalme, die ausgepflanzt werden sollte. Hält ein paar Grad Frost aus.
Howeia belmoreana und *Kentien* (+10°C)	warm temperiertes Ozeanien	*H. belmoreana:* 7 m *H. forsteriana:* über 10 m	Fiederpalme mit vergleichsweise geringen Wärmeansprüchen. Eine der bekanntesten Topfpalmen.
Jubaea chilensis Chilenische Honigpalme (0°C)	Chile	im Alter bis 20 m, aber sehr langsam wachsend	Eine der wenigen Fiederpalmen für den nicht unbedingt frostfreien Wintergarten. Wird leicht mit *Butia* verwechselt.
Livistona australis, *L. chinensis* (+5°C)	Australien	*L. australis* bis 25 m, *L. chinensis* bis 10 m	Fächerpalme mit sehr großen Blättern (1,5-2 m Durchmesser.) Kronendurchmesser bis 5 m.
Microcoelum weddellianum Kokospälmchen (+15°C)	tropisches Brasilien	Stamm bis 1,5 m	Fiederpalme mit zarten, max. 1-1,5 m langen Wedeln. Brauchen viel Luftfeuchtigkeit und Wärme.
Phoenix canariensis Kanarische Dattelpalme (+5°C)	Kanaren	10-15 m	Wesentlich dickerer Stamm als *P. dactylifera.* Nur im Kübel im Zaum zu halten – riesiger Blattschopf.
Phoenix roebelenii (+15°C)	Hinterindien	Stamm bis 2 m	elegante, tropisch wirkende Art mit hohem Wärmeanspruch. Auch für kleine Wintergärten empfehlenswert.
Rhapis Steckenpalme (+5°C)	Ostasien	kaum über 5 m	Geringe Licht- und Temperaturansprüche. Wächst buschartig.
Trachycarpus Hanfpalme (–5°C)	Himalaya, China bis Japan	je nach Herkunft 4-10 m	Eine der frosthärtesten Palmen überhaupt (ausgepflanzt bis -16°C).
Washingtonia filifera Petticoatpalme (+5°C)	Südkalifornien, nordwestliches Mexico	10-20 m Kronendurchmesser über 6 m	Fächerpalme, die kurzfristige Fröste erträgt. Im Kübel unbefriedigendes, ausgepflanzt dagegen zu starkes Wachstum.

Parkinsonia aculeata – Jerusalemdorn (+10 °C)

Aus den südwestlichen USA und Mexiko stammt dieser dort bis 10 m hohe Baum. Wo sie ums Mittelmeer gepflanzt wird, besonders in Ägypten, begegnet sie einem meist als vieltriebiger, wenig verzweigter Busch mit typisch ginsterartigem Habitus, aber eben oft 6–8 m hoch. Man kann sie ohne weiteres als Baum ziehen und bei etwa 3 m halten, sie wirkt sehr bizarr. Nach der Frühjahrsblüte werden dann die einjährigen Triebe wieder auf Stummel zurückgeschnitten, ähnlich wie man das bei manchen Kugelrobinien tut. Der Austrieb erfolgt sofort. Durch den jährlichen Rückschnitt und den gewaltigen, dichten Neutrieb wirken solche *Parkinsonia*-Bäume sehr viel üppiger, weil dichter belaubt als normale Exemplare. Den bizarren Eindruck unterstreichen die Blätter, die bei guter Ernährung – was an sich nicht nötig ist – bis zu 40 cm lang werden. Sie bestehen eigentlich nur aus einer gegabelten Blattmittelrippe, an der sich zahlreiche winzige, kurzlebige Blättchen befinden. Fast während des ganzen Jahres,

Oben: Parkinsonia aculeata, der Jerusalemdorn, gehört zu den wenigen Bäumen, die in Sukkulentenpflanzungen passen. Trockenheit und Hitze bringen ihn nicht um.

Unten: Wer in einem Hotelgarten auf Teneriffa einmal den riesigen orangebraunen Blütenstand von *Schefflera actinophylla* gesehen hat, ist in sie verliebt.

hauptsächlich jedoch im frühen oder späten Frühjahr können die zahlreichen, duftenden, gelben Blüten erscheinen. Sie stehen in lockeren, hängenden, bis zu 20 cm langen Trauben zusammen. *Parkinsonia aculeata* ist eine überaus anspruchslose, trockenheitsverträgliche Pflanze, die in südlichen Ländern deshalb oft als Hecke oder als Erosionsschutz gepflanzt wird. Nur mag sie auf Dauer keinen kalten nassen Boden und braucht außerdem viel Sonne. Viel Frost verträgt sie nicht, Hitze macht ihr dafür nichts aus. Schädlinge und Krankheiten sind selten, sieht man von gelegentlichem »Die- Back« ab. Im Wintergarten ausgepflanzt, hält sie zwischen gerade frostfrei und Zimmertemperatur alles aus. Sie gehört zu den ganz wenigen Laubgehölzen, die sich – ähnlich wie *Caesalpinia gilliesii* – in Sukkulentenpflanzungen eingliedern lassen. Dort bildet sie mit ihrem überaus grazilen, feinen Laub einen äußerst wirkungsvollen Kontrast zu den groben, großen Blättern von Agaven, Aloen und *Yucca*. In ihren Ansprüchen weitgehend identisch mit denen der Sukkulenten, gehört *Parkinsonia* zu den »urlaubsresistenten« Pflanzen, auch wenn sie dabei – schadlos – ihr Laub verliert.

Schefflera actinophylla – Schirmbaum (+15 °C)

Die in Wintergärten häufigsten Mitglieder aus der Familie der Araliaceen werden wohl zur Gattung *Schefflera* gehören, die aber eigentlich typische Zimmerpflanzen mit recht hausbackener Ausstrahlung sind. Eine Ausnahme macht hier *Schefflera actinophylla*, der Schirmbaum aus Queensland/Australien. Ihren Namen hat die Pflanze von ihren handförmig geteilten Blättern, die bei jungen Exemplaren aus 3–5, bei älteren aus oft über 10 »Fingern« bestehen, die gut ernährt bis 30 cm lang werden können. Zwar wird *S. actinophylla* auf Dauer für die meisten Wintergärten zu hoch, wächst aber doch so langsam, daß man sich jahrzehntelang an ihr freuen kann, wenn man in der Lage ist, im Alter das Wachstum zu bremsen. Die riesigen, dunkelorangen Blütenstände von *S. actinophylla* erscheinen nur, wenn der Baum in voller Sonne steht. Kurzzeitig kann sie zwar durchaus ein paar Grad Frost ertragen, sollte aber trotzdem nicht in Wintergärten verwendet werden, deren Temperaturen längere Zeit unter die 10 °C-Marke fallen.

Schinus – Pfefferbaum

Zwischen Mexiko und dem südlichen Südamerika ist diese Gattung immergrüner Sträucher und Bäume zu Hause, aber inzwischen in ähnlichen Klimaten weltweit anzutreffen. Ihre kleinen weißen oder gelblichen Blüten, die in großen, end- oder achselständigen Rispen erscheinen, sind ziemlich unscheinbar, ganz im Gegensatz zu den meist sehr auffällig gefärbten, etwa erbsengroßen Beeren. Daneben besteht der Reiz von *Schinus* vor allem in seinem eleganten Habitus, der aber bei den verschiedenen Arten ganz unterschiedlich ist. *Schinus* sind überaus anspruchslose, äußerst trockenheitsresistente Pflanzen. Man kann sie nur im Winter übergießen oder erfrieren lassen, ansonsten sind sie – haben sie das Jugendstadium überwunden – praktisch frei von Schädlingen und Krankheiten. Nur auf Schildläuse sollte man achten. Die Pfefferbäume lassen sich fast beliebig schneiden, sind aber freiwachsend oder mit einer schirmförmig gezogenen Krone am schönsten.

Schinus molle – Peruanischer Pfefferbaum (+10 °C)

Diese weltweit wohl verbreiteste Art kommt natürlich von Mexiko bis Nord-

argentinien vor. Freiwachsend wird sie bis 12 m hoch und fast ebenso breit. Im Alter ein malerischer, knorriger Baum, erinnert er mit seinen graziös herabhängenden Ästen im Habitus etwas an eine Trauerweide. Bereits im Mittelmeerraum sieht man diese Art häufig in Garten- oder Parkanlagen, sehr oft auch als Alleebaum. Die gefiederten Blätter werden bis über 20 cm lang, sind hellgrün und riechen nach Pfeffer. Im Sommer erscheinen gelblich-weiße Blüten in bis zu 15 cm langen Rispen, es folgen karminrosa Früchte im Herbst und Winter.

Alte Peruanische Pfefferbäume erinnern an kleine, unregelmäßig gewachsene Trauerweiden, sie sind nur viel luftiger. Die an älteren Pflanzen erscheinenden Beeren kommen so gut zur Geltung.

Etwas unangenehm ist der in kalten Glasanbauten – ein gerade frostfreier Standort reicht aus – ziemlich starke Laubfall zu Winteranfang. Aber auch zu anderen Jahreszeiten können als Reaktion auf klimatischen Sprünge die Blätter nahezu ganz abgeworfen werden. Am besten gedeiht *Schinus molle* in wärmeren, ohne Bedenken lufttrockenen Glasanbauten. Dort gießt und düngt man kräftig, bis er die gewünschte Größe und Gestalt erreicht hat, dann hält man ihn mit Hunger, Durst und Schnitt in Form. Als Hauptnachteil von *S. molle* gilt sein dichtes, oberflächennahes, aggressives Wurzelsystem, mit dem die Pflanze leicht in Drainagen, Sickerschächte oder Mauerrisse eindringen kann. Es empfiehlt sich deshalb, *S. molle* selbst in Glasanbauten, wo er sicher einer der elegantesten Großsträucher oder kleinen Bäume ist, in Kübeln zu ziehen.

Schinus terebinthifolius – Brasilianischer Pfefferbaum (+10 °C)

Diese attraktive, im Gegensatz zum Namen aus Chile stammende Art sieht man meist als bis 6 m hohen und ebenso breiten Baum mit schirmförmiger Krone. Im Gegensatz zu *Schinus molle* wirkt er eher steif und gröber, was auf seine nicht überhängenden, dicken Zweige und die viel größeren Blattfiedern zurückzuführen ist. Auf die gleichfalls bis 15 cm langen Blütenrispen folgen überaus zahlreiche, gut pfefferkorngroße, rote Beeren. Die Blütezeit von *S. terebinthifolius* ist sehr variabel, mehrere Blütenschübe pro Jahr sind die Regel, davon einer oft im Mittwinter. *S. terebinthifolius* gilt als einer der schönsten immergrünen Bäume für große Glasanbauten, wegen seiner üppigen Beerenpracht und vergleichsweise geringen Aggressivität seiner Wurzeln zieht man ihn dem *S. molle* vor, wenn man einen Pfefferbaum pflanzen will. Vom Habitus her gleicht *S. terebinthifolius* überhaupt nicht *S. molle*.

Der gelbe Kowhai, *Sophora tetraptera,* ist ein idealer Baum für temperierte Wintergärten, kombiniert mit *Cordyline* und *Phormium*. Junge, nicht blühreife Pflanzen sind fast vollständig immergrün.

Sophora tetraptera – Gelber Kowhai (+5 °C)

Obwohl es in den Subtropen der nördlichen Hemisphäre zahlreiche als Ziergehölze brauchbare *Sophora*-Arten gibt, so sind diese bei uns nicht in Kultur. Etwas anderes ist es mit der neuseeländischen *Sophora tetraptera*, die als »Kowhai« oder »Gelber Kowhai« ein nahezu idealer Wintergarten-Baum ist. *S. tetraptera* kann im besten Falle 10 m hoch werden. Zum Baum muß man die Nationalblume Neuseelands allerdings trimmen, Sämlinge entwickeln sich ansonsten zu mehrtriebigen Büschen. Man sollte ihn aber nur so lange schneiden, bis man eine kleine Krone geformt hat. Diese wächst so langsam, daß sich weitere Schnittmaßnahmen erübrigen. Die Blätter von *S. tetraptera* sind gefiedert und bestehen aus 20–40 ovalen bis elliptischen Blättchen, sie sind insgesamt etwa 10–15 cm lang. Die Blüten sind goldgelb, etwa 3 cm breit und hängen in kleinen Büscheln entlang der nackten Zweige.
Die Blütezeit liegt je nach Wintergarten-Temperatur zwischen Januar und Mai.

Das für Wintergärten besonders interessante an *S. tetraptera* ist, daß die Pflanze eigentlich das Laub abwirft, was aber kaum auffällt. Denn parallel zum Laubfall beginnt die Blüte und wenn diese sich dem Ende zuneigt, findet schon wieder der neue Laubaustrieb statt. Auf diese Art kommen die Blüten optimal zur Geltung. Im besten Fall ist die Krone des Baumes eine einzige goldene Masse. Gelegentlich kommt es vor, daß einzelne Triebe ihr Laub verlieren und dann blühen, während andere Triebe ihr Laub behalten, aber keine Blüten machen. Diese Eigenart findet man bei einer ganzen Reihe von Pflanzen speziell der südlichen Hemisphäre, ganz typisch bei *Brachychiton acerifolium*. Am besten gedeiht diese *Sophora*-Art im 5 °C-Wintergarten. *S. tetraptera* ist ein recht robuster Baum, er ist nur empfindlich gegen sommerliche Hitze und vor allem gegenüber sehr hohen Temperaturen zu Beginn der Blütezeit. Kommt es im Spätwinter zum Hitzestau mit Temperaturen über 30 °C, wirft die Pflanze alle noch nicht ausreichend entwickelten Knospen ab.

Strelitzia (+10 °C)

Es gibt in Südafrika 5 oder 6 Strelitzien-Arten. Davon wachsen 3 baumförmig. Am bekanntesten ist aber die stammlose *Strelitzia reginae*, die Paradiesvogelblume, die vom östlichen Kap stammt. Sie ist bei uns die verbreitetste Art, vor allem als Schnittblume. Die baumartigen Strelitzien kommen vom südlichen Südafrika bis in die Tropen vor. Ihr Wuchs ist typisch zweireihig, was es selbst bei größeren Pflanzen noch schwierig macht, sie von einer nahe verwandten Warmhauspflanze, dem »Baum der Reisenden« – *Ravenala madagascariensis* - zu unterscheiden. Kleine Unterschiede gibt es aber doch, beispielsweise ist der »Stamm« von Ravenala richtig hellgrün, während der von *Strelitzia* oft blaugrün und leicht bereift erscheint. Alle Strelitzien haben denselben Blütentyp. Die Blüten sind in einer bootförmigen Hülle eingeschlossen, aus denen sie nach und nach hervorbrechen. Hüllen und Blüten bilden eine ansprechende Farbkomposition.

Strelitzia nicolai – Baumstrelitzie, Natalstrelitzie (+10 °C)

Diese Pflanze ist für große, hohe Wintergärten ein ganzjähriger Blickfang, der alles andere in den Schatten stellt. Auch unter unseren Verhältnissen blüht *Strelitzia nicolai* ausgezeichnet und kommt als ältere Pflanze mit Temperaturen nicht unter 5 °C ohne Schwierigkeiten durch den Winter. Auf Dauer ist sie – sofern sie ausgepflanzt wird – allerdings nur für hohe und große Wintergärten ratsam, da sie einige Meter hoch werden kann, zahlreiche Kindel macht und entsprechend breit wird. Ungeschnitten nimmt sie deshalb im Alter mehrere Quadratmeter ein, was sich aber durch Entfernen von Kindeln eingrenzen läßt. Auch die Hauptstämme kann man herausnehmen. Eigentlich ist sie eine Solitärpflanze für Eingangshallen, dennoch auch für Wintergärten wertvoll, da sie bereits als etwa 2 m hohe Pflanze zu blühen beginnt und darüber hinaus kein allzu großes Wachstumstempo vorlegt. Die Hauptblütezeit von *S. nicolai* reicht vom Spätherbst bis Frühjahr, es können aber das ganze Jahr über vereinzelt Blüten auftreten. Anders als *S. alba* hat *S. nicolai* einen zusammengesetzten Blütenstand. Verschiedene Hüllblätter, jede mit ihrer eigenen Blüte, wachsen aus einem großen Hüllblatt, das bis über 30 cm lang ist. Die Kelchblätter sind weiß und die Kronblätter gewöhnlich malvenfarben oder blau. Der gesamte entfaltete Blütenstand wird etwa 0,5 m lang, er wirkt so wuchtig wie die Pflanze selbst. *S. nicolai* ist eine der häufigsten Bäume der südafrikanischen Küstenbuschvegetation und des Waldes, wo sie dichte, mehrtriebige Horste bildet. In aller Regel sind die Blätter sehr stark durch den Wind zerzaust. Wo *S. nicolai* wächst, ist das Flattern der Blätter ein obligatorisches Hintergrundgeräusch.

Wo man einen mächtigen, tropisch wirkenden freistehenden Solitär braucht, ist eine Baumstrelitzie das Richtige. Ihre Wirkung übertrifft die der Bananen.

Sträucher im Wintergarten

Wann immer man im Wintergarten sitzt oder steht – stets ist die Strauchschicht in Augenhöhe. Deren Zusammensetzung und Zustand prägen deshalb über das Jahr gesehen den Stil eines Wintergartens viel stärker als ein einmal blühender Baum. Auch die optische Konkurrenz zu den Kletterpflanzen ist nicht sehr groß – viele Kletterpflanzen verkahlen mit den Jahren im unteren Bereich, weshalb man, um sich an ihren Blüten und Blättern zu erfreuen, nach oben schauen muß. Kletterpflanzen und vorgepflanzte niedere Büsche ergänzen sich deshalb im Wintergarten ausgezeichnet. Da von Zahl und Standfläche her zumindest in größeren Wintergärten Büsche den überwiegenden Teil des Raumes einnehmen, muß die für den Wintergarten verwendete Erde vor allem den Anforderungen der Sträucher genügen. Es ist leicht, für einen einzelnen Baum oder die eine oder andere Kletterpflanze das Substrat an der jeweiligen Pflanzstelle etwas abzuändern, damit sie zumindest »Fuß fassen« können. Jedem einzelnen Busch eine spezielle Erdmischung zukommen zu lassen, ist dagegen wenig sinnvoll. Sträucher und Boden müssen unbedingt auch zum gewünschten Klima des Wintergartens passen. Es kann durchaus sein, daß schon der Standort des Wintergartens eine ganze Reihe von Arten ausschließt; hier nützt selbst der optimale Boden nichts. Die Sträucher der verschiedenen Klimate lassen sich hinsichtlich ihrer Bodenansprüche in etwa folgende Gruppen einteilen:

• Wintergartenpflanzen der kühlen Hochlagen: Die meisten aus solchen Gegenden stammenden Pflanzen ziehen einen tiefgründigen, nährstoffreichen, durchweg feuchten Boden vor, der aber auf jeden Fall gut drainiert sein muß. Prinzipiell wachsen Sumpf-pflanzen nämlich auch auf gut drainierten, feuchten Böden ausgezeichnet, während Pflanzen von gut drainiertem Naturstandort im Sumpf sofort eingehen. So der Untergrund ausreichend wasserdurchlässig ist, kann man als Substratschicht die sogenannten Einheitserden verwenden. Pflanzen der Gebirge sind starke Temperaturschwankungen gewöhnt, oft sogar Fröste. Trotzdem wird es in Hochlagen nie heiß. In schlecht gelüfteten Wintergärten, in denen es im Sommer regelmäßig zu Hitzestaus kommt und wo die hohen Temperaturen anhalten, versagen Sträucher aus Gebirgslagen deshalb. Was diese Pflanzen ebenfalls nicht mögen, ist ständig trockene Wohnraumluft. Es empfiehlt sich also nicht, in Wintergärten, deren großflächige Verbindung zu Wohnräumen ständig geöffnet ist, Hochgebirgspflanzen zu setzen. Wird der Durchgang nur gelegentlich geöffnet, steht ihrem Gedeihen aber nichts im Wege.

• Die zweite Sträuchergruppe kann man hinsichtlich ihrer Bodenansprüche als Rhododendrongruppe bezeichnen. Sie wachsen auf flachgründigen Böden, oft reicht eine wenige Zentimeter starke Rohhumusschicht auf massivem, spaltenlosem Fels. Die Rhododendrongruppe liebt ein ständig kühles Klima, verträgt keinen Kalk und wächst am besten in Böden, die reich an Eisen und mehr oder weniger sauer sind. Bei hartem Gießwasser muß man deshalb entweder die Pflanzen mit einen physiologisch sauren Dünger ernähren oder ab und an den pH-Wert mit Schwefelblüte oder ähnlichem manipulieren. Die Pflanzen der Rhododendrongruppe brauchen viel Wasser und lieben einen ständig gemulchten Boden, der an der Oberfläche nie austrocknet. Eigentlich alle Arten wurzeln flach. Sommerliche Überhitzung lieben sie gar nicht. Dafür gedeihen die meisten aber noch ausgesprochen gut in absonnigen oder gar schattigen Lagen.

• Die dritte Gruppe sind die Heideartigen, wobei unter Heide vor allem die typische südafrikanische Kap-Vegetation zu verstehen ist. Zu ihr gehören viele heikle Arten, vor allem die Proteaceen. Der Übergang zur Rhododendron-Gruppe ist fließend, nur daß die Heide-Gruppe höhere Temperaturen bevorzugt und keinen Schatten verträgt, am Kap gibt es nämlich keine natürlich vorkommenden Bäume! Die ideale Bodenmischung besteht aus Torf und saurem Sand, Kalk wird nicht vertragen. Im Extremfall wachsen diese Pflanzen auch noch in purem Torf oder in reinem Sand weiter; gedüngt werden darf nur sehr sparsam. Es ist ziemlich sicher, daß viele, wenn nicht gar alle dieser Pflanzen mit Bodenpilzen in Symbiose zusammenleben und nur dort gedeihen, wo diesen Pilzen der Boden zusagt.

• Die vierte Gruppe umfaßt die typischen subtropischen Sträucher, die ganzjährig ein warmes oder doch zumindest wintermildes Klima benötigen. Sie haben zumeist keine besonderen Bodenansprüche, brauchen aber im Sommer reichlich Wasser. Im Winter muß der Boden gut drainiert sein. Für alle diese Pflanzen sind durchlässige Einheitserden oder Dachgartensubstrate, die je nach gewünschtem Wachstum hoch oder nieder aufgedüngt sein können, optimal.

• Die fünfte Gruppe umfaßt alle Sträucher aus halbwüstenartigen Gegenden. Sie sind meistens recht

Wie wichtig das Begleitgrün ist, sieht man hier. Erst die Unterpflanzung verbindet die großzügig verwendeten Solitärs, läßt ihnen aber Luft zur Entwicklung. Tuffs blühender Zwiebeln oder Knollen (hier *Canna*) sind das »Tüpfelchen auf dem i«.

robust, ertragen kurze, nicht allzu starke Fröste und auch gelegentliche Trockenperioden. Zum arttypischen Wachstum brauchen sie einen langen, heißen Sommer. Der Boden muß bis auf wenige Ausnahmen gut drainiert sein. Schwerer, nasser, kalter Boden speziell im Winter, ist völlig ungeeignet. Auch hier können Dachgartensubstrate eingesetzt werden, auch solche mit Tonanteil. Ebenso sind normale Gartenböden auf Sandbasis für diese Pflanzen gut verwendbar, desgleichen steinige oder mit Schotter versetzte Substrate. Entsprechend den natürlichen Bedingungen an ihrem Heimatstandort sollte man die Pflanzen sparsam verwenden, so daß sie sich möglichst nicht bedrängen. Die meisten dieser Arten haben ein sehr ausgeprägtes Wurzelgeflecht, das viel umfangreicher ist als ihre oberirdischen Teile.

• Die letzte und wohl für den normalen Wintergarten wichtigste Gruppe ist die der Sträucher, die keine besonderen Bodenansprüche haben. Das ist die Masse der zuverlässig und reich blühenden Pflanzen. Ist in den folgenden Pflanzenporträts nichts anderes erwähnt, gehören sie dieser Gruppe an. Sie wachsen zufriedenstellend in jeder normalen Landerde bzw. dem, was bei uns als Humus bezeichnet wird. Um das Auflaufen von Unkräutern zu unterdrücken, empfiehlt es sich allerdings, für die letzte, etwa 20 cm hohe Erdschicht ein gekauftes, unkrautfreies Substrat zu verwenden. Die Düngung von Pflanzen, die in Gartenerde wurzeln, ist einfach, da diese Böden meist reichlich Nährstoffe speichern, und, zusammen mit reichlich Wasser, auch mäßige Überdüngung kaum Schäden verursachen wird.

Schwachtriebige *Abutilon,* vor allem
A. megapotamicum und abgeleitete Kreuzungen, kann man vorzüglich zu lockeren Pyramiden binden oder gar an Spalieren ziehen.

Abutilon – Schönmalve (+5 °C)

Die verschiedenen Arten der Gattung *Abutilon* sind so bekannt, daß man sie hier nicht weiter vorstellen muß. Bei den Blüten kommen alle Farbtöne vor, nur Blau ist relativ selten. Obwohl die meisten *Abutilon* Dauerblüher sind, eignen sie sich doch für Wintergärten nur bedingt. Als Kübelpflanzen für das Freiland sind die meisten besser. Der Grund ist, daß die zumeist aus dem kühleren, aber tropischen Südamerika stammenden Pflanzen keine Ruhezeit kennen, sondern auch den Winter über durchwachsen, und das auch bei niederen Temperaturen. Sie bilden dann dünne, weiche Triebe, die für Blattläuse ein absoluter Leckerbissen sind und auf denen Blattlauskolonien vorzüglich überwintern können. Im Frühjahr, wenn die Temperaturen im Wintergarten wieder ansteigen und zahlreiche Pflanzen austreiben, kann man sich dann auf eine wahre Blattlausexplosion gefaßt machen. Problematisch ist, daß bei niederen Temperaturen Blattläuse nicht biologisch bekämpft werden können und auch viele Spritzmittel dann wenig wirksam sind. Vom Typ her lassen sich verschiedene Schönmalvengruppen unterscheiden. Am wichtigsten sind die wegen ihrer Blüten gezogenen *Abutilon*-Hybriden. Im Wuchs sind sie recht unterschiedlich. Je nach Eltern gibt es Sorten, die sich ausgezeichnet verzweigen und die deshalb häufig als Topfpflanzen oder als Stämmchen angeboten werden. Andere Sorten dagegen sind sparrig und lassen sich auch mit einem Schnitt nicht zu einer ansprechenden Pflanze formen. Gerade sie haben jedoch oft besonders große oder ausgefallen gefärbte Blüten. Wer nicht auf sie verzichten will, sollte sie unterpflanzen. Die meisten *Abutilon*-Hybriden lassen sich sehr leicht zu Stämmchen ziehen, die starkwüchsigen sogar zu Stämmen. Sehr schön

sehen sie auch aus, wenn sie in ein Spalier geflochten sind. Die zweite Gruppe sind die wegen ihres Laubes gezogenen Hybriden. Es gibt eine ganze Reihe unterschiedlicher Wuchsformen mit gelb oder weiß gescheckten Blättern. Wichtig ist hier die Sorte 'Sawitzii' mit grün-weiß panaschiertem Laub, die relativ kompakt ist und deshalb auch als Topfpflanze angeboten wird. Sie gedeiht auch noch gut im Schatten. Wesentlich stärker wächst 'Andenken an Bonn' mit stark cremefarben gerandeten Blättern und vor allem die Sorte 'Thompsonii', eine sehr stark wachsende Hybride mit gelbbunten Blättern. Die nächste Gruppe sind die Wildarten bzw. die nicht bearbeiteten Natur-Hybriden, die eigentlich Liebhaberpflanzen sind. Sie blühen nicht dauernd, haben aber meist sehr große und auffällig gefärbte Blüten.

Genannt seien hier nur *Abutilon ochsenii, A. suntense* oder *A. vitifolium*, die alle lavendelblaue bis malvenfarbene Blüten haben – eine Farbe, die bei den Züchtungen noch nicht vorkommt. Die vierte Gruppe umfaßt *A. megapotamicum* und die von ihm abstammenden Kreuzungen. Es handelt sich hier um einen extrem reichblütigen, dünntriebigen Strauch, der freiwachsend mittelgroß ist, aber viel breiter als hoch wächst. Er wird gelegentlich in Ampeln angeboten, ebenso wie seine gelbbunte Form 'Variegatum'. Mit *A. megapotamicum* läßt sich im Wintergarten sehr viel machen. Am

Abutilon megapotamicum, die wirklich ganzjährig blüht, ist am schönsten,wenn die Triebe und Blüten herabhängen können, am besten aus einer Ampel. Stämmchen sind ohne Stäben nicht möglich.

schönsten wirken die Pflanzen in ein Spalier geflochten oder zu einer Pyramide gebunden, auch Stämmchen sind möglich. Die neuen Triebe hängen dann elegant über und sind ganzjährig übersät mit den etwa 5 cm langen gelb-roten, hängenden Blüten. Die Blüte ist in ihrer Form ziemlich ungewöhnlich. *A. megapotamicum* vererbt bei Kreuzungen mit anderen, aufrechten Arten in der Regel die hängenden Blüten. Der Wuchs der Hybriden ist aufrecht, die Triebe sind jedoch dünn, die Blütenfarben meist blasser.

Acca sellowiana – Feijoa, Brasilianische Guave (+5 °C)

Dieses inzwischen als Kübelpflanze recht bekannte südamerikanische Obstgehölz ist ein ziemlich langsam wachsender, im Alter aber übermannshoher Busch, der absolut sicher in kalten und warmen Wintergärten gedeiht. *Acca* wächst sowohl in ständig warmen Lagen Kolumbiens als auch in eher kühlen subtropischen Gebieten: Obwohl bei –6 °C bereits Blattschäden

auftreten können, überleben die Pflanzen weit schärfere Fröste. Da *Acca* zudem zum Stockausschlag neigt, ist es keine Katastrophe, wenn das oberirdische Zweiggerüst einmal absterben sollte, es sei denn, die Pflanze ist veredelt. Die ovalen, etwa 5 cm langen, graugrünen Blätter ähneln sehr denjenigen von *Metrosideros*, dem Eisenholzbaum, gleichfalls eine Myrtaceae. Flüchtige Betrachter werden oft Mühe haben, diese Pflanzen auseinanderzuhalten. Accablüten sind ungewöhnlich attraktiv. Sie bestehen aus wohlschmeckenden fleischigen weißen, rosa bis lila getönten Blütenblättern, aus deren Zentrum ein kräftiges Bündel nadelartiger, tiefroter Staubfäden herausragt. In unseren Breitengraden muß man zur Blütezeit – meist im Spätfrühjahr und Sommer – mit einem

Solche Prachtstücke der Brasilianischen Guave sieht man selten. Man erhält sie nur, wenn 3–4 mal jährlich entspitzt und dadurch die Zahl der Basistriebe möglichst erhöht wird. Leider kahlen auch solche Pflanzen unten aus.

Adhatoda vasica
(syn. Justicia vasica)
(+5 °C)

Auf Grund seiner aufrecht stehenden, ährenartigen Blütenstände ist dieser höchstens gut 2,5 m hohe Strauch aus Indien eine interessante, im Winter blühende Ergänzung für tropisch üppig anmutende Pflanzungen, auch bei niederen Temperaturen. Dieser immergrüne, wenigtriebige Strauch wirkt mit seinen breiten, bis 20 cm langen Blättern recht exotisch. Die zweilippigen, weißen, innen rotgestreiften Röhren-blüten erscheinen von Spätherbst bis Frühjahr an einem knapp spannenlangen Zapfen am Ende der Triebe. Diese Pflanze kommt mit jedem nährstoffreichen Boden klar und braucht viel Wasser. In ihrer Jugend entspitzt man sie im Laufe des Sommers für eine bessere Verzweigung mehrmals. Eine überwältigende Blütenpflanze ist *Adhatoda vasica* nicht, in Anbetracht ihrer Anspruchslosigkeit und ihrer Winterblüte sowie ihrer geringen Temperaturbedürfnisse ist sie in vielen Fällen jedoch eine durchaus geeignete Problemlösung.

Oben und rechts: Wie viele andere Acanthusgewächse wächst *Adhatoda vasica* recht rasch und ohne Entspitzen wenig verzweigt. Entspitzt man sie, erhält man eine relativ kompakte Pflanze mit zahlreichen, aber kurzen Blütenähren. Bei nicht entspitzten Pflanzen ist der Blütenstand länger. *A. vasica* stammt aus den höheren Lagen der tropischen Dschungel Indiens und Ceylons.

Pinsel beim Bestäuben nachhelfen, wenn man nicht mehrere, sich gegenseitig befruchtende Pflanzen hat. Manche Sorten wie 'Coolidge' sind selbstfruchtbar. Die dann nach etwa einem halben Jahr reifen, knapp hühnereigroßen Früchte erkennt man oft kaum, da sie fast genau dieselbe Farbe und filzige Behaarung wie das Laub haben. Die Brasilianische Guave ist äußerst anspruchslos, sie gedeiht in Sonne und Halbschatten. Obwohl sie regelmäßig Wasser braucht, nimmt sie gelegentliche Trockenphasen nicht krumm. Schädlinge oder Krankheiten sind fast unbekannt. *Acca* lassen sich auch zu Stämmchen und Stämmen formieren, was aber recht lange dauert.

Agapanthus – Schmucklilie (+5 °C)

Agapanthus sind als Kübelpflanzen all-gemein bekannt. Sie gedeihen im Win-tergarten vorzüglich, blühen aber zu einer Zeit, in der man den Wintergar-ten wohl am wenigsten nutzt - vom späten Frühjahr bis in den frühen Herbst. *Agapanthus* wird deshalb im Wintergarten oft durch die im Winter blühenden Clivien ersetzt. Es gibt zahl-reiche Sorten von kaum knie- bis brusthoch, zwischen reinweiß und dun-kelblau, immergrün oder laubeinzie-hend. Sogar Sorten mit gelb- oder weißgerandeten Blättern sind im Han-del. Am häufigsten in Kultur sind *Agapanthus*-Sämlinge, die keinesfalls schlechter sein müssen als Namens-sorten, welche leider sehr oft unter falschem Namen im Handel sind. Alle *Agapanthus* kommen auch bei nie-

Alte *Agapanthus* sind Prachtstücke. Nur sollte man sie im Kübel lassen; je besser sie die Erde durchwurzelt haben, desto hungriger stehen sie und umso besser blühen sie.

deren Temperaturen gut über den Winter, selbst die immergrünen über-stehen – 5 °C schadlos. Für ungeheizte Wintergärten empfehlen sich jedoch eher die laubeinziehenden, von denen manche an geschützter Stelle auch im Freien aushalten.

Agave (0 °C – 5 °C)

In einem Sukkulenten-Wintergarten kann man kaum auf Agave oder ähn-lich wirkende Pflanzen verzichten. Nun ist ein Sukkulenten-Wintergarten aber ein Buch für sich, weshalb diese Gat-tung nur kurz gestreift werden kann. In jeder Sukkulentengärtnerei wird man Dutzende von Arten angeboten bekommen für jeden Platzbedarf ist etwas dabei. Manche Arten wachsen so langsam, daß sie jahrelang in einem Mini-Kakteengärtchen in einer Ton-schale stehen können und nur der sehr aufmerksame Beobachter einen Zuwachs erkennt. Andere Agaven wer-den riesig. Wer die verwilderten *Agave americana* der Mittelmeerküsten kennt, weiß, daß es sich hier schnell

Für Sukkulenten-Wintergärten unverzicht-bar: Agaven. Daß es neben der gängigen *A. americana* noch zahlreiche schwach-wachsende Arten gibt, ist vielfach unbe-kannt.

um mehrere Meter breite und über-mannshohe, vieltriebige Büsche han-delt, um die man einen möglichst wei-ten Bogen macht. Als starkwüchsige Agave für den Wintergarten noch am ehesten zu empfehlen ist *A. attenuata*, die im Laufe der Jahre einen oft über meterhohen und bis zu oberschenkel-starken Stamm macht. Die wenigen entstehenden Kindel lassen sich leicht entfernen, die Pflanze ist auch nicht annähernd so verletzungsträchtig wie viele andere Agaven. Selbst wenn die Pflanze am Ende ihres Lebens ein-mal blüht, paßt sie immer noch in den Wintergarten. Im Gegensatz zu *A. americana*, deren Blütenstände sich oft zu 7 m hohen Pyramiden aus-wachsen, kippt der viel dichtere Blü-tenstand von *A. attentuata* mit zuneh-mender Länge in einem eleganten Bogen um. Alle Agaven stammen be-kanntlich aus Wüstengebieten, wo es in der Nacht bitter kalt werden kann. Kurzfristig ein paar Grad Frost vertra-gen alle Arten, es gibt sogar solche, die bei uns an geschützten Stellen im

durchaus in entsprechendes Wachstum umsetzen können. Diese Pflanzen haben dann nichts mehr mit den bei uns käuflichen, meist chemisch gestauchten Topfpflanzen zu tun. Entsprechend ihrem kräftigen Wachstum geraten sie leicht aus der Form und sollten deshalb während der kühlen Jahreszeit stark zurückgeschnitten werden. Einzig eine Frage der Optik ist es, ob der Rückschnitt im Herbst nach der Blüte oder erst im Frühjahr kurz vor Beginn des Neutriebes erfolgt.

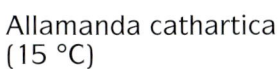

Allamanda, ein ausgesprochen wärmebedürftiges Gewächs aus der Familie der Hundsgiftgewächse.

cathartica ziemlich unempfindlich gegen Vernachlässigung. Für im Topf gehaltene *Allamanda* gilt das nicht, die Pflanzen sind empfindlich gegen zu reichliches Gießen und speziell in den Übergangszeiten auch gegen kaltes Wasser bzw. die daraus folgenden niedrigen Bodentemperaturen.
A. cathartica stammt aus Brasilien. Entsprechend ihrer Heimat ist sie ebenso wie die anderen Arten nur für Wintergärten geeignet, deren Temperatur im Winter möglichst nie auch nur kurzfristig unter die 10 °C-Marke sinkt. Die goldgelben Trichterblüten sind etwa 7 cm breit, ihr Duft erinnert etwas an Magnolien. Im Handel befinden sich meist die zahlreichen verbesserten Formen mit größeren Blüten. Die bekannteste Form ist *A. c.* var.

Freien ausharren. Die Verwendung von Sukkulenten, speziell auch Agaven, im Wintergarten sollte nicht zu gering geschätzt werden, man kann mit Sukkulenten besonders in Verbindung mit Steinen sehr repräsentative Pflanzungen machen, die unwahrscheinlich pflegeextensiv sind. Es gibt sehr viele kleine, farbenfroh blühende Sukkulente, deren Blüten in einer grüngrauen, braunen Wüstenlandschaft genauso auffällig wirken wie ein reichblühender Hibiskus in einer dschungelähnlichen Anlage.

Allamanda

Die verschiedenen *Allamanda*-Arten stellen etwa die Grenze zwischen aufrecht wachsenden Sträuchern und Spreizklimmern dar. Ihre sehenswerten Trichterblüten sind gelb oder purpurfarben und stehen in Büscheln in den Blattachseln. Alle Arten benötigen einen vollsonnigen Standort und ziehen eher schweren, lehmigen, gleichzeitig aber gut drainierten Boden vor. Gegen Staunässe sind sie ausgesprochen empfindlich. Die Nährstoffansprüche während des Hauptwachstums sind hoch, was *Allamanda*

Allamanda cathartica (15 °C)

Diese bei uns als Topfpflanze weit verbreitete Art ist einer der am meisten gepflanzten immergrünen Blütensträucher der Tropen. Man findet ihn als Strauch oder Kletterpflanze, gelegentlich auch zu Hecken geschnitten. Immer sieht er üppig und gesund aus, weil das glänzende Laub selten von Krankheiten oder Schädlingen befallen wird. Ausgepflanzt ist *Allamanda*

hendersonii mit bis zu 12 cm breiten Blüten. Diese starkwüchsige Art kann mit entsprechender Unterstützung durchaus über 5 m hoch werden. Sie gilt jedoch als empfindlich. Als typischer Sommerblüher ist *A. cathartica* eigentlich nur dem Wintergarten-Besitzer zu empfehlen, der keinen Garten hat oder seinen Wintergarten auch im Sommer intensiv nutzt.Gleichfalls gelbe, aber kleinere Blüten hat *A. neriifolia.* Sehr selten und schwachwüchsig ist *A. violacea,* eine Art mit purpurnen, bis 7 cm breiten Trichtern.

Alocasia (+15 °C)

Alocasia ist eine typische Pflanze der feuchten tropischen und subtropischen Gebiete Ostindiens. Genau diese Stimmung bringt sie auch in den Wintergarten. Diese Aronstabgewächse sind immergrün, zeichnen sich durch äußerst üppigen Wuchs und sehr große, tief dunkelgrüne Blätter aus, die an *Calla* erinnern. *Alocasia* brauchen sehr viel Wasser und Nährstoffe bei gleichzeitig gut drainiertem Boden. Die Temperaturen können kaum hoch genug sein; bereits im 10 °C-Wintergarten haben manche Arten schon erhebliche Schwierigkeiten. Frost erträgt keine Art. Zu einer optimalen Entwicklung brauchen *Alocasia* relativ viel Platz, selbst die schwachwachsende *A. odora* kann

ziemlich rasch 1–2 m hoch und breit werden. Andere Arten, denen man das als Jungpflanze noch nicht ansieht, erreichen sogar 5 m in der Höhe und in der Breite. Einen ähnlichen Effekt wie mit *Alocasia* kann man in kalten Wintergärten mit den laubeinziehenden Arten der Gattung *Gunnera* erzielen.

Aloe (+5 – +10°C)

Wohl die wichtigsten Liliaceen für Wintergärten mit südafrikanischem Flair sind die Mitglieder der Gattung *Aloe*. Die meisten wachsen ziemlich schwach und bleiben niedrig. Einige Arten jedoch sind mittelgroße Bäume mit einem starken Stamm, drei davon bilden eine ausgeprägte, verzweigte Krone: *Aloe dichotoma* und *A. pilansii*

aus Südwestafrika sowie *A. bainesii* aus der Transkei und Natal. Alle *Aloe* sind immergrün und haben lange, schmale fleischige, stiellose Blätter, die direkt am Stamm sitzen. Die Blätter sind gewöhnlich gezähnt, manchmal dornig. Die röhrenförmigen Blüten sitzen an einem auffallenden, ährenartigen Blütenstand. Aloe blühen bei uns je nach Art ungefähr zwischen Anfang Dezember und Ende Juni.
A. arborescens, die in Mitteleuropa am meisten angebotene Art, stellt

<u>Links:</u> Von *Alocasia* gibt es viele Arten, zwergige Topfpflanzen und 5 m hohe Riesen. Starkwüchsige Arten sollte man im Kübel ziehen. <u>Unten:</u> *Aloe*-Arten und *Pachypodium,* typische südafrikanische Sukkulenten.

Beim Erdbeerbaum, *Arbutus unedo*, setzt mit der Reife der Früchte die Bildung neuer Blüten ein.

absolut keine Ansprüche an den Boden. Ihre scharlachroten Blüten erscheinen bei uns zwischen Dezember und März. Abweichend von ihrem Namen *arborescens* (= baumartig) ist sie kein Baum, sondern ein Strauch, der ebenso hoch wie breit ist. Der Hauptstamm verzweigt sich bereits an der Basis, so daß die Pflanze eine kompakte Masse mit zahllosen endständigen Rosetten formt. *A. bainesii* ist die am schnellsten und höchsten wachsende Aloe. Sie kommt aus Südafrika, allerdings nur aus Gebieten mit starken Sommerregen zwischen 1000 und 1500 mm im Jahr. Der Stamm von *A. bainesii* kann bis 90 cm im Durchmesser erreichen, in Kultur angeblich sogar bis zu 1,8 m. Nach einigen Metern fängt er an, sich dichotom (= gabelig) zu verzweigen. Die Blütenstände sind gleichfalls verzweigt und bringen bis zu drei aufrechte, zylindrische Trauben. Die Blüten sind gewöhnlich rosa-lila mit grünen Spitzen. Hauptblütezeit ist ab Dezember. *A. dichotoma,* der Köcherbaum, ist eine der markantesten Pflanzen der heißen, trockenen Gebiete Afrikas. An seinem Naturstandort liegen die Jahresniederschläge nur wenig über 100 mm. *A. dichotoma* ist eine der beliebtesten Arten, ausgezeichnet für hohe, weiträumige Glasbauten mit für andere Gewächse zu trockener Luft. Er kann bis 8 m hoch werden und entwickelt im Alter eine rundliche Krone. Sein kräftiger Stamm erreicht bis zu 90 cm Durchmesser. Die auffälligen, hellgelben Blüten erscheinen im Dezember und Januar. Der Köcherbaum ist frostempfindlich. *A. ferox* dagegen ist ausgesprochen temperaturtolerant; in ihrem südafrikanischen Verbreitungsgebiet sind Temperaturen zwischen –5 °C und fast 50 °C üblich. Diese 2–5 m hohe Aloe bildet normalerweise einen einfachen Stamm. Je nach Herkunft kann die hell scharlachrote Blüte bereits im November oder aber auch erst im Februar oder März ein-

setzen. *A. plicatilis* wird 3–5 m hoch mit einem stark ausgeprägten, bis 30 cm dicken Stamm. Von anderen Aloe unterscheidet sie sich vor allem dadurch, daß die Blätter zweizeilig, also fächerartig arrangiert sind. Jeder Fächer bringt nur einen einzigen, unverzweigten Blütenstand im Frühjahr.

Kerzenartige Blütenstände am Ende der Triebe hat *Aloe arborescens*. Bei anderen Arten sind sie gegabelt oder verzweigt.

Arbutus unedo – Erdbeerbaum (–5 °C)

Diese aus der Macchia der Mittelmeerländer stammende, bekannte Art zeigt nur in kalten Wintergärten ihre Stärken: absolut immergrün, Blüte und Frucht gleichzeitig im Winterhalbjahr sowie langsames Wachstum. Ihre Ansprüche sind gering, im Gegenteil: Je weniger man sie beachtet, desto besser gedeiht sie. Trockenzeiten übersteht sie erstaunlich gut, vor allem, wenn sie ausgepflanzt ist. Auch Schattenlagen machen dem Erdbeerbaum nichts aus. Nur vor zu kalkhaltigem Gießwasser sollte man ihn schützen. Leider ist der Erdbeerbaum manchmal anfällig für Bodenpilze. Binnen weniger Wochen verfärbt sich bei einer befallenen Pflanze das anfangs glänzende, tiefdunkle Laub zu einem stumpfen, fahlen Grün. Meist ist dieses Exemplar dann unrettbar verloren. Diese Schwäche macht *Arbutus unedo* im Kübel zu einem unsicheren Kandidaten.

Beschorneria ist nahe mit den Agaven verwandt. Sie vermehren sich über Kindel, die seitlich aus dem Stammgrund herausbrechen und oft in 2 Jahren die Mutterpflanze, die dann bereits blühen kann, überflügeln. *Beschorneria*-Blätter sind weich und haben keine Dornen.

Beschorneria yuccoides (+5 °C)

Diese aus Mexiko stammende Art aus der Familie der Agaven bildet nicht nur einen ganzjährig attraktiven Solitär für eher sukkulente, halbwüstenartige Wintergärten, sie paßt auch als Unterpflanzung zu eher tropisch üppigen Kombinationen. Ihre Blattrosetten erinnern an eine nicht stammbildende Yucca, nur sind die bis einen halben Meter langen und gut 5 cm breiten Blätter samtig weich. Auch im Halbschatten behalten sie ihe graugrün-silberne Färbung. Die 1–3 m hoch kerzenartig herausragenden, dunkelroten Blütenstände tragen eine Vielzahl hellgrüner Blüten mit hellroten Hochblättern. Sie hängen an der Spitze leicht über. Im Alter wird die Pflanze zu einem ziemlich breiten Tuff.

Boronia – Korallenraute, Duftglöckchen

Auch auf den zweiten Blick wird man es kaum für möglich halten, daß *Boronia* mit den *Citrus*-Arten nahe verwandt sind. Es gibt etwa 90 Arten, von denen die Hälfte nur in Westaustralien vorkommt. Neben den leuchtenden Blüten ist der Hauptschmuck zahlreicher *Boronia*-Arten ihr extrem starker, köstlicher Duft, der allerdings gar nicht dem von Zitronen oder Orangen gleicht. Er ist so stark, daß sich in einem Wintergarten während der Blütezeit von *Boronia* keine andere Pflanze dagegen durchsetzen kann; allerdings ist er bei weitem nicht so penetrant wie der ähnlich stark duftender Pflanzen, beispielsweise *Jasminum polyanthum*. Alle *Boronia* lieben einen torfreichen Boden, wachsen trotzdem in jedem gutdrainierten Substrat, sofern es nur kalkfrei ist und niemals austrocknet. Der typische Standort in ihrer Heimat sind kleine Hügel in Sümpfen. Alle Arten haben schmale, gefiederte Blätter und ziemlich kleine

krugförmige, zahlreiche Blüten. *Boronia* sollten nach der Blüte stark zurückgeschnitten werden, in australischen Gärten kürzt man sie auf die Hälfte der Gesamthöhe ein. Auch vertragen sie keine Überhitzung des Bodens. Es empfiehlt sich also nicht, sie in schwarzen Containern zu ziehen und diese direkt der Sonne auszusetzen. Man sollte sich bei den beiden vorgestellten *Boronia*-Arten nicht scheuen, von blühenden Pflanzen im Wintergarten Triebe für einen Strauß zu schneiden, da die Pflanze nach der Blüte sowieso zurückgeschnitten werden muß. Die verschiedenen *Boronia*-Arten erreichen in wenigen Jahren ihre Endhöhe von ca. 2 m, wenn man sie nicht zurückschneidet. Allerdings sind sie nicht langlebig. An Farben kommen Weiß, Rot, Rosa, Gelb und Braun vor. Man kann *Boronia* für Wintergärten auch unbesehen in Blumengeschäften kaufen, weil keine Wachstumsregulatoren eingesetzt werden. *Boronia* verzweigen sich von Natur aus gut und bleiben kompakt, so daß der Einsatz von Stauchemitteln wohl kaum nötig sein wird.

Boronia heterophylla – Rote Korallenraute (+5 °C)

Sie gehört zu den Arten, die am schönsten sind und gleichzeitig am leichtesten wachsen. Am Naturstandort wird sie 1–2 m hoch, eine Höhe, die sie bei uns ohne weiteres auch erreichen kann. Die Blättchen sind nadelartig, etwa 3–5 cm lang, sie stehen einzeln oder zu dritt. Ihre betörend duftenden, rosa bis karmesinfarbenen, glöckchenartigen Blüten erscheinen vor allem im Frühjahr, bei höheren Temperaturen auch schon im Spätwinter. Der Flor hält bis in den Sommer an. Wer Duftpflanzen liebt, kommt in einem Australwintergarten um *Boronia heterophylla* kaum herum – selbst wenn man die meist kurze Lebensdauer dieser Pflanze einkalkuliert.

Boronia megastigma
(+5 °C)

Boronia megastigma ist wohl der beliebteste australische Garten-strauch. Auch sie wird nur 1–2 m hoch. Ihre rundlichen Blütenglocken sind außen kupferfarben bis purpur-braun und innen gelb. Die Sorte 'Lutea' hat rein gelbe Blüten. *B. mega-stigma* duftet noch stärker als *B. heterophylla*, wobei die Intensität des Duftes bei beiden Arten so stark ist, daß man sie auch in einem großen Wintergarten noch im letzten Winkel riechen kann. *B. megastigma* blüht etwas früher als *B. heterophylla*, näm-lich im Winter und frühen Frühjahr.

Oben: Der Paradiesvogelbusch ist ein sparriger, dünntriebiger, spärlich belaub-ter, meist kaum mannshoher Strauch, der gut in Steppensituationen paßt. Links: Wäre die abgebildete Rote Korallenraute, *Boronia heterophylla,* im letzten Jahr kräf-tig zurückgeschnitten worden, wäre sie jetzt ein kompakter, dichter Busch.

Caesalpinia gilliesii – Paradiesvogelbusch (0° C)

Der Paradiesvogelbusch ist eine der wenigen Pflanzen, die im kalten Win-tergarten durch ihre Blüten tropisch wirkt. Diesen sehr langsam in die Sub-stanz wachsenden, wenig verzweigten argentinischen Busch kann man auch als Stämmchen und mit viel Geduld als Stamm ziehen, er gibt dann einen prächtigen, leichten Schatten spenden-den, sommerblühenden Solitär ab. Die Blätter des Paradiesvogelbusches sind akazienartig, sehr fein doppelt gefie-dert. Jeweils 30–40 der gelben Blüten, aus denen fast kleinfingerlange Bündel scharlachroter Staubblätter herausra-gen, stehen zusammen in einem bis 30cm langen aufrechten Blütenstand. *Caesalpinia gilliesii* braucht im Som-mer einen heißen, vollsonnigen Stand-ort und ziemlich wenig Wasser, ausge-pflanzt verträgt sie erhebliche Fröste.

Caesalpinia pulcherrima – 'Pride of Barbados' (+15°C)

Entsprechend ihrer westindischen Heimat braucht diese äußerst exotisch blühende *Caesalpinia* ganzjährig ziemlich hohe Temperaturen. Gerade als junge Pflanze erwies sie sich als sehr empfindlich. In der Belaubung ist sie wesentlich gröber als *C. gilliesii*. Hält man diese Art im warmen Wintergarten, können die Blüten während des ganzen Jahres erscheinen, ansonsten nur während Schönwetterperioden im Sommerhalbjahr. Sie sind orange oder rot, selten gelb und haben lange, rote Staubgefäße. *C. pulcherrima* wird etwa 3 m hoch und ähnlich breit und ist ungeschnitten eher sparrig. Es fällt zwar schwer, aber man sollte im Herbst die starken Neutriebe auf ein Drittel ihrer Länge zurückschneiden.

Calliandra – Puderquastenstrauch (+10°C)

Warum diese Gattung süd- und mittelamerikanischer Sträucher und gelegentlich kleiner Bäume nicht viel weiter verbreitet ist, ist eigentlich ein Rätsel. Vermutlich liegt es daran, daß sie auf Grund ihrer hohen Lichtansprüche und vor allem wegen ihrer in manchen Jahren ausfallenden Blüte als Topfpflanzen nicht geeignet sind. Eine Minimum-Temperatur von 5° C reicht aus; trotz ihrer tropischen Herkunft werden sogar kurze Fröste ertragen. In allen Gebieten, wo *Calliandra*

Wegen der Blütenfarbe und -form wird *Caesalpinia pulcherrima* oft mit einer strauchig wachsenden *Delonix* verwechselt. Ihr Laub ist jedoch viel feiner. Eine Pflanze für warme Wintergärten.

Oben: *Calliandra tweedii* – ein dünntriebiger, filigraner Strauch, der bei geeignetem Standort schon als junge Pflanze von Spätwinter bis Hochsommer blühen kann.
Links: Der Weiße Puderquastenstrauch blüht reicher als die roten Arten, jedoch sollte Verblühtes herausgezupft werden. Steht die Pflanze zu trocken, haben die Blüten die Form einer Beatles-Mähne.

im Freien wachsen, gehören sie zu den spektakulärsten sommerblühenden Sträuchern. Einige Arten blühen auch im Winterhalbjahr. Sie haben durchweg keine besonderen Bodenansprüche; Krankheiten und Schädlinge kommen so gut wie nie vor. *Calliandra* lassen sich beliebig schneiden, als Bäumchen oder am Spalier ziehen.

Calliandra portoricensis – Schneeflockenstrauch (+10°C)

Diese aus der Karibik stammende Art hat wohl die längste Blütezeit; sie reicht von Frühjahr bis Herbst. Die weißen Blütenbälle sind etwa 5 cm breit und sehr haltbar, wobei allerdings während der Alterung die Kugel zu einem langsam welkenden, immer flacheren »Pinsel« wird.Verblühtes muß ständig ausgezupft werden, sonst sieht die Pflanze rasch unschön aus.

Calliandra portoricensis hat doppelt gefiederte, farnartige, bis 8 cm lange Blätter, die für eine *Calliandra* grob bzw. steif wirken. Wie die Blätter vieler Mimosaceen zeigen sie typische Schlafbewegungen: Sie klappen bei Einbruch der Dunkelheit zusammen. *C. portoricensis* wird etwa 2-5 m hoch und entwickelt stärkere, steifere Triebe als die meisten anderen, oft extrem dünntriebigen *Calliandra*-Arten.

Calliandra tweedii

Die in Mitteleuropa verbreitetste Art ist *Calliandra tweedii*. Aus Brasilien stammend, wird dieser dünntriebige Strauch meist nur 2 m hoch, die zähen Triebe hängen stark über. Sie sind so flexibel, daß die Pflanzen oft an Spalieren gezogen werden. Die Blüten von *C. tweedii* sind scharlachrot bis purpurfarben, ihr Durchmesser beträgt etwa 5-8 cm. Ihre Blätter sind etwas feiner als die der anderen *Calliandra*-Arten. Bei kühlem Standort und bei Lichtmangel wird ein Teil der Fiederblättchen abgestoßen. Man erkennt dies an der stumpfgrünen Färbung. Da sie oft nicht von selbst herunterfallen, sollte man den Strauch gelegentlich schütteln.

Callistemon gehören trotz ihrer vergleichsweise kurzen Blütezeit zu den dekorativsten australischen Gehölzen. Von Natur aus sparrig, lassen sie sich beliebig schneiden oder zu selbsttragenden Stämmen formieren.

einige andere Myrtaceen ist, daß die Triebspitze nach der Blüte nicht abstirbt, sondern weiterwächst, weshalb die kugeligen kleinen Früchte später mitten am Trieb stehen. Die Früchte sind steinhart und fallen jahrelang nicht ab. Selbst an daumenstarken alten Trieben kann man noch erkennen, wo die Blüte war. In der Natur öffnen sich die holzigen Samenkapseln oft erst in Folge eines Buschfeuers. Die meisten Callistemon-Arten blühen im Sommer, andere im Frühjahr mit einer zweiten, schwächeren Blüte im Herbst. Das muß aber nicht so sein, was man daran erkennt, daß man häufig im Winter blühende Callistemon als Topfpflanzen angeboten bekommt. Der Trick an der Sache ist, die Pflanzen – durch Trockenhalten – rechtzeitig zum Triebabschluß zu bewegen. Zu einer reichen Blüte brauchen alle Callistemon-Arten volle Sonne. Nur »viel Licht«, beispielsweise in einem schattierten Wintergarten, ist nicht ausreichend.

Callistemon – Zylinderputzer

Die Zylinder- oder Flaschenputzer gehören zu den australischen Myrtengewächsen, deren Kultur auch bei uns auf eine jahrhundertealte Tradition zurückblicken kann. Auch heute fehlen sie in keiner Kübelpflanzensammlung. Im Gegensatz zu vielen anderen australischen Arten haben Callistemon – obwohl auch sie keinen Kalk lieben – keine besonderen Bodenansprüche und können in den üblichen käuflichen Fertigerden kultiviert werden, weshalb sie gelegentlich auch als Topfpflanzen – dann allerdings mit geringer Lebenserwartung – herangezogen werden. Alle Callistemon sind mittelgroße Sträucher, im Alter auch kleine Bäume. In südlichen Gärten wachsen sie noch an heißesten, trockensten Standorten bei schlechtesten Bodenverhältnissen und werden gerade dann oft erst richtig schön. Düngt man sie normal und

bewässert reichlich, können Callistemon ein fast unkrautartiges Wachstum zeigen. Sie entwickeln lange, peitschenartige Triebe, was man sich zunutze macht, wenn man ein Spalier oder ein Stämmchen heranziehen will. Diese Formen sind bei Callistemon sehr beliebt. Callistemon läßt sich gut schneiden. So werden einzelne Arten in südlichen Ländern als Heckenpflanzen verwendet. Dies geht dann zwar zum Teil auf Kosten der Blüte, dafür ist der zweite Schmuck der Zylinderputzer, der oft kupferrote oder bronzegrüne Austrieb, um so ausgeprägter. Alle Callistemon-Arten haben länglich ovale, lanzettliche oder fast nadelartige Blätter, die ziemlich hart sein können und sich durch eine ausgeprägte Mittelrippe auszeichnen. Der Name Flaschenputzerstrauch kommt von der Anordnung der Blüten bzw. der Staubgefäße, die in der Form einer Flaschenbürste am Triebende stehen. Typisch für Callistemon und noch

Callistemon citrinus (+5 °C)

Der karmesinrote Zylinderputzer-Strauch ist oft auch unter dem Namen Callistemon lanceolatus im Handel. Er wird freiwachsend ein etwa 2–3 m hoher, dichtbuschiger, im Vergleich zu anderen Arten eher steiftriebiger Strauch mit harten Blättern. Nicht selten findet man ihn aber auch als 4–5 m hohes Exemplar, gelegentlich sogar als kleinen Straßenbaum. Diese Art ist für die meisten Zwecke wohl die beste, da sie absolut anspruchslos ist und sehr zuverlässig blüht. Die Blütenbürsten sind bis 10 cm lang und tiefrot, die Blätter je nach Ernährungszustand und Plazierung am Trieb 4–10 cm lang und ungefähr 1 cm breit. Für diese gewöhnlich im Frühjahr blühende Art ist es typisch, daß im Herbst eine zweite, aber schwächere Blüte erfolgt. Dieselbe Pflanze kann ein Jahr später aber auch von Juni bis August in Vollblüte sein. Die wichtigste Sorte ist 'Splendens' mit überhängendem Habitus ; ihre Blütenstände sind etwas breiter als die der Art, etwa 8 cm. Ebenfalls wichtig ist 'Lilacinus'. Diese Pflanze wird etwa 3 m hoch und hat lila-rosa Blüten. Die Blätter sind sehr viel dünner und gleichzeitig breiter als die der Art. Bei der Sorte 'Pink Clusters' bilden meist 6 oder 7 rosa Blütenstände an den Triebenden einen Blütenstandbüschel, was auch bei anderen *Callistemon* nicht selten vorkommt. Da die Knospe nach der Blüte wieder einen Trieb schiebt, sind Callistemon mit Blütenständen in Büscheln meist deutlich besser verzweigt. *C. citrinus* ist eine ausgesprochen robuste Art, die selbst nach Frösten von –6 °C nur an den Spitzen geschädigt ist und ein extremes Austriebsvermögen hat. Selbst armdicke Stämme können nach Feuer oder Frösten mit zahllosen Knospen wieder aus dem Stamm austreiben. Von *C. citrinus* werden mehrere Sorten, daneben noch zahlreiche andere Arten angeboten. Zumeist stimmen – wie bei vielen anderen australischen Pflanzen – die Namen nicht.

Callistemon linearis (+5 °C)

Dieser schmalblättrige Zylinderputzer, ist ziemlich unverwechselbar. Er hat fast nadelartige Blätter, die 10–15 cm lang und nur 4 mm breit sind. Die tiefroten Blütenstände sind 10–15 cm lang und bis 5 cm breit. Es gibt eine schwachwüchsige bzw. niederwüchsige Form, *Callistemon linearis pumila*, die nur 60 cm hoch wird. Ansonsten unterscheidet sie sich nicht von der Art. *C. linearis* verträgt auch nasse Böden.

Callistemon rigidus (0 °C)

Diese Art ist sehr häufig unter dem Namen *Callistemon citrinus* im Handel, da sich ihre roten Blütenstände nur wenig unterscheiden. Die Blätter sind gleichfalls ziemlich steif, aber zumeist etwas länger als die von *C. citrinus*, immer jedoch schmaler als 6 mm. Auch von *C. rigidus* gibt es eine Sorte, die an den Triebspitzen mehrere Blütenstände gleichzeitig macht, sie läuft unter dem Namen 'Crimson Spokes'.

Viele Kamelien wachsen sparrig, müssen deshalb in der Jugend mehrfach zurückgeschnitten werden. Das geht auf Kosten der Höhe und macht die Pflanzen teuer. Bei älteren Pflanzen kürzt man nur noch die Langtriebe ein.

Camellia

Die Kamelien gehören weltweit zu den wichtigsten Blütensträuchern. Die Gattung umfaßt neben Zier- auch Nutzsträucher, von denen der wichtigste wohl der Tee, *Camellia sinensis*, ist.

Camellia japonica – Kamelie (0 °C)

Die japanischen Kamelien sind immergrüne, je nach Sorte 2–6 m hohe, im Winter und Frühjahr blühende Sträucher. Es gibt zahllose Arten. Da Kamelien schon als kleine Topfpflanzen blühen, bekommt man sie bei uns im Winter häufig in Blumengeschäften angeboten, meist gleich mit dem Hin-

weis, daß sie für Zimmerklima wenig geeignet sind und möglicherweise die Knospen abwerfen können. Kamelien sind dagegen absolute First-Class-Pflanzen für kühle oder sogar kalte, ungeheizte Wintergärten, so diese keine extremen Temperaturschwankungen aufweisen, Temperaturen unter –5 °C selten und unter –10 °C nie vorkommen. Sie konkurrieren als Blickpunkt im Winterhalbjahr während ihrer langen Blütezeit höchstens noch mit veredelten Akazien. Letztere sind aber wesentlich empfindlicher als Kamelien und blühen nicht so lange. Behandelt man Kamelien wie Azaleen oder Rhododendron, kann eigentlich nicht viel schief gehen. Im übrigen ist es ein Ammenmärchen, daß *Camellia* keine volle Sonne vertragen. In Italien werden sie feldweise angebaut - ohne einen einzigen Schattenbaum und ohne Schattierung. Was Kamelien nicht vertragen, ist die sommerliche Überhitzung, die in schlecht belüftbaren, nach Süden orientierten Wintergärten häufig vorkommt. Deshalb gedeihen *Camellia* auch so gut in absonnigen Wintergärten. Die Blätter der Kamelien sind ziemlich steif, glänzend, etwa 5–10 cm lang und elliptisch. Wenn die Pflanzen dicht belaubt sind, wirken sie durchaus attraktiv. Obwohl Kamelien generell als langsam wachsend gelten, reagieren sie doch sehr positiv auf reichliche Düngung und haben dann ganz erheblichen Zuwachs. Ohne Schnitt ist dann die Gefahr aber groß, daß man vor allem viel nacktes Holz produziert. Als Standort ist jeder kalkfreie Boden richtig, wobei das nicht zwangsläufig heißt, daß sie in Torfsubstrat am besten wachsen. In unseren Breiten mit häufig hartem Gießwasser behilft man sich meist mit einer physiologisch sauren Düngung, was letztendlich heißt, daß Stickstoff am besten als schwefelsaures Ammoniak gegeben wird. Alle Kamelien lieben einen gleichmäßig feuchten Boden, sie reagieren deshalb sehr positiv auf eine Pflanzscheibenbedeckung mit verrotteten Blättern oder Mulch. Der Boden sollte im Bereich der Wurzeln nicht bearbeitet werden. Kamelien werden schon seit Jahrhunderten gezüchtet, zahlreiche Sorten wurden bereits vor 100 oder 200 Jahren aus Japan und China nach Europa gebracht. Italienische Baumschulen bieten heute über 200 Sorten an.

Kamelien werden seit Jahrhunderten in Japan und China züchterisch bearbeitet. Spezialisierte Baumschulen bieten allein von *Camellia japonica* über 200 Sorten an. Durch geeignete Sortenwahl kann die Kamelienblüte auf ein halbes Jahr ausgedehnt werden. Eine ideale Pflanze auch für kleine, absonnige Wintergärten.

des Dickmaulrüßlers ist mit biologischen Methoden möglich (siehe Pflanzenschutzkapitel, unter Trauermücken). Neben *Camellia japonica* gibt es noch eine ganze Reihe anderer Kamelien, die für Wintergärten geeignet sind. Sie sind jedoch nicht so stark bearbeitet wie die *C. japonica*-Sorten und haben deshalb oft wesentlich kleinere Blüten. Ihre abweichenden Blütezeiten und -farben machen sie jedoch interessant.

Camellia sasanqua (0 °C)

Nach *Camellia japonica* ist diese Kamelie die am weitesten verbreitete. Sie stammt aus China und Japan und bleibt mit 2–3 m erheblich kleiner als die meisten anderen Kamelien. Ihre Sorten blühen im Durchschnitt früher, allerdings sind ihre Blüten kleiner, dafür duften sie. Die normale *C. sasanqua* hat weiße Blüten, es gibt jedoch auch rosafarbene. Von ihnen abgeleitet sind eine ganze Reihe von Sorten, wobei aber der tiefste Farbton rosarot ist. Während man in England von *C. sasanqua* eigenartigerweise nicht sehr viel hält, wird die Pflanze in Amerika hoch gelobt. Inzwischen ist man sich weitgehend darüber einig, daß *C. japonica* eine Pflanze für luftfeuchte, maritime Lagen ist, während *C. sasanqua* ihre Stärken eher in kontinentalem, im Sommer heißerem Klima zeigt. Ähnlich wie bei *C. japonica* der Beginn der Blüte von der Spätsommer- und Herbsttemperatur abhängt, scheint dies auch bei *C. sasanqua* der Fall zu sein. Nur verläuft bei *C. sasanqua* die Entwicklung der Blütenknospen rascher, weshalb die ersten Blüten manchmal bereits Anfang Herbst erscheinen. Die Regel ist bei uns eine Spätherbstblüte, nur in ungeheizten Solarhäusern setzt die Blüte erst im Winter ein. Unter kontinentalen Bedingungen gilt *C. sasanqua* im Vergleich zu *C. japonica* als frosthärter, außerdem liebt sie volle Sonne.

Kamelien unterscheidet man vor allem nach ihrer Blütenform, ihrer Farbe und Blütezeit. Nicht zu unterschätzen, aber leider nur sehr selten in Beschreibungen angegeben, ist die Belaubung. Es gibt Kamelien, die sehr dicht belaubt sind, andere wachsen eher sparrig locker. Durch gezieltes Einkürzen, das im Prinzip während des ganzen Jahres möglich ist, läßt sich der Wuchs von Kamelien ein wenig verbessern. Ein stärkerer Rückschnitt geht aber immer auf Kosten der Blüte. Die Blütezeiten sind bei Kamelien nur sehr schwer anzugeben, da sie zum einen von der Wintergartentemperatur abhängen, zum anderen aber auch von den Temperaturen im Spätsommer und Herbst. Es kann durchaus vorkommen, daß eine Sorte, die beispielsweise in einem italienischen Katalog als spät beschrie-

Voraussetzung für eine erfolgreiche Kamelienkultur ist ein gut klimatisiertes Gewächshaus, eine regelmäßige schwache Düngung, ein saures Substrat und eine gleichmäßige Bewässerung. Auf starke Schwankungen der Umgebungsbedingungen reagieren Kamelien mit Knospenfall.

ben wird, dort also erst im Februar, März oder April blüht, bei uns ihre ersten Knospen bereits im November öffnet. Bei größeren Pflanzen und möglichst niederen Wintergartentemperaturen hält die Blüte dann trotzdem bis zum Spätwinter an. Schädlinge und Krankheiten sind bei Kamelien ziemlich selten, gefährlich wird nur gelegentlich der Dickmaulrüßler, der oft aus dem Garten seinen Weg in den Wintergarten findet. Man erkennt den Befall rasch an den angefressenen Blättern. Die Bekämpfung

Carissa sind eher breite als hohe, immergüne Sträucher, die sich mit Schnitt hervorragend als knöchel- bis kniehohe (auch höhere) Unterpflanzung eignen. Sie gedeihen sogar im Schatten.

Carissa – Natalpflaume

Als ungefährlicher Vertreter der Apocynaceen sei hier die Gattung *Carissa* vorgestellt, Pflanzenliebhabern als Natal-Pflaume bekannt. In Südafrika kommen 6 Arten vor, von denen 4 zu kleinen Bäumen werden können. *Carissa* sind vieltriebige, manchmal schwach kletternde Sträucher mit ledrigen Blättern. Die für die Gattung typischen Dornen sind entweder einfach oder gegabelt. Im Frühjahr und Sommer erscheinen dem Jasmin in Farbe und Duft ähnliche Blüten, gefolgt von runden oder ovalen Beeren.

Carissa edulis (+5 °C)
Ihr südafrikanischer Name Num-Num ist ein Hinweis auf ihre Eßbarkeit und Herkunft. Die Pflanze kommt in Südafrika vor allem an sehr heißen Standorten vor, zumeist in Busch- oder Strauchland. Gewöhnlich ist sie ein dorniger kleiner Baum, dicht verzweigt mit ausgeprägten, 24 cm langen Dornen und sehr oft kletternd. Die ovalen, zugespitzten Blätter sind meist kürzer als 6 cm und 3 cm breit. *Carissa edulis* hat zahlreiche, meist rot oder rosa überhauchte Blüten.

Carissa macrocarpa (+5 °C)
Diese bei uns häufigste Art ist meistens ein niedriger Strauch, kann aber doch zu einem bis 4 m hohen, dicht verzweigten, dornigen Baum heranwachsen. Auffallend an ihm sind die starken, steifen Dornen, die bis 5 cm lang werden. Sie sind einfach oder doppelt gegabelt und stehen gewöhnlich in Paaren an der Triebspitze, oft mit einem Blütenstand daneben. Die eiförmigen Blätter ähneln in Größe und Form *Carissa edulis*. Auch *C. macrocarpa* hat eßbare Früchte, diese sind viel größer als die von *C. edulis*, pflaumenartig, bis 5 cm lang und 3,5 cm breit. Reif sind sie rot und haben einen milchigen Saft. Sie sind ausgesprochen reich an Vitamin C und diversen Mineralstoffen. Man verwendet sie meist zur Herstellung von Marmeladen.

Cassia

Über *Cassia* läßt sich wenig Allgemeines sagen, da die etwa 600 verschiedenen Arten mit Ausnahme Europas in allen Erdteilen vorkommen und entsprechend verschiedene Ansprüche haben. Als Faustregel kann nur gelten, daß fast alle *Cassia* ausgesprochen sonnenhungrige Pflanzen sind, die deshalb vor allem im Sommer blühen. Sie sind ausgezeichnete Kübelpflanzen, zumindest im kühlen Wintergarten aber - mit Ausnahme der sommerblühenden *Cassia hebecarpa* - nicht zufriedenstellend. Sie werfen dann meistens nach und nach das gesamte Laub ab, und ein großer Teil der Triebe trocknet ein. Mit den vertrocknenden Blütenständen an der Spitze stellen sie oft einen Herd für Grauschimmel dar. Allerdings gibt es einige wichtige Ausnahmen.

Cassia artemisioides (+5 °C)
Die bekannteste australische *Cassia* ist *C. artemisioides*, die schon seit geraumer Zeit ab Spätwinter als blühende Topfpflanze angeboten wird. Am Naturstandort wird diese *Cassia* ein 1–2,5 m hoher Strauch mit sehr auffallender Belaubung. Diese besteht aus 3–6 Paaren silbergrauer, nadelartiger Fiederblättchen. Die hellgelben Blüten stehen in kurzen Trauben in den Blattachseln. Das silbergraue Laub ergibt dazu einen interessanten Kontrast. *C. artemisioides* beginnt – im Gegensatz zu den anderen Arten – bereits im Herbst mit der Blüte. Diese in ganz Australien verbreitete Art braucht unbedingt einen gut drainierten Standort.

Cassia corymbosa und ihre Hybriden – Gewürzrinde (+5 °C)
Bestellt man in 10 Gärtnereien *Cassia corymbosa*, bekommt man zumindest 5 völlig verschiedene Pflanzen. Und

dabei schwören alle Gärtner darauf, daß sie die richtige *C. corymbosa* hätten. Es scheint so, als wäre die echte eigentlich gar nicht mehr - oder nur als eine von vielen - in gärtnerischer Kultur. Die meisten sollen Hybriden aus *C. corymbosa* und *C. coluteoides* sein, die aus Malaysia stammt. Diese wiederum ist der südamerikanischen *C. bicapsularis* ausgesprochen ähnlich. Alle 3 Arten sind Sträucher, die ungeschnitten meist etwa 2 m hoch werden, sich aber auch zu Stämmen erziehen lassen und dann durchaus 3 m erreichen können. Sie gäben schöne kleinkronige Wintergarten-Bäume ab, sähen sie bei einem kühlem Winterstandort nicht so schmuddelig aus. Die Blätter bestehen aus 3-6 Paaren etwa 2 cm langer Blättchen. Die Blütezeit läßt sich nicht genau festlegen, sie ist eigentlich ganzjährig und offensichtlich hauptsächlich von der Einstrahlung abhängig. Nach der sommerlichen Hauptblüte werden fortlaufend neue Knospen gebildet, die sich aber entsprechend der Temperatur und den Lichtverhältnissen nur noch sehr langsam entwickeln. Manche *Cassia* setzen sehr reich Samen an, worauf die Blüte rapide zurückgeht. Man sollte also die Hülsen entfernen. Die 3 genannten *Cassia* werfen im Winter - zumindest bei Temperaturen unter 10 °C – ihr gesamtes Laub ab, zeigen aber keine stabile Winterruhe und treiben während Schönwetterperioden mit tagsüber hohen Temperaturen sofort wieder aus. Man sollte diese Arten deshalb, um dem wenig schönen Winterbild zu entgehen, im Spätherbst nach der Blüte stark zurückschneiden, wobei man bei größeren Pflanzen nur noch einen Stummel vom diesjährigen Holz stehen läßt.

Unter dem Namen Gewürzrinde, *Cassia corymbosa,* sind verschiedene Pflanzen im Handel. Gemeinsam ist ihnen ihr sparriger Wuchs, weshalb man sie kräftig schneiden sollte.

Cassia didymobotrya – Kerzenstrauch (+15 °C)

Während die bisher genannten *Cassia* ziemlich große, breite Blütenbüschel am Ende der Triebe machen - wobei die butterblumenartigen Blüten immer tiefgelb und je nach Typ zwischen pfennig- und markgroß sind –, ist die ebenfalls bekannte *Cassia didymobotrya* eine ganz andere Pflanze. Ihr Blütenstand weicht erheblich von dem der anderen Arten ab. Man kann ihn als lange, aufrechte Ähre bezeichnen. Von diesen Ähren erscheinen gleichzei-

tig 2 oder 3 zusammen am Ende eines Triebes, sie wachsen fortwährend weiter, selbst wenn die unteren Blüten bereits abgefallen sind. Eine Blütenstandlänge von insgesamt 50 cm ist nicht selten, wobei aber meist nur etwa 10 cm blühen. 5cm bestehen aus noch nicht entwickelten Knospen und der Rest aus dem Teil des Blütenstandes, von dem die alten Blüten bereits abgefallen sind. Irgendwann stirbt dann die zentrale Blütenknospe ab, worauf sich neue Seitentriebe bilden, die sofort mit neuen Blütenknos-

pen abschließen, noch bevor sie ihre endgültige Länge erreicht haben. Die Blüten von *Cassia didymobotrya* sind durch ihre dichte Anordnung in diesem Blütenstand sehr auffällig. Sie sind ebenso intensiv gelb wie die der meisten anderen *Cassia*-Arten, etwa 5 cm breit und stecken in einem überaus auffälligen, schwarzbraunen Kelch. Erst dieser dunkle Kelch gibt dem Blütenstand die Attraktivität, die *C. didymobotrya* zur begehrtesten Art gemacht hat. Meist aus Samen gezogen, kann sie bei sehr früher Aussaat, also möglichst noch im Dezember des Vorjahres, unter Kunstlicht und bei Weiterkultur im Warmhaus innerhalb

eines Jahres fast ihre Endhöhe von 2–3 m erreichen. Sie besteht dann aus einem langen, markigen Stengel mit zahlreichen Seitentrieben, die in den Achseln der abgefallenen Blätter entstehen. So die Pflanze nicht im nächsten Winter im Warmhaus steht und weiter wächst, wird sie bei Temperaturen um 10 °C – darunter braucht man es gar nicht versuchen – im Frühjahr stark zurückgestorben sein. Bleibt ein etwa unterarmlanger, leicht holziger Stengel übrig, ist das ein gutes Ergebnis. Dieser Stengel treibt im Frühjahr erneut zahlreiche Triebe, von

denen im nächsten Winter dann auch nur mehr oder weniger genausoviel übrig bleibt. Um einen richtigen Busch aufzubauen, dauert es einige Jahre, oder man hält die Temperaturen sehr hoch, so daß der Kerzenstrauch auch im Winter wächst. Das ist nicht ungewöhnlich für Pflanzen vom Äquator, schließlich stammt *C. didymobotrya* aus den Mittelgebirgslagen Ostafrikas und kennt keine Ruhezeit. Sie hält zwar tiefe Temperaturen kurzfristig aus, jedoch keinen Frost und keine niederen Bodentemperaturen. Die im Sommer fleischigen, grüngelben, ziemlich dicken Wurzeln sterben bereits nach einem einmaligen, durchdringenden Guß mit kaltem Wasser ab und werden schwarz. Dann ist die Pflanze zwar noch nicht tot, aber schwer geschädigt. *C. didymobotrya* ist also – so sie nicht als Kübelpflanze fürs Freie verwendet wird - nur für warme Wintergärten geeignet. Und selbst dort sollte sie so trocken wie möglich gehalten werden. In warmen Wintergärten bildet sie dagegen sogar im Mittwinter neue Knospen, die sich aber ziemlich langsam entwickeln. Typisch für diese Art sind die nach Erdnußbutter duftenden Blätter. Es gibt auch Pflanzen, die ihr zum Verwechseln ähnlich sehen und keine duftenden Blätter haben. Die bekannteste davon ist *C. alata*, die sogenannte 'Candlestick'-, also Leuchterkassie aus Brasilien, die aber viel größere Blättchen hat. So schön *C. didymobotrya* im Wintergarten auch ist, so leidet sie doch sehr stark unter Weißer Fliege und sieht in nicht zimmerwarmen Wintergärten zwischen November und Ende Februar ziemlich mitgenommen aus.

Der Kerzenstrauch, *Cassia didymobotrya,* ist die beliebteste Gewürzrinde für warme Wintergärten.

Cassia odorata – Waldkassie (+5 °C)

Sie erinnert im Aussehen an *Cassia artemisioides*, aber statt grauen hat sie grüne, etwas breitere Blättchen. *C. odorata* ist eine Pflanze des Wald-

randes. Diese Art, auch als *C. australis* bekannt, wächst vor allem im südöstlichen Australien an vergleichsweise feuchten Standorten. Ihr Wachstum ist relativ schwach, sie wird kaum über 2 m hoch. Die Blüten ähneln sowohl in der Farbe als auch in der Form den bekannten Butterblumen, sind gut 2 cm breit und stehen in lockeren Blütenständen in den Blattachseln. Die Blütezeit erstreckt sich vom frühen Frühjahr bis weit in den Herbst. Sie gehört zu den wenigen Kassien, die einen absonnigen Standort vertragen.

Ceanothus – Säckelblume, Kalifornischer Flieder

Die Gattung *Ceanothus* gehört zu den Faulbaumgewächsen (Rhamnaceae) und kommt mit zahlreichen Arten fast ausschließlich in Kalifornien vor. Es gibt sehr viele Arten in völlig unterschiedlichen Formen, dazu zahlreiche Hybriden. Die frosthärtesten *Ceanothus*-Arten und -Hybriden sind bei uns im Weinbauklima an der Grenze ihrer Winterhärte, in Solaranbauten kommen sie deshalb immer über die Runden und selbst die empfindlichsten Arten halten es im gerade frostfreien Wintergarten durchaus aus. In wärmeren Gebieten sind die meisten *Ceanothus* immergrün, in kälteren verlieren sie viel Laub. Ihr Habitus reicht von kriechend bis nahezu baumartig; die meisten sind mittelgroße Sträucher. *Ceanothus* liefern mit die besten blauen Farbtöne, die in kühlen Wintergärten möglich sind. Alle lieben vollsonnige Standorte und einen gut durchlässigen Boden, die meisten vertragen auch relativ gut höhere pH-Werte. Alle *Ceanothus* sind recht robuste Gestalten, einzig empfindlich sind sie gegen kalte, staunasse Böden im Winter. An Schädlingen kann manchmal die Weiße Fliege Ärgernis verursachen. Die Säckelblumen lassen sich gut schneiden und sollten während des Wachstums ständig formiert werden. Da das Spektrum bei *Ceanothus* sehr breit ist, soll nur die gängigste Art kurz beschrieben werden.

Ceanothus thyrsiflorus (–5 °C)

Die härteste vollständig immergrüne Art ist *Ceanothus thyrsiflorus*, ein ziemlich großer Strauch, der bei uns im kalten Wintergarten zumeist ab dem späten Winter blüht. Die hellblauen Blüten stehen in etwa bis 5-8 cm breiten Büscheln. Man sollte diese Art nach der Blüte stark zurückschneiden, damit sie nicht außer Form gerät. Wichtiger noch als die Art selbst ist ihre Form 'repens', die als nestartig wachsende, sehr robuste Varietät einen vorzüglichen, reichblühenden Bodendecker abgibt, am besten als Einzelpflanze zwischen Steinbrocken.

Pflanze ist ein ausläufertreibender, laubabwerfender Bodendecker, der kaum über 30 cm hoch wird und vorzüglich wirkt, wenn er über Steine oder Mauern herabhängt. Diese Art blüht mit intensiv blauen, etwa 1–2 cm breiten Blüten vor allem im Spätsommer und Herbst. Unter dem Einfluß von tiefen Temperaturen verfärben sich die Blätter in ein tiefes Rot.

Links: Einer der besten Halbsträucher zur Unterpflanzung, ziemlich raschwüchsig, aber gerade kniehoch: der Chinesische Bleiwurz, *Ceratostigma willmottianum.* Im Gegensatz zum nahen winterharten Verwandten *C. plumbaginoides,* der auch als Bodendecker geeignet ist, bildet er keine Ausläufer.
Unten: Die vor allem im Winter blühende Orangenblume, *Choisya ternata,* ist das frosthärteste immergrüne *Citrus*-Gewächs.

Ceratostigma willmottianum – Chinesischer Bleiwurz (–5 °C)

Dieser aus Westchina stammende Kleinstrauch wird gut 1 m hoch und breit. Regelmäßig stark zurückgeschnitten bleibt er kleiner und wird dichtbuschig. Die tiefgrünen Blätter sind rautenförmig und höchstens 5 cm lang, nach Frosteinwirkung werden sie gelb oder rot und fallen ab. Hält man die Pflanze im kühlen Wintergarten und schneidet sie nicht zurück, erscheinen die enzianblauen Blüten schon ab Spätwinter und fast bis zum Jahresende. Allerdings ist die Blütenfarbe während lichtarmer Monate ziemlich verwaschen hellblau. *Ceratostigma willmottianum* ist ausgesprochen anspruchslos und gedeiht in der Sonne wie im Halbschatten. Sie eignet sich hervorragend zur lange blühenden Unterpflanzung von Stämmchen oder höheren Sträuchern.
Neben *C. willmottianum* ist auch *C. plumbaginoides* (–15 °C) für kalte Wintergärten sehr interessant. Diese

Choisya ternata – Orangenblume (0 °C)

Dieser robuste, mit *Citrus* verwandte immergrüne Busch besticht durch seine vielen Vorteile: Er wächst nicht zu rasch, bekommt – abgesehen von Spinnmilben – keine Schädlinge, und verjüngt sich selbst durch aus dem Boden und aus der Basis treibende Schößlinge. Die Orangenblume blüht willig und duftet süß. Aus Mexiko stammend, ist sie eine Pflanze mit etwas diffusem Blühverhalten. Sie reagiert nicht in allen Jahren gleich. So kann die spätwinterliche Hauptblüte mehr oder weniger ausfallen, die zahlreichen angesetzten Blütenknospen öffnen sich dann unregelmäßig über das ganze Sommerhalbjahr bis weit in den Herbst. Gleichzeitig werden neue Blütenknospen angelegt, wobei dann die ersten Blüten des Neutriebes nahtlos an die letzten des vorjährigen Triebes anschließen. *Choisya* blüht dann also 12 Monate durch, man kommt aber nie in den Genuß einer Vollblüte. *Choisya ternata* wächst am besten in der Sonne oder im Halbschatten, im Schatten wird sie sparrig. Allzuviel Kalk liebt sie nicht. Die Orangenblume ist überraschend frosthart und verträgt ausgepflanzt Temperaturen bis –10 °C. Vorzüglich geeignet ist sie deshalb für wenig oder nicht geheizte Glasanbauten, die sie im Frühjahr mit ihrem süßen Duft prägt.

Cistus – Zistrose (0 °C)

Ein klassischer, frühjahrsblühender kleiner Strauch der mediterranen Macchia ist *Cistus*. Im Wintergarten sind die Zistrosen-Arten wegen ihrer frühen, überreichen Blüte wertvoll, brauchen dazu jedoch einen vollsonnigen Platz. Ausgepflanzt überstehen viele Arten und Hybriden Fröste bis –10 °C. Obwohl *Cistus* im Winter auch

trockenen Boden vertragen, sollten sie während der Hauptwachstumszeit viel Wasser erhalten. Im Wintergarten geben sie vorzügliche höhere Bodendecker ab, wenn man sie nach jeder Blüte kräftig zurückschneidet. Als tierischer Schädling tritt eigentlich nur die Blattlaus auf, solange der Neutrieb noch saftig ist. Grauschimmel wird vor allem in schlecht gelüfteten Wintergärten zum Problem. Neben der knitterigen, an rosa oder weißen Mohn erinnernden Blüte, die hauptsächlich im Frühjahr erscheint, ist ihr Duft interessant: Bei Hitze scheiden die Blätter mancher Cistus-Arten ätherische Öle ab, ein Bestandteil des typischen Macchia-Geruches.

Citrus

Faßt man die *Citrus*-Arten als Gruppe zusammen, so handelt es sich hier um immergrüne kleine Bäume oder Sträucher mit glänzender Belaubung, die für verschiedene Zwecke verwendbare Früchte liefern. Obwohl sie fast durchwegs tropischen Ursprungs sind, sind sie sehr anpassungsfähig und wachsen eigentlich überall, wo sie von mäßigen Frösten verschont bleiben. Leichte Frö-

Zistrosen muß man von Jugend an entspitzen, je öfter, desto besser – sonst gibt es keine kompakten, dichten, breitkugeligen Büsche. Links: *Cistus* x *purpureus*, rechts *C. laurifolius*.

ste halten die meisten aus. Alle *Citrus*-Arten gedeihen im Wintergarten am besten bei einer Thermostateinstellung zwischen 5 und 10 °C, wobei Kumquat und Mandarinen selbst im 0 °C-Wintergarten noch gut über die Runden kommen. Orangen, Pomelo und Grapefruit können auch bei Tem-

Rechts: Zitronen sind im Wintergarten die beliebtesten *Citrus*-Gewächse, weil sie auch bei uns zuverlässig blühen und fruchten.
Unten: So sehen Mandarinenstämme aus, wenn sie frisch aus der Toskana kommen. Bei uns sind Blüte und Fruchtansatz meist mangelhaft.

peraturen über 10 °C stehen. Im Winter wird – zumindest bei ausgepflanzten *Citrus*-Gewächsen - nur sehr wenig gewässert. Im Sommer dagegen ist der Wasserverbrauch aller Arten hoch. *Citrus* brauchen einen vollsonnigen Standort, im Halbschatten blühen und fruchten sie schlecht, die Früchte bleiben klein. Sie lieben es nicht, wenn sie zwischen anderen Pflanzen eingequetscht sind oder wenn ihnen andere Pflanzen Wurzelkonkurrenz machen. Eine optimale Drainage ist für alle *Citrus*-Arten lebensnotwendig. *Citrus* gedeihen nicht in alkalischen oder sehr sauren Böden, sie leiden dort stark unter Spurenelementmangel – Eisen, Bor, Kupfer, Zink und Mangan. Sehr empfindlich reagieren sie auch auf eine zu hohe Konzentration löslicher Salze in ihrem Wurzelbereich, ein Grund, weshalb gut gedüngte *Citrus* nie trocken stehen dürfen. In den meisten käuflichen Erden gedeihen *Citrus* nicht sehr gut. Dies mag daran liegen, daß die Erden entweder zu hoch aufgekalkt, zu reich mit Nährstoffen versehen sind oder daß die Drainage nicht ausreicht. Andere Substrate wiederum sind zu leicht, trocknen zu stark aus, mit der Folge, daß die Salzkonzentration in der Bodenlösung auf ein Niveau ansteigt, das die Pflanzen nicht mehr tolerieren, worauf sie – wie bei anderen Störungen auch – ihre Blätter abwerfen. Da die Industrie vorläufig kein optimales Citrus-Substrat liefert, soll hier das Rezept der Gärtner der alten Schule erwähnt werden: Die Erde soll kalkarm, locker, humos und nahrhaft sein. Empfohlen wird eine Mischung aus $2/3$ Waldhumus und $1/3$ Mistbeeterde mit Zusatz von etwas lehmiger Rasenerde und scharfem Sand. Diese Erden müssen alt und abgelagert sein. Dementsprechend wachsen *Citrus* ausgepflanzt in gewöhnlichem Gartenboden recht gut, vorausgesetzt, er enthält nicht zuviel Kalk. Bei Topfkultur wurde früher der Wasserabzug mit einem über das

Bewässerungsloch gelegten Topfscherben und einer weiteren Scherbenschicht sichergestellt. Anstelle der Scherbenschicht kann man auch verschiedene andere Stoffe wie Kies oder Perlite verwenden, deckt sie aber vorzugsweise mit einem sogenannten geotextilen Vlies ab, damit die Erde beim Gießen nicht in diesen Drainageraum eingeschwemmt werden kann. *Citrus* braucht man nur sehr selten umzupflanzen, junge wüchsige alle 3–5 Jahre, alte alle 10–15 Jahre. Zieht man die *Citrus*-Arten nicht im Kübel, können sie, ins passende Substrat ausgepflanzt und im Lauf von 2 oder 3 Jahren richtig eingewurzelt, ganz erhebliche Wachstumsleistungen an den Tag legen. Man merkt dann sehr rasch, daß man es bei den meisten Arten doch mit Bäumen zu tun hat. Meterlange Jahrestriebe sind nicht selten. Wenn die Pflanze so wächst, werden Blüte und Fruchtansatz meist unterdrückt. Ein Schnitt ist durchaus möglich, als Wachstumsbremse günstiger ist jedoch eine verminderte Düngung.

Für *Citrus* optimal ist die Nährstoffzufuhr in Form von Mist. In Wintergärten verwendet man Dauerdünger; in Anbetracht des ganzjährigen Wachstums von *Citrus* eignen sich durchaus 8–9 Monats-Formulierungen, die aber in der Regel noch durch einen Spurenelement-Volldünger ergänzt werden müssen. Alle *Citrus*-Arten brauchen vergleichsweise viel Stickstoff, am besten als Schwefelsaures Ammoniak, damit das bei uns sowieso meist zu harte Gießwasser etwas ausgeglichen wird. Paßt *Citrus* der Boden oder die Düngung nicht, reagieren sie sofort mit Blattaufhellungen, die je nach Typ auf verschiedene Nährstoffmängel hinweisen. Von sekundärer Bedeutung ist, warum diese Nährstoffmängel auftreten – ob es sich um tatsächliche Mängel handelt oder um Mängel, die auf Grund eines zu hohen pH-Wertes und dadurch festgelegter Spurenelemente

Für kleine Wintergärten sicher die geeignetste Zitrusfrucht: die Zwergsauerorange 'Chinotto'.

entstanden sind. In jedem Fall kann man Spurenelemente durch Blattspritzungen zuführen. Wird *Citrus* längere Zeit falsch ernährt, werden immer mehr Blätter abgeworfen. Außerdem kommt es zum berüchtigten »Die-Back« – die Triebe sterben von den Spitzen her ab, der Austrieb ist schwach und lebt auch nicht sehr lange. Häufig sind diese Symptome mit Gummifluß verbunden. Dieses »Die-Back« ist nicht die direkte Folge des Spurenelementmangels, vielmehr werden die geschwächten Triebe durch einen ganzen Komplex von Pilzen und Bakterien befallen, die diese Symptome hervorrufen.

Die meisten *Citrus*-Arten können das ganze Jahr über blühen, viele haben jedoch ausgeprägte Blütenschübe. In Anbetracht der mindestens 8–10

Monate, die die Entwicklung einer Frucht im mäßig warmen Wintergarten braucht, sind gewöhnlich Früchte unterschiedlichen Alters an der Pflanze, wobei in der Regel ein starker Fruchtansatz die folgende Blüte und den folgenden Fruchtansatz sehr stark reduziert. Im übrigen kann man die Hauptblütezeit weitgehend steuern, indem man bei den Pflanzen die Bewässerung zu beliebigen Jahreszeiten nahezu einstellt, bis sie fast am Vertrocknen sind, sie dann kräftig düngt und nur leicht wässert und erst 4–5 Tage nach der ersten Bewässerung durchdringend gießt. Die Folge sind in der Regel frische Triebe, die sofort Blüten ansetzen. *Citrus*, die wie empfohlen trocken überwintert werden, haben deshalb eine Hauptblüte im Spätwinter und Frühjahr.

Neben den Problemen mit Spurenelementen und ihrer Empfindlichkeit gegenüber verschiedenen Pilzkrankheiten tauchen bei *Citrus*-Gewächsen häufig auch tierische Schädlinge auf. Abgesehen von den obligatorischen Blattläusen am Neutrieb und den ebenso obligatorischen Spinnmilben sind speziell veredelte Pflanzen sehr häufig von Schildläusen befallen, weil die Mutterpflanzen bereits verseucht sind. Auf den ersten und zweiten Blick sieht man dies bei frisch eingekauften Pflanzen nicht, da in den Produktionsgärtnereien regelmäßig Pflanzenschutz betrieben wird. Aber auch hier werden nie alle Schildläuse erwischt. Einzelne Nester in Rindenspalten überleben, weshalb sich nach Absetzen des Pflanzenschutzes durchaus eine explosionsartige Schildlausvermehrung einstellen kann. Hier hilft nur ein regelmäßiges Besprühen der Pflanze mit mineralölhaltigen Präparaten; ein Pflanzenpflegespray tut es auch.

Clerodendrum

Die zu den Verbenengewächsen gehörenden *Clerodendrum* sind mit zahlreichen Arten vor allem im tropischen Afrika und Asien zu Hause. Neben einer ganzen Reihe auffallender Kletterpflanzen gibt es in dieser Gattung auch viele reichblühende Sträucher und Bäume.

Clerodendrum ugandense (+10 °C)

Obwohl er aus dem tropischen Afrika stammt, erweist sich dieser von Frühjahr bis Herbst blühende, ungeschnitten 3–4 m hohe Strauch doch als ungewöhnlich robust. Bei gut ernährten Pflanzen werden die ovalen Blätter bis 10 cm lang und 5 cm breit; meist sind sie kleiner. Die Blüten erinnern in Form, Farbe und Größe etwas an

Usambaraveilchen, sie stehen in handspannenlangen, lockeren Rispen an den Triebenden. Sehr auffällig sind die lang herausragenden Staubgefäße. Freiwachsend wird *Clerodendrum ugandense* ziemlich sparrig, er hat viel von einem Spreizklimmer und läßt sich auch als Kletterpflanze ziehen. Schnitt wird gut vertragen.

Clethra arborea – Immergrüne Scheineller (+5 °C)

Aus Madeira stammt dieser erlesene Strauch oder kleine Baum, der selbst in kleinen Wintergärten Platz hat. *Clethra arborea* ist vollständig immergrün; die Blätter sind 10–15 cm lang, oval, zugespitzt und ziemlich lederig. Die Blüten stehen an den Triebenden in großen, aufrechten Rispen, sind reinweiß und haben ungefähr die Form von Maiglöckchen. Wie die der meisten *Clethra*-Arten duften sie. Die Blütezeit ist auf Grund der am Naturstandort fehlenden Ruheperiode nur

Ohne Blüten erinnert *Clethra arborea*, die Immergrüne Scheineller, an Lorbeer.
<u>Links:</u> Damit *Clerodendrum ugandense* buschig bleibt, wird er nach der Blüte mehrfach geschnitten. Sonst zeigt er: »Ich bin ein Spreizklimmer«.

schwer zu bestimmen, sie kann im Frühjahr, im Sommer, aber auch im Herbst liegen. *C. arborea* ist ausgesprochen robust und sollte in Wintergärten viel mehr verwendet werden, zumal sie außer gelegentlicher Weißer Fliege kaum Schädlinge und Krankheiten hat und auch außerhalb der Blüte sehr dekorativ wirkt. Hohe Ozonkonzentration scheint sie nicht zu vertragen. Sie läßt sich ähnlich einem Lorbeer beliebig schneiden und formieren. *C. arborea* verträgt zwar nur wenig Frost, lange Perioden mit niederen Temperaturen machen ihr aber nichts aus. Im Gegenteil – es scheint, daß sie in kühlen Wintergärten eher besser gedeiht als in warmen.

Coleonema album und C. pulchrum – Konfettistrauch (+5 °C)

Coleonema pulchrum gehört ebenso wie die sehr ähnliche *C. album* zu den zahlreichen südafrikanischen Pflanzen, die vor vielen Jahren bei uns in Kultur waren. Lange in Vergessenheit geraten, feiern sie wieder ein Comeback, nachdem sie in Holland als Topfpflanze »entdeckt« worden sind. Beide sind ganz exzellente Gehölze für den Wintergarten. Mit einer Hauptblüte im Spätwinter und Frühjahr fangen sie doch bereits an Weihnachten mit den ersten Blüten an, der Flor zieht sich bis weit in den Sommer. Die etwa konfettigroßen Blüten sind überaus zahlreich über den ganzen Busch verstreut, mit den langen, überhängenden Trieben wirkt die Pflanze wie die Fontäne einer Silvesterrakete. *C. album* unterscheidet sich nur durch die weißen Blüten. *Coleonema* wird manchmal zu einem runden Ball oder gar quadra-

tisch geschnitten, was sie sehr gut verträgt. Man verwendet sie in Südafrika auch als Hecke oder als Topiary-Exemplar in einem Kübel. Zweifellos am elegantesten wirkt sie jedoch, wenn sie nicht geschnitten wird; sie wird dann etwa 1,5 m hoch. Einkürzen nach der Blüte fördert einen kompakten Wuchs. *Coleonema* hat sehr feine, nadelartige Blätter, die längs der ganzen Triebe stehen. Die Blätter duften sehr aromatisch. Sie verträgt jedoch nur sehr

wenig Frost und braucht während ihrer Hauptwachstumszeit - in Südafrika im Herbst und Winter, bei uns in den Übergangszeiten - relativ viel Wasser.

Das kann man tun, muß es aber nicht: Rigoroser Formschnitt geht auf Kosten der Blüten. Freiwachsend ähnelt der Konfettistrauch *Coleonema* im Habitus einer dünntriebigen Forsythie.

Corokia – Zickzackstrauch (0 °C/+5 °C)

Der Schmuck dieser kleinen, neusee-ländischen Kalthaussträucher sind we-niger die zahlreichen kleinen, gelben Blüten als ihr bizarrer Wuchs.
Corokia sind einfach zu kultivieren. Sie bekommen kaum Schädlinge und Krankheiten, nur Staunässe mögen sie nicht. Manche vertragen viel Frost, so daß man sie auch im nicht sicher frost-freien Wintergarten halten kann. Vor

Unten links: Gelbe Sternblüten sind neben dem ungewöhnlichen Wuchs der Haupt-schmuck der mäßig stark wachsenden *Corokia buddleioides.* Noch viel bizarrer ist der Zickzackstrauch *C. cotoneaster* – ein idealer Solitär für Tröge oder Miniwin-tergärten. Unten rechts: Diese Kronwicke, *Coronilla emerus,* ist sehr hungrig gehal-ten. Ihre Triebe wären sonst meterlang, dicht belaubt und voll mit gelben Blüten.

allem *Corokia cotoneaster* (0 °C), der Zickzackstrauch, ist wichtig; allein schon das filigrane Zweigmuster macht sie zur wohl schönsten Art. Die nahezu schwarzen Zweige sind im Zick-zack gebogen, wirr durcheinander und verdreht. Die winzigen, schwarzgrünen Blättchen lassen dieses Zweigmuster noch deutlicher hervortreten. Die ebenfalls winzigen gelben Blütchen wir-ken wie kleine Sterne. *C. cotoneaster* wird im Wintergarten durch regelmäßi-gen Schnitt auf gut Kniehöhe gehalten. Sehr viel rascher, im Alter über manns-hoch werdend, wachsen *C. buddleioi-des* und verschiedene unter dem Namen *C. × virgata* laufende Hybri-den aus den beiden vorgenannten Arten (+5 °C). Die zwischen 3 und 15 cm langen, schmal linealischen Blät-ter sind auf der Unterseite meist weiß-filzig, oberseits glänzend grün bis rötlich-braun. Sehr reich erscheinen im Frühjahr kleine, sternförmige, gelbe

Blüten. *C. buddleioides* und deren Hybriden wirken im Vergleich zu *C. cotoneaster* wesentlich üppiger.

Coronilla emerus – Kronwicke (–5 °C)

Dieser kleine, rasch wachsende Strauch aus dem Mittelmeergebiet erfüllt im großen Wintergarten die Funktion eines hohen Bodendeckers, sofern man ihn regelmäßig zurückschneidet. Durch seine überhängenden Zweige er-innert er im Wuchs etwas an manche Ginster-Arten. Die fast runden, kleinen Blättchen altern rasch und werden von der Pflanze in üppiger Fülle gebildet. Gelbe Erbsenblüten erscheinen fast ganzjährig, sofern man die Samenkap-seln entfernt. Radikaler Rückschnitt wird problemlos vertragen, auch läßt sich damit gelegentlicher Befall durch Weiße Fliege dezimieren.

Correa – Australische Fuchsie (0 °C/+ 5°C)

Die bei uns bisher kaum bekannte australische Fuchsie – so heißt *Correa* in ihrer Heimat – ist mit den *Citrus*-Gewächsen verwandt, was man ihr auch auf den zweiten Blick nicht ansieht. Bisher geht man von 11 Arten aus, dazu kommen inzwischen zahlreiche Hybriden und Kulturformen. Das Verbreitungsgebiet der verschiedenen *Correa*-Arten ist das südöstliche Australien und die benachbarten Inseln, vor allem Tasmanien. Sie kommen dort in Küstenlagen vor, in subtropischen Tälern, aber auch in alpinen Gebieten mit Schneefall. So gut wie alle *Correa*-Arten vertragen einige Grad Frost, zumindest so viel, daß sie im küstennahen Südengland als winterhart gelten. Wenn die Pflanzen im Winter relativ trocken stehen, gibt es auch bei uns bis zu Temperaturen von −5 °C so gut wie keine Ausfälle. Stehen sie jedoch zu naß, sterben zahlreiche Faserwurzeln ab. Im Gegensatz zu vielen anderen Australiern stirbt *Correa* dann nicht ab, sondern kann sich durchaus in der nächsten Trockenperiode bzw. im nächsten Sommer wieder vollständig erholen. Alle *Correa* sind typische Winterblüher, die Blüte dauert weit bis ins Frühjahr hinein an. Der Wachstumsrhythmus von *Correa* ist sehr interessant. Im Winterhalbjahr treiben die Pflanzen neben den Blüten nur beblätterte Triebe, die mit zunehmender Tageslänge, gegen Frühjahrsende, aber spätestens im Sommer auffallende Blütenknospen ansetzen. Deren Entwicklung dauert sehr lange, unter Glas etwa 4 Monate, d. h., vor September öffnen sich die ersten Blüten nicht. Meist ist erst im Oktober oder November mit einer Vollblüte zu rechnen, der Blütebeginn ist ausschließlich von der Wintergartentemperatur abhängig. Die Blüten stehen zu 1 – 3 in den Blattachseln oder am Ende der Triebe. Sie hängen zumeist

herab, sind röhren- bis trichterförmig, - 3 – 5 cm lang, weiß, grün, gelb oder rot, manchmal auch zweifarbig. Nur bei *Correa decumbens* sind die Blüten nach oben gerichtet. Alle *Correa* mögen einen eher sauren, aber auf jeden Fall gut drainierten Boden. Die bei uns handelsübliche Einheitserde ist völlig ausreichend. Bei niederen Wintertemperaturen darf man dann nur

Die australische Fuchsie, *Correa backhousiana*, wird ungeschnitten ziemlich sparrig. Wie die meisten *Correa*-Arten blüht sie im Winterhalbjahr. Eine der ganz wenigen schädlings- und krankheitsfreien Pflanzen.

mäßig gießen. Schädlinge kommen praktisch nie vor, an Krankheiten vor allem Phytophtora, und das auch nur, wenn die Pflanze zu naß steht.

Cyperus papyrus – Echter Papyrus (+15 °C)

Schon vor Jahrtausenden eine wichtige Nutzpflanze der alten Ägypter, stellt dieses röhrichtartige Gewächs aus dem tropischen Afrika ein Schmuckstück für warme Wintergärten dar. Die Wärmeansprüche des Echten Papyrus sind hoch. Während er bei Zimmertemperatur ohne Ruhepause wächst, zieht er bereits bei Temperaturen von +10 °C im Winter völlig ein. Bei noch tieferen Temperaturen über-

steht Papyrus unsere langen Winter nicht. Auch sollte im Winter immer mit lauwarmem Wasser gegossen werden. An der Spitze langer, markiger Stengel sitzen grazile Büschel grasartiger Blätter, an denen sich die Blüten bilden. Je nach Temperatur und verfügbarem Wasser werden die Triebe zwischen 2,50 und 5 m hoch. Stehen Papyrus auch nur absonnig, kippen die schweren Triebe um, da sie dann zu dünn und zu lang werden. Die Wurzelstöcke werden immer größer und kahlen im Lauf der Zeit innen aus. Kübel-Papyrus

wird man dann teilen, ausgepflanzte läßt man »wandern« und sticht gelegentlich Teilstücke ab.

Datura – Engelstrompete (+10 °C)

Datura im Wintergarten ist ein Kapitel für sich. Sie ist eine ausgezeichnete Kübelpflanze, ihre Verwendung im Wintergarten jedoch problematisch: Man kommt um intensiven Pflanzenschutz nicht herum. Aber auch dann ist der Erfolg nicht sicher. Als Wintergartenbäume sind vor allem die *Datura* geeignet, die hängende Blüten haben, und das ist vor allem *Datura candida*, mit Einschränkungen auch *D. versicolor*. Sie lassen sich zu Stämmchen ziehen, deren Krone nur noch langsam wächst. Solche Pflanzen mit den riesigen, abends duftenden, herabhängenden Blüten sind eine Pracht, mit der nur wenige Pflanzen konkurrieren können. Vorausgesetzt natürlich, die Pflanze ist nicht mit Spinnmilben, Blattläusen oder Weißer Fliege übersät, Schädlingen, für die *Datura* ausgesprochen anfällig sind. Sie lassen, wenn man sie nicht in den Griff bekommt, die Kultur von *Datura* im Wintergarten bereits im ersten Sommer zum Debakel geraten. Auch einige strauchartig wachsende Arten wie *D. arborea* eignen sich für den Wintergarten. Sie blühen im Winterhalbjahr, vorausgesetzt, die Temperatur beträgt mindestens +10 °C. Wird es noch kälter, sehen sie häßlich aus.

Links: Gibt es etwas exotischeres als Echten Papyrus? Wo die Temperatur ausreicht, sollte man diese Pflanze einsetzen. Aber Vorsicht: Ist es ihr zu schattig, werden die Halme lang und dünn und knicken dann allein schon wegen des Gewichts des Schopfes.
Rechts: Wenn man schon eine *Datura* im Wintergarten haben will, dann nur eine relativ schwachwüchsige wie *D. arborea*.

Duranta – Himmelsblume, Taubenbeere (+10 °C)

Die Himmelsblume gehört zu den Verbenengewächsen. Dieser raschwüchsige, nahezu immergrüne und manchmal dornige Strauch trägt seinen Namen wegen seiner 12 mm breiten, blauen Blüten, die in großen Rispen fast während des ganzen Jahres erscheinen. Den Blüten folgen zahlreiche gelbe, knapp 1 cm große Beeren. Sie fallen vor allem im Herbst und Winter auf, wenn die Pflanze in kühleren Wintergärten einen Teil des Laubes abgeworfen hat. Aus Mexiko und Brasilien stammend, braucht diese Art einen 10°C-Wintergarten. Ältere, stark verholzte Pflanzen kommen auch mit niederen Temperaturen aus. Sie werfen dann aber viel Laub ab, das zuvor purpurfarben wird. Als Strauch wächst *Duranta* recht schnell auf 2–3 m Höhe. Da die Pflanze oft schnurgerade, lange Triebe macht, kann man aus ihr gut Stämme formen, die auch im einstöckigen Wintergarten nicht zu groß werden. Allerdings schießen aus

Die Taubenbeere, *Duranta,* wächst bei guter Ernährung fast unkrautartig. Das ganze Jahr über muß man die lang herausschießenden Triebe einkürzen. Trotzdem ein schöner Strauch, der sich fast ganzjährig mit Blüten und Früchten schmückt.

der Krone häufig Wassertriebe, die man rechtzeitig erkennen und einkürzen muß, sonst verliert der Baum sehr schnell seine Form. *Duranta repens* ist eine ausgesprochen robuste Pflanze, die man am besten im Hintergrund verwendet und mit kräftigem Schnitt im Zaum hält. Sie ist zwar das ganze Jahr über schön, aber nie so überragend, daß man sie in den Vordergrund stellen möchte, zumal manche Formen Dornen haben. Von *Duranta repens* gibt es eine ganze Reihe von Typen. Manche sind fast kriechend und starkdornig, andere erinnern im Habitus an eine Forsythie oder Berberitze. Die wichtigste Sorte ist 'Alba' mit weißen Blüten. Wie fast alle Verbenaceen ist *D. repens* leider ein beliebter Tummelplatz der Weißen Fliege.

Fatsia japonica – Zimmeraralie (0 °C)

Die altbekannte, aus Ostasien stammende Zimmeraralie gedeiht – und das ist vielleicht weniger bekannt – vorzüglich in absonnigen, nicht frostfreien Wintergärten. Der Pflegeaufwand geht praktisch gegen Null, einzig wichtig ist ein gut drainierter Boden. Ältere Pflanzen entwickeln beeindruckende Blütenstände, die im Mitt- und Spätwinter einen willkommenen Blickpunkt bilden.

Fremontodendron californicum – Flanellstrauch (+5 °C)

Die Familie Sterculiaceae, aus der auch *Brachychiton*, *Firmiana* und vor allem *Dombeya* als hervorragende Wintergartenpflanzen stammen, liefert noch eine Art, die zu den »Top Ten« der Wintergartenpflanzen gehört: *Fremontodendron californicum*. Seine

riesigen, schalenförmigen, intensiv gelben Blüten wirken wie gelackt. Sie erscheinen vom Spätwinter bis zum

Links: Wer eine Zimmeraralie kauft, kann sich kaum vorstellen, daß diese zum mannshohen, breiten Busch wird.
Unten: Der Flanellstrauch, *Fremontodendron,* hat seinen Namen von den flauschigen Blättern. Er reagiert empfindlich auf Staunässe und blüht fast das ganze Jahr.

Frühsommer, eine Nachblüte gibt es oft im Herbst. Die ahornähnlichen Blätter sind mit feinen, bei empfindlichen Menschen Juckreiz erzeugenden Haaren bedeckt, weshalb man die Pflanze nicht in die Nähe von Wegen oder Sitzecken plazieren sollte. Im Kübel gut mannshoch, kann er ausgepflanzt in einem zweistöckigen Wintergarten bis zur Decke reichen. Diese sehr trockenheitsverträgliche Pflanze übersteht kurzzeitig mäßige Fröste schadlos, was sie besonders für kalte Wintergärten interessant macht. Sogar stark kalkhaltige Böden werden vertragen. Der Nachteil dieser ansonsten perfekten Pflanze ist ihre Anfälligkeit für Bodenpilze, speziell Phytophtora. Ist eine Pflanze einmal infiziert – man erkennt es an plötzlich fahl werdendem Laub und welkenden Triebspitzen bei gleichzeitig feuchtem Substrat –, sind die meisten Pflanzen unrettbar verloren.

Gardenia

Wenn es eine Pflanzenfamilie gibt, die zurecht als heikel gilt, sind das die Rubiaceae. Gardenien machen hier keine Ausnahme.

Gardenia jasminoides – Gardenie (+5 °C)

Der unvergleichbare, köstliche Duft der weißen Gardenienblüten, verbunden mit dem attraktiv glänzenden Laub, prädestiniert diese Pflanze eigentlich für einen Logenplatz im Wintergarten. Doch hat dieser niedrige, immergrüne Busch aus Ostasien einige gravierende Fehler. Leider erhält man sehr oft chemisch gestauchte Pflanzen, die nach anfänglichem Stocken »rückwärts« wachsen, bis sie nach einigen Monaten oder Jahren endgültig eingehen. Mitschuldig kann das Gießen mit kalkhaltigem Wasser sein, Staunässe kann gleichfalls tödlich wirken. *Gardenia jasminoides* kann ausgepflanzt kurze Fröste bis – 7 °C ertragen. Herabtropfendes Kondenswasser mögen Gardenien nicht, es entsteht eine Pilzkrankheiten-Mischinfektion. Oft tritt auch eine Virose auf, die sich unter anderem in verkrüppelten Blüten ausdrückt. Da es von Gardenien eine ganze Reihe Sorten gibt, die auf verschiedene Temperaturen unter-

Die bekannte Gardenie, *G. jasminoides,* gehört nur in die Hände von Liebhabern mit Grünem Daumen. Sie ist empfindlich gegen Spurenelementmangel, Staunässe, Kalk, Schädlinge und Pilzkrankheiten.

schiedlich reagieren, ist eigentlich zu jeder Jahreszeit eine Blüte möglich.

Gardenia thunbergia – Waldgardenie (+5 °C)

Diese südafrikanische Gardenien-Art gehört zu den bestechendsten und schönsten Bäumen des Landes. Bis zum Baum braucht sie jedoch lange, so daß sie hier unter den Sträuchern aufgeführt wird. Wie schon der Name sagt, kommt sie in ihrer Heimat vor allem im Wald vor, verträgt deshalb auch bei uns im Wintergarten Schatten. Die 8 – 12 cm breiten, langröhrigen, weißen Blüten erscheinen bei uns einzeln am Ende der Zweige im Frühjahr und Frühsommer. Sie gehen nicht alle gleichzeitig auf, sondern mehr oder weniger schubweise, so daß die Blütezeit sehr lange anhält. Der Duft ist köstlich, besonders in der Nacht. Auch bei uns erwies sich *G. thunbergia* als überaus reich und zuverlässig blühend. Ihre Blüten sind wesentlich größer als die von *G. jasminoides,* duften mindestens ebenso stark, sind allerdings nicht gefüllt. Die Pflanze wächst zügig und dicht verzweigt – baumartig aber erst nach vielen Jahren. Sie nimmt Schwankungen der Temperatur und bei der Bewässerung durchaus in Kauf. Die Früchte von *G. thunbergia* können bis 12 cm lang werden und bleiben jahrelang am Baum hängen. In Südafrika gilt der Fruchtschmuck als ebenso wertvoll wie die Blüte, bei uns werden jedoch sehr selten Früchte angesetzt. *G. thunbergia* ist in Afrika bis in die Tropen hinein sehr weit verbreitet, weil die Früchte von Antilopen und ähnlichen Tieren gern gefressen werden, die Samen den Verdauungstrakt aber unverdaut passieren.

Grevillea

Neben der bekannten baumartigen Silbereiche, *Grevillea robusta*, gibt es eine Vielzahl strauchiger Arten. Seit wenigen Jahren sind bei uns verschiedene Hybriden als Topfpflanzen im Handel. Die vorgestellten *Grevillea*, gehören zu den wenigen Proteaceen, deren Kultur im Wintergarten nicht schwierig ist. Zur Pflege finden sich Hinweise bei den baumartigen Grevilleen.

Grevillea juniperina (+5 °C)
Neben *Grevillea robusta* dürfte diese Art die bei uns am häufigsten angebotene sein. Bis 1,5 m hoch kann dieser ziemlich raschwüchsige, dichtbuschige Strauch werden und erinnert etwas an einen kompakten Ginster. Die etwa 2 cm langen Blätter sind nadelartig und spitz. Ebenso häufig wie die rotblühende Art ist eine schwefelgelbe Form, die als *G. juniperina sulphurea* bekannt ist. Die Blütezeit dieser Art beginnt im Spätherbst und hält bis zum Sommer an, kann sich aber auch auf Spätwinter/Herbst verschieben. Blütenknospen hat *G. juniperina* fast immer.

Grevillea rosmarinifolia (+5 °C)
Dieser dicht verzweigte, südaustralische Strauch wird am Naturstandort bis zu 2 m hoch, bei uns wird er meist auf Fußstämmchen veredelt, worauf er eine kugelrunde Krone bildet. Als eine der robustesten und frostresistentesten Arten gehört sie zu den am meisten gepflanzten. Ihre Blüten sind rosa-rot bis hell karmesinrot und bedecken oft die ganze Pflanze. Ihren Namen hat *Grevillea rosmarinifolia* von ihrem Laub, das dem des Rosmarins gleicht.

Grevillea × semperflorens (+5 °C)
Diese Hybride aus *Grevillea juniperina sulphurea* und *G. thelemanniana* ähnelt in ihrem nadelartigen Laub stark der *G. juniperina*, ihre Blüten stellen jedoch eine Kombination aus Gelb, Rosa und Grün dar. Wie bereits der Name *semperflorens* (= immerblühend) sagt, blüht sie fast ganzjährig. Sie kann 2 m hoch werden.

Links: Ein ausnahmsweise nicht gestauchte Gardenie. Man erhält solche Pflanzen eigentlich nur in südlichen Baumschulen, Topfpflanzen sind durchweg mit Wachstumsregulatoren behandelt. Rechts oben: Die echte *Grevillea rosmarinifolia* erkennt man an den roten Blüten und dem rosmarinähnlichen Laub. Sie wird häufig auf *G. robusta* veredelt.

darauf, daß mit tierischen Schädlingen an dieser Pflanze kaum gerechnet werden muß. Die südafrikanischen *Grewia*-Arten kann man grob in zwei Gruppen einteilen: solche mit gelben und solche mit lila oder rosa Blüten. Da sie sich nur sehr schwer unterscheiden lassen, soll nur jeweils ein Vertreter beschrieben werden.

Grewia caffra – Sternblüte (+5 °C)

Die dornige *Grewia* – wie sie in ihrer Heimat Südafrika genannt wird – ist meistens ein niederliegender, manchmal kletternder Strauch, gelegentlich auch ein kleiner Baum. Sie wird bis 4 m hoch, selten höher, und kann dann einen Stammdurchmesser bis 30 cm haben. Sie kommt in gemischten Busch-Strauchvegetationen vor, an Waldrändern und auf Sanddünen, oft entlang von Flüssen. Gelegentlich formt sie fast undurchdringliche Dickichte. Die cremefarbenen bis gelben Blüten sind sternförmig und erscheinen in den Blattachseln. Pfenniggroße, eßbare Früchte folgen ihnen.

Grewia

Von den 400 *Grewia*-Arten, die in Afrika, Asien und Australien vorkommen, sind nur wenige, vor allem südafrikanische Arten als Wintergartenbäume interessant. Da sie aber ziemlich langsam wachsen und von Natur aus buschig sind, sind sie hier bei den Sträuchern wohl besser aufgehoben. Die zur Familie der Lindengewächse, den Tiliaceae, gehörenden *Grewia*-Arten sind stille Schönheiten. Sie haben keinerlei Fernwirkung, sind für Wintergärten jedoch ausgesprochen gut geeignet, da ihre Blütezeit fast 9 Monate beträgt, sie bei uns weitgehend frei von Schädlingen und Krankheiten sind, beliebig geschnitten werden können und keinerlei besondere Ansprüche stellen. Der Saft der *Grewia* diente afrikanischen Stämmen als Insektizid – ein deutlicher Hinweis

Grewia robusta – Lila Sternblüte (+5 °C)

Sie wird oft mit *Grewia occidentalis* verwechselt, weil die Blätter, Blüten und Früchte recht ähnlich sind. Allerdings wird *G. robusta* nur 3 m hoch, während *G. occidentalis* durchaus 5–6 m erreichen kann. *G. robusta* ist gewöhnlich ein dichter, rundlicher, stark verzweigter Strauch mit oft dornigen Zweigen. Stecklingspflanzen von Seitentrieben entwickeln meist einen trichterförmigen Wuchs, ähnlich dem

Für *Grewia robusta,* die Sternblüte, ist dieses Bild nicht typisch. Während der Vollblütenschübe sitzen die Blüten so dicht aneinander, daß sie sich fast berühren. Mit etwas Geduld lassen sich auch freitragende Stämme ziehen.

des »Pfitzer«-Wacholders. Die wenige Zentimeter langen, ovalen Blätter stehen in Büscheln an kurzen Seitentrieben. Die Blütenknospen erinnern an kleine Feigen und sind oft malvenfarben überhaucht. Bei den typischen sternförmigen Blüten glaubt man, sie würden sich aus 10 Blütenblättern zusammensetzen. Es sind jedoch nur 5 Kronblätter und 5 gleichfarbene Kelchblätter, die etwas kürzer als die Kronblätter sind, was typisch für diese Art ist. Die knapp zweimarkstückgroßen Blüten erscheinen zwischen dem frühen Frühjahr und dem späten Herbst, wobei Phasen mit reicher Blüte und solche mit spärlichem Flor wechseln. Die Blütenfarbe ist selten,

nämlich rosa-malvenfarben; gelegentlich kommen auch weiße Blüten vor. Sehr auffällig sind die weit herausragenden gelben Staubgefäße. Die Blüten duften ausgesprochen angenehm und werden gern von Bienen und Schmetterlingen angenommen. In Südafrika gilt *G. robusta* als sehr guter Gartenstrauch, weil sie kompakt und hart ist, keine Ansprüche hat und sehr lange blüht. Sie läßt sich auch beliebig schneiden; die Erziehung zu Stämmchen ist einfach, aber langwierig.

Ein selten schönes Exemplar des Zieringwers, *Hedychium gardnerianum.* Zu gut gedüngte Pflanzen bilden viel Laub und blühen schlecht.

Hedychium gardnerianum – Zieringwer, Kahili Ingwer (+10 °C)

Hedychium ist kein Strauch, vielmehr ein Knollengewächs ähnlich *Canna*. Auch das Laub der aus Zentralasien stammenden Ingwerverwandten erinnert an das Indische Blumenrohr. Die – je nach Überwinterungstemperatur und Rückschnitt – zwischen Hochsommer und Mittwinter erscheinenden Blüten duften köstlich. Aus den goldgelben Blüten an einem bis zu einem halben Meter langen Blütenstand ragen leuchtendrote, lange Staubgefäße. Der Zieringwer paßt hervorragend als Tuff zu Bambus oder anderen ostasiatischen Immergrünen. Ausgepflanzt wird er etwa mannshoch, im Kübel erreicht er nur die Hälfte. *Hedychium* bekommt kaum Schädlinge und Krankheiten. Abgeblühte Triebe schneidet man im Frühjahr bodeneben zurück.

Hibiscus

Hibiscus sind eigentlich Sträucher, werden aber in südlichen Ländern sehr häufig als Stämme gezogen. Da reichblühende Wintergartenbäume schwerer zu finden sind als reichblühende Wintergartensträucher, soll hier deutlich auf diesen doppelten Verwendungszweck hingewiesen werden.
4 Hibiscus-Arten eignen sich:
• *Hibiscus syriacus*, der bei uns als Sommer- und Herbstblüher in vielen Gegenden winterhart ist.
• *H. mutabilis*, der im Winterhalbjahr blüht und dem man noch einen Standort im 5 °C-Wintergarten zumuten kann.
• *H. rosa-sinensis* sowie *H. schizopetalus*, beide sind absolut tropischen Ursprungs. Ihre Temperaturansprüche sind so hoch, daß sie am besten nur im zimmerwarmen Wintergarten ver-

Der klassische *Hibiscus rosa-sinensis:* rot und nicht gefüllt.

Hibiscus rosa-sinensis – abgesehen von seiner Anziehungskraft auf Blattläuse ist er eines der besten dauerblühenden Stämmchen für warme Wintergärten.

wendet werden. Auf Bodentemperaturen unter 10 °C reagieren die beiden letzteren Arten mit vertrocknendem Laub, häufig faulen nach einiger Zeit dann auch die Wurzeln.

Hibiscus rosa-sinensis – Roseneibisch (+15 °C)

Der Roseneibisch ist als Zimmerpflanze weithin bekannt. Er ist eigentlich immergrün und stellt keine eigene Art dar, sondern einen Sammelbegriff für eine Gruppe von Kreuzungen, von denen zum großen Teil die Eltern nicht mehr bekannt sind. Dies liegt daran, daß *Hibiscus* schon seit Jahrhunderten züchterisch bearbeitet werden. Es gibt kaum Blütenpflanzen, deren Blüten so viele verschiedene Formen und Farben aufweisen. *Hibiscus rosa-sinensis* blüht praktisch ganzjährig, bei uns vor allem von Frühjahr bis Herbst. In Wintergärten, die im Sommer sehr heiß werden, nimmt die reiche Blüte oft als Folge dieser Hitzeperiode für einige Zeit deutlich ab, weil der Optimalbereich für die Blütenbildung bei 25 °C überschritten wird. Will man

einen *H. rosa-sinensis* als Baum im Wintergarten, sollte man ihn fertig kaufen. Es ist so gut wie unmöglich, aus den strauchigen *Hibiscus*, die hier als Zimmerpflanzen angeboten werden, einen Baum zu formen: Alle sind mit wachstumshemmenden Mitteln behandelt, die speziell bei *Hibiscus* jahrelang wirken. Im übrigen haben diese Topfsorten häufig ein schwach ausgeprägtes Wurzelwerk. Dies macht bei einer niedrigen Topfpflanze nichts aus, entscheidet bei einem mehrere Meter hohen Baum jedoch über Sein oder Nichtsein. Ist das Wurzelwerk schwach ausgeprägt, kann es einen Kronenbaum nicht ausreichend verankern, die Pflanzen kippen nach einer Seite weg. Man braucht ständig einen stabilen Pfosten. Am häufigsten werden *Hibiscus*-Stämme aus Sämlingen gezogen. Da die Pflanzen relativ rasch blühen, kann der Gärtner unerwünschte Farbtöne oder Pflanzen mit mißgebildeten Blüten schon relativ frühzeitig aus dem Bestand entfernen. Sämlinge sind als Wintergartenstämme den veredelten *Hibiscus* vorzuziehen, da bei Kronenveredelungen gelegentlich einzelne Edelreiser selbst nach Jahren noch abgestoßen werden können und einen Teil der Krone dürr hinterlassen.

Hibiscus syriacus (–10°)

Dieser wohl aus China stammende *Hibiscus* ist als Freilandpflanze so bekannt, daß er nicht weiter beschrieben werden muß. Er eignet sich als Leitpflanze in ungeheizten Glasanbauten. Bei *Hibiscus-syriacus*-Stämmen ist zu beachten, daß sie zumeist in der Krone veredelt sind. Man muß also Stamm- und Bodentriebe entfernen, sie ergeben sonst schnell einen wilden Busch, der meist in unschönen Farben blüht, weil es sich um einen Sämling handelt. Bei Stämmen nimmt man nur einen Formschnitt vor, soweit das überhaupt nötig sein sollte. Büsche schneidet man überhaupt nicht, obwohl das möglich ist. Gewöhnlich ist ein Schnitt in Übermannshöhe überhaupt nicht mehr nötig, da ab etwa 2,5–3 m das Höhenwachstum dieses *Hibiscus* nur noch gering ist. *H. syriacus* gibt es einfach bis gefüllt, in allen Farben. Gelb ist extrem selten, kommt aber in manchen Blüten vor.

Homalocladium platycladum – Bandbusch (+5 °C)

Frappierend an *Homalocladium* sind die blattartig verbreiterten Blattstiele, Phyllodien genannt. Mit ihrem lebhaften, glänzenden Hellgrün verleihen sie dieser kompakten Pflanze ein ständig frisches Aussehen. Die eigentlichen Blätter fallen schon kurz nach ihrer Ausbildung wieder ab. Diese absolut anspruchslose Blattschmuckpflanze

Der Bandbusch, *Homalocladium platcycladum,* eignet sich vorzüglich als kleiner Solitär oder, geschnitten, als Bodendecker in einer Neuseelandpflanzung. Auch für tiefen Schatten ist er geeignet.

Hibiscus schizopetalus, ein großer immergrüner Strauch – wegen der exotischen hängenden Blüten ein sommerblühendes Schmuckstück für wärmere Wintergärten.

läßt sich gut mit pazifischen Araceeen kombinieren, also mit *Schefflera elegantissima* oder *Brassaia*. Da sie auch in tiefem Schatten noch gedeiht, eignet sie sich hervorragend zum Begrünen dunkler Ecken und unter dichtkronigen Solitärpflanzen.

Itea ilicifolia (0 °C)

Diese Pflanze ist ein ziemlich ungewöhnlicher, immergrüner chinesischer Strauch. Seine Blätter erinnern stark an Stechpalmen. Die Blüten sind von

Oben links: Einem Freund duftender Blüten und bei einem absonnigen kalten Wintergarten kann man zu *Itea ilicifolia* nur raten. **Oben rechts:** *Jacobinia pauciflora* blüht zwar in der Sonne besser, gedeiht aber auch im Schatten – ein vorzüglicher kniehoher Bodendecker.

der Farbe her unscheinbar cremefarben oder grünlich, sie hängen aber in stark auffallenden, 15–35 cm langen, daumenstarken Kätzchen wasserfallartig von den Triebspitzen herab. Die Blüten haben einen ausgeprägten Marzipanduft. *Itea ilicifolia* ist eine sehr robuste Pflanze, die in Solaranbauten zumeist durchkommt. Sie ist aber genauso für kühle, kleine Wintergärten geeignet, da sie sehr langsam wächst. Auch junge Pflanzen blühen reich. *Itea ilicifolia* hat keine besonderen Bodenansprüche, sie mag es nur recht feucht. Halbschattige Standorte verträgt sie ausgezeichnet.

Jacobinia pauciflora (+10 °C)

Von den zahlreichen *Jacobinia*-Arten, die fast ausschließlich aus Brasilien stammen, soll hier nur die Art *Jacobinia pauciflora* erwähnt werden. Sie ist ein niederer, immergrüner, 30–60 cm hoher Strauch, der etwa ab dem Jahreswechsel bis weit ins Frühjahr blüht. Mit rund 2,5 cm Länge sind die röhrenförmigen Blüten zwar nicht riesig, aber zahlreich und auffallend. Zu etwa drei Viertel rot und einem Viertel gelb, stehen sie in wenigblütigen Rispen in den Blattachseln, vor allem am Ende der Triebe. Aber auch ohne Blüten ist dieser locker überhängende, dichte Strauch mit seinen 1,5 cm langen, elliptischen Blättern dekorativ. Da *J. pauciflora* ganz erheblich Schatten verträgt, wird sie in südlichen Ländern gern zur großflächigen Unterpflanzung verwendet und – damit sie dicht

bleibt – nach der Blüte radikal zurückgeschnitten. Ein zweiter Rückschnitt während des Sommers ist zu empfehlen, zumindest bei jungen Pflanzen. Je älter diese Pflanze wird, desto besser blüht sie. Den reichsten Blütenansatz hat sie in vollsonniger Lage, stellt aber auch im Schatten zufrieden. *J. pauciflora* liebt einen eher schweren, nährstoffreichen Boden und reichliche Bewässerung, Trockenheit verträgt sie überhaupt nicht, schon gar nicht im Winter. Sie reagiert darauf mit Blattabwurf, meist sterben ganze Triebe ab. So wüchsig und blühwillig wie sie ist, hat sie eine viel größere Bedeutung speziell im kleinen Wintergarten verdient, weil sie zur richtigen Zeit und sehr lange blüht und auch bei Temperaturen zwischen 5 und 10 °C noch über den Winter kommt. Der einzige Nachteil von *J. pauciflora* ist ihre vergleichsweise hohe Anfälligkeit für die Weiße Fliege.

Malvaviscus arboreus, die Beerenmalve (Bild) hat zwar größere Blüten als *M. mollis,* fängt aber erst gegen Herbstmitte an zu blühen; *M. mollis* blüht bereits im Spätsommer. Sie ist das winterblühende Pendant zu *Hibiscus rosa-sinensis.*

Malvaviscus – Beerenmalve (+10 °C)

Diese südamerikanischen Sträucher fallen wegen ihrer großen, intensiv roten Blüten in der lichtarmen Jahreszeit ziemlich aus dem Rahmen. Den Blüten sieht man die Verwandtschaft zu *Hibiscus* an, nur daß sie sich nie öffnen und im Stadium der sich entfaltenden Blüte bereits verblühen. Auch sonst zeigen sie viele typische Eigenschaften der Malvengewächse: reiche Blüte, üppigen Wuchs, hohen Dünger- und Nährstoffbedarf und leider auch häufigen Befall durch tierische Schädlinge. Schnitt wird ohne weiteres vertragen, man verschiebt dadurch die Blütezeit nicht gravierend. Es lassen sich aus ihnen auch schöne Halb- oder Hochstämme ziehen. *Malvaviscus* sind keine Pflanzen für das Kalthaus, Frost und tiefere Temperaturen über lange Zeit nehmen sie übel. Die wichtigsten Arten sind *Malvaviscus arboreus* mit hängenden und *M. mollis* mit nach oben stehenden Blüten. Letzterer blüht bereits ab Juli.

Blüten – eigentlich wie bei vielen Myrtaceen das Staubgefäßbündel – sind scharlachrot und erscheinen in solcher Fülle, daß sie das Laub fast vollständig verdecken. Am Naturstandort bis 20 m hoch, wachsen Stecklingspflanzen doch nur langsam und werden ohne Eingriff breitbuschig. Sie lassen sich gleichwohl zu Stämmen erziehen. Die bei älteren Pflanzen ovalen, graufilzigen Blätter sind in Größe

Die panaschierten Sorten des Eisenholzbaumes blühen genau so reich wie die Stammform.

Metrosideros excelsa – Eisenholzbaum, Pohutukawa, Christmas Tree (+5 °C)

Am Naturstandort in Neuseeland zu Weihnachten blühend, zeigt sich dieser immergrüne Baum bei uns im Mai und Juni in seiner vollen Pracht. Allerdings nur, wenn man aus Stecklingen gezogene Pflanzen besitzt, Sämlinge brauchen viele Jahre bis zur ersten Blüte. Die

und Form ziemlich veränderlich, aber meist 3–8cm lang und am Rand nach unten gebogen. Im Gegensatz zu vielen Myrtaceen vertragen sie sogar etwas Kalk, dafür nur wenig Frost. *Metrosideros* blühen nur dann sicher und reich, wenn sie kühl oder kalt überwintert wurden, also zwischen 10 °C und gerade frostfrei. Für kühle, aber frostfreie Glasanbauten ist der Eisenholzbaum deshalb eine der besten Pflanzen überhaupt. Er ist anspruchslos und ganzjährig attraktiv, fast schädlings- und krankheitsfrei und läßt sich vielfältig kombinieren.

Nandina domestica – Heiliger Bambus (–5 °C)

Diese niedrigbleibende Verwandte der Berberitzen besitzt eine dem Bambus vergleichbare beruhigende, fernöst-

liche Ausstrahlung – worauf wohl auch der Trivialname »Heiliger Bambus« beruht. Es erscheinen zwar im Sommer vergleichsweise große Blütenstände mit weißen Blüten, auch bilden sich bei Anwesenheit von zumindest einer zweiten Pflanze die dekorativen, roten Beeren, dennoch ist sie vorwiegend eine Blattschmuckpflanze. Die Blätter von *Nandina* verfärben sich im Lauf des Jahres von rosa beim Austrieb über grün-gelb und grün wieder nach rot. Da sie das ganze Jahr über wächst, sind ständig alle Laubfarben am Strauch. Die Farbintensität ist typenverschieden, es gibt Selektionen, die nahezu durchgehend rötlich sind. In kühlen und kalten Wintergärten wirft der Strauch einen Teil seines Laubes ab; steht er wärmer, ist er immergrün. Stark kalkreichen Boden bzw. kalkhaltiges Gießwasser verträgt *Nandina* nicht, ansonsten stellt sie keiner-

Oben links: Der Eisenholzbaum, *Metrosideros excelsa,* blüht aus Stecklingen gezogen schon in jungen Jahren. Keine Krankheiten und Schädlinge, immergrün und pflegeleicht, Sonne wie Schatten vertragend ist er ein ausgezeichneter Solitärstrauch für frostfreie Wintergärten.
Oben rechts: Der Heilige Bambus, *Nandina domestica,* ist eine schwachwüchsige, aber sehr durchsetzungsfähige Pflanze, die andere Arten nicht verdrängt. Sie gedeiht noch im Wurzelbereich von Bäumen.

lei Ansprüche. Ihre Frosthärte erlaubt auch noch ihren Einsatz in Solarhäusern. Da sie in der Regel nur brusthoch wird – übermannshohe Exemplare sind selten – und von unten ständig neu austreibt und buschiger wird, dient sie als Vorpflanzung vor größeren Solitärpflanzen. Auf Grund ihrer hohen Schattenverträglichkeit kann sie auch im Kronenschatten eines Wintergartenbaumes gedeihen.

Auch wenn Oleander
unter Glas nicht ohne
Probleme ist – reichere
Blüte gibt es allemal.

Nerium oleander –
Oleander (0 °C)

Oleander ist die wohl bekannteste
Kübelpflanze. Im Wintergarten unterscheidet sich seine Kultur jedoch von
der als Kübelpflanze im Freien. Auf
das Wichtigste reduziert heißt das,
daß man im Wintergarten nicht auf die
großblumigen gefüllten – oft duftenden – Sorten verzichten sollte. Das
sind die, die bei uns im Freien immer
dann Ärger machen, wenn es regnet.

Oleander ist im Wintergarten, wenn er
ausgepflanzt ist, ein sehr viel wüchsi-
gerer Geselle als im Kübel. Stark und
straff aufrecht wachsende Sorten sind
deshalb für Wintergärten weniger
geeignet, da sie – zumindest im einstöckigen Wintergarten – bereits nach
wenigen Jahren die Decke erreichen,
manche Sorten im zweistöckigen Wintergarten sogar 5 oder 6 m hoch werden können. Mit der gravierendste
Nachteil von Oleander im Wintergar-

ten ist, daß er sicher jedes Jahr von
Spinnmilben befallen wird, und zwar
so kräftig, daß die Pflanze ohne eine
biologische oder chemische Schäd-
lingsbekämpfung spätestens im Spätsommer nur noch gelb-weiß punktierte
Blätter hat. Leider kann sich auch die
Schildlaus, ein altes Leiden von Oleander, unter Glas noch wesentlich besser
vermehren als im Freien. Und frisch
importierte Oleander sind, speziell,
wenn sie schon größer sind, sehr häufig von Schildläusen befallen. Vor dem
Kauf sollte man sich deshalb die
Pflanze sehr genau ansehen. Selbst
wenn man nichts findet, empfiehlt es
sich doch, sie vor dem Einpflanzen mit
einem mineralölhaltigen Präparat zu
spritzen, was ausgereifte Oleander-
blätter – nicht aber neue Austriebe –
einwandfrei vertragen. Noch ein weiterer Punkt spricht gegen die Verwendung von Oleander im Wintergarten:
Das im Sommer während Perioden
warmer Nächte bekannte Rieseln der
unteren Blätter – sie werden ohne
sonstige Ursachen schnell gelb und fallen massenweise ab – verstärkt sich in
den nachts meist noch wärmeren Wintergärten. Demgegenüber bleibt Oleander im 0 °C-Wintergarten fast unver-
ändert, nur die Knospen entwickeln
sich weiter und bringen bereits Anfang
April den ersten Flor. Der Vorteil von
Oleander im Wintergarten ist seine
Kälteverträglichkeit. Selbst bei Temperaturen von – 5 °C kommen ausgepflanzte Exemplare durch den Winter –
oft besser als in warmen, luftfeuchten
Anlagen. Hier ist die Gefahr von herabtropfendem Kondenswasser groß –
und das mag Oleander überhaupt
nicht. Die schlimmste Pilzkrankheit bei
Oleander – *Ascochyta* – ist auf solche
Bedingungen angewiesen. Sie bringt
ganze Triebe zum Absterben und kann
sogar die Pflanze vernichten, sobald
sich *Ascochyta* einmal in der Basis
eingenistet hat. *Ascochyta* kann nur
schwer mit Spritzmitteln bekämpft
werden.

Osmanthus – Duftblüte (–5 °C/+5 °C)

Die Gattung *Osmanthus* umfaßt eine Reihe immergrüner, stechpalmenähnlicher Bäume und Sträucher hauptsächlich Süd- und Ostasiens, ist aber mit 2 Arten auch in Nordamerika vertreten. Sie haben alle attraktive, lederige, sehr sauber und gesund wirkende Blätter. Die Blüten sind oft unscheinbar, duften aber überwältigend. Haben *Osmanthus* das Jugendstadium überwunden, sind sie sehr robust und vertragen viel Trockenheit. An den Boden stellen sie keine Ansprüche. Sie wachsen am besten in voller Sonne, gedeihen jedoch auch im Halbschatten gut.

Osmanthus fragrans (+5 °C)

Aus dem Himalaya, auch China und Japan kommt dieser breitwüchsige, kompakte, bis 3 m hohe Strauch. Seine glänzenden ovalen Blätter sind bis 10 cm lang und ähneln stark denen von großblättrigem Liguster.

Die Blüten sind ziemlich unscheinbar, ihr süßer, aprikosenähnlicher Duft hüllt jedoch den Strauch wie eine Wolke ein. Der Duft ist so stark, daß eine wüchsige mittelgroße Pflanze ausreicht, um einem Wintergarten ein ganz eigenes, aber nicht aufdringliches Flair zu verleihen. Auf die Blüte folgen gelegentlich gut 1 cm dicke, bläulich Früchte. *O. fragrans* ist vor allem für kühle oder kalte Wintergärten geeignet.

Phormium – Neuseeländer Flachs (+5 °C)

Eine der bekanntesten und robustesten Blattschmuck-Kübelpflanzen ist der Neuseeländer Flachs. Seine Eignung für den Wintergarten ist ausgezeichnet, die 2–3 m hoch werdenden Sorten werden vor allem als Hintergrundsilhouette verwendet, während die niedrigen Arten und Sorten – oft Hybriden – als Unterpflanzung beispielsweise unter australische Akazien

oder *Albizia lophantha* passen. Gerade der Kontrast ihres schwertförmigen Laubes zu dem feingefiederten der »Mimosen« oder Stubenakazien ergibt eine reizvolle Wirkung. Vom hochwüchsigen *Phormium tenax* gibt es nur wenige Sorten mit grünem, purpurrotem oder panaschiertem Laub, von den niedrig bleibenden *P. cookianum* dagegen ein ganzes Sortiment von im Extremfall reinweißen Trieben bis zu längsgestreiften Formen, die alle Schattierungen von Gelb, Braun, Rot und aprikosefarben annehmen können. Krankheiten treten bei *Phormium* fast nie auf; auch zeitweise zu feuchte Böden werden toleriert. Schädling ist eigentlich nur die Wollaus, die sich in den Blattscheiden nahezu unbemerkt einnisten kann.

Unten links: Der straff aufrecht wachsende *Osmanthus fragrans* (hier 'Rubra') gehört in jeden kühlen Duftpflanzen-Wintergarten. Unten rechts: *Phormium tenax*, der unverwüstliche Neuseeländer Flachs macht keinerlei Schmutz.

bauten aus. Die kleinen lederigen Fiederblättchen sitzen an rötlichen Zweigen; stehen mehrere Pflanzen zusammen, bilden sich pfefferkornkleine, zuerst rote, dann schwarze Früchte. Schädlinge und Krankheiten kommen fast nicht vor. Schnitt wird jederzeit vertragen, auch ins alte Holz. Man kann aus dem Mastixstrauch schöne Viertel- und Halbstämme ziehen, was aber sehr lange dauert.

<u>Links:</u> Unverwüstlich und pflegeleicht: der Mastixstrauch; unten ein früchtetragender Ast.
<u>Rechts:</u> Solche alten Stämme des Klebsamens (*Pittosporum tobira*) sind Raritäten.

Pistacia lentiscus – Mastixstrauch (–5 °C)

Aus dieser Gattung ist neben der Echten Pistazie – *Pistacia vera* – der Mastixstrauch als zwar nicht sonderlich auffälliges Blütengehölz, aber als stets robuste, extrem langsamwachsende und ganzjährig dekorative Laubschmuckpflanze wichtig. Gerade für kühle und kalte Wintergärten, in denen ein geringer Pflegeaufwand im Vordergrund steht, sollte man *P. lentiscus* wählen. Da sie ausgepflanzt Temperaturen bis unter –10 °C verträgt, hält sie auch in ungeheizten Solaran-

Pittosporum tobira – Klebsame (0 °C)

Diese immergrüne ostasiatische Pflanze mit köstlich duftenden Blüten gehört inzwischen zum Standard-Kübelpflanzenrepertoire. Für die Verwendung im kühlen und kalten Wintergarten spricht ihre große Toleranz für Schnittmaßnahmen – sie läßt sich zu schönen Halb- und Hochstämmen ziehen – und ihre ungeheure Robustheit. Einzig zum Ärgernis können, wie bei den meisten Immergrünen mit lederigen Blättern, Schildläuse werden.

Rechts: Hohe *Plumbago* sollte man nicht am Wegrand plazieren, da Verblühtes klettenartig an Kleidern haften bleibt.

Die Zwergform *Pittosporum tobira* 'Nanum' wächst ungeschnitten extrem gleichförmig, hat etwa die Form eines Igels und nur wenige Zentimeter Jahreszuwachs. Für »japanische« Wintergärten ist sie ein Muß, kann aber auch sonst als schwachwüchsiger Bodendecker verwendet werden. Leider ist der Zwergklebsame etwas brüchig.

Plumbago auriculata – Bleiwurz (+5 °C)

Diese südafrikanische Art, die zu den verbreitetsten Kübelpflanzen zählt, gedeiht ausgezeichnet im Wintergarten, sollte jedoch nicht in die Nähe von Sitzplätzen gestellt werden, da Abgeblühtes an allen rauhen Kleidungsstücken – vor allem Pullovern – und Haaren haftet. Als Wintergartenpflanze blüht *Plumbago* ausgesprochen lang, vom Frühjahr bis in den Winter, so sie nicht vorher geschnitten wird. Sie eignet sich vorzüglich zur Kultur in Kübeln, weil sie schon den Wintergarten schmückt, bevor sie ins Freie gestellt werden kann. Im Herbst wird sie – voll mit Blütenständen – wieder eingeräumt und wertet bis nach Weihnachten den Wintergarten auf. Bleiwurz läßt sich beliebig schneiden, man kann ihn am Spalier ziehen oder zu Stämmchen formen. Im Freien verträgt er – als Busch, Stämmchen sind brüchig – auch Wind sehr gut. Er ist eine der wenigen reichblühenden Wintergarten-Pflanzen, die kaum von Schädlingen heimgesucht werden. Viel Frost verträgt *Plumbago* nicht, treibt aber in aller Regel aus dem Wurzelstock wieder aus.

Polygala

Im Südafrika, der Heimat dieser Gattung, gibt es eine ganze Reihe von Arten, alle mit malven- bis purpurfarbenen, selten auch weißen Blüten. Hauptblütezeit ist im Spätwinter und Frühjahr, vollblühende Pflanzen sind auch im Sommer möglich. Alle *Polygala*-Arten ertragen mäßigen Frost und wachsen für eine ausgewachsen eher kleine Pflanze relativ rasch, wenn sie gut gewässert werden. Allerdings muß der Boden durchlässig sein, denn Staunässe erträgt *Polygala* nicht. Die Blätter werden dann schnell stumpf-

Links oben und unten: Ein ungewöhnlich lange blühender Südafrikaner ist die Kreuzblume *Polygala myrtifolia.* Vorzüglich für frostfreie Wintergärten, aber etwas staunässeempfindlich.

grün, später gelb, worauf die Pflanze nicht mehr zu retten ist. Vorsichtig sollte man mit der Düngung sein. Man behandelt sie als Schwachzehrer und nimmt nur die Hälfte der auf der Düngerpackung angegebenen Menge.

Polygala myrtifolia – Kreuzblume (+5 °C)

Die wichtigste Art ist *Polygala myrtifolia*, sie wird etwa 1,5 m hoch und ebensobreit. Am Ende ihrer mit ungefähr 3 cm langen, ovalen Blättchen besetzten Triebe stehen die ziemlich großen Blütenbüschel. Die Blütenform ist äußerst ungewöhnlich, sie erinnert entfernt an Erbsenblüten. Grundfarbe ist eine Purpurschattierung, wobei die Flügel dunkler sind als das Zentrum. Ihre Blüten können fast ganzjährig erscheinen. Diese Art stellt ein kaum zu übertreffendes Schmuckstück jedes südafrikanischen Wintergartens dar. Die Pflanze läßt sich beliebig schneiden und formieren, wird nie zu hoch, bekommt kaum Schädlinge oder Krankheiten, es sei denn, man hält sie zu feucht.

Psidium

Die Gattung *Psidium* umfaßt etwa 150 Arten meist immergrüner Sträucher oder kleiner Bäume, alle sind in Mittel- und Südamerika beheimatet. Manche Arten haben eßbare Früchte. Sie sind dankbar für eine gute Ernährung, aber ansonsten ziemlich anspruchslos.

Psidium cattleyanum – Erdbeerguajave (+5 °C)

Am Heimatstandort in Brasilien ein mäßig stark und locker wachsender, immergrüner Strauch, wird er in Botanischen Gärten meist als mehrstämmiger, bis 8 m hoher Baum gezogen. Er fällt vor allem durch seine grün-graue bis goldbronzefarbene Rinde auf. Seine im Austrieb bronzefarbenen, glatten, dicken, lederigen Blätter sind elliptisch und etwa 10 cm lang. Auf die während des ganzen Jahres, hauptsächlich aber im Frühjahr erscheinenden, gut 2 cm breiten weißen, myrtenähnlichen Blüten folgen etwa markstückgroße kugelige, eßbare Früchte. Deren rote Farbe verhalf der Pflanze zu dem Namen Erdbeerguajave. Roh gegessen, hält sich der Geschmack der Erdbeerguajaven allerdings in Grenzen. Wertvoll für Kübel und Wintergärten ist die Erdbeerguajave vor allem deshalb, weil sie sich wie Lorbeer und *Pittosporum* sehr gut schneiden und formen läßt und diesen noch den farbigen Austrieb und die Früchte voraus hat. Allerdings verträgt sie nur wenig Frost, aber durchaus niedere Temperaturen über längere Zeit.

Psidium guajava –
Guajave (meist Guave) (+10 °C)

Die Guave ist ein in den ganzen Tropen und Subtropen verbreiteter, bis 10m hoher Großstrauch oder Baum. Ihre Heimat ist nicht mehr genau feststellbar. Als die Spanier und Portugiesen Süd- und Zentralamerika unterwarfen, war sie dort schon überall als Obstgehölz verbreitet. Die Guave hat ovale, bis 15cm lange, im Austrieb lachsfarbene Blätter. Wegen der auf der Oberseite eingesenkten und unterseits stark hervortretenden Blattnerven erscheinen die Blätter runzelig. Im Spätwinter und Frühjahr wirft die Guave ihr Laub meist komplett ab. Im Frühjahr und Sommer erscheinen dann einzeln, zu zweit oder zu dritt, die ziemlich unscheinbaren, kurzlebigen Blüten in den Blattachseln. Etwa 5 Monate später sind die Früchte reif, ihr Gewicht liegt zwischen 25 und 500g, sie können rund, ei- oder birnenförmig sein. Ältere Pflanzen fruchten auch bei uns regelmäßig, man kann mit einem Pinsel nachhelfen. Guaven gehören zu den gesündesten und wohlschmeckendsten Früchten überhaupt. Sie haben zum Teil doppelt so viel Vitamin C wie der Sanddorn. Da reife Guaven extrem transportempfindlich sind, bekommt man sie bei uns praktisch nie angeboten, außer in Dosen oder als Nektar. Allerdings eignen sich Guaven auch ziemlich wenig dazu, sie »aus der Hand« zu essen. Im größeren, sicher frostfreien Glasanbau sind Guaven leicht zu halten. Am besten gedeihen sie in Einheitserde, bei reichlicher Düngung und Bewässerung. Durch Schnitt lassen sie sich in fast jeder Größe halten. Im Kübel gedeihen Guaven ebenfalls gut, die Fruchtqualität ist aber meist nicht besonders, weil die Reifephase in den Winter fällt.

Links: Die eßbaren Früchte der Echten Guajave, *Psidium guajava,* verströmen einen köstlichen Duft. Rechts: Die Erdbeerguave, *Psidium cattleyanum.*

Punica granatum – Granatapfel (–5 °C)

Als typische Sommerblüher sind die Granatäpfel in Wintergärten eigentlich ziemlich selten, zumal sie im Winter ihr Laub vollständig verlieren. Sie eignen sich besonders für große Solarhäuser, in denen es im Winter nicht allzu kalt wird und wo zumindest mit einer kurzzeitig übergeworfenen Decke die Möglichkeit besteht, Spätfröste, die nach dem sehr frühen Austrieb der Granatäpfel noch auftreten können, abzuschirmen. Der frühe Austrieb der Gra-

natäpfel ist ein Problem im ungeheizten Wintergarten, weil Pflanzen, die im Saft stehen, schon durch wenige Grad unter Null erheblich geschädigt werden, wobei es weniger der Verlust des neuen Austriebs ist als der zu erwartende Rindenschaden. Ist die Rinde nämlich kurz gefroren, reißt sie, so sie unter Saft steht, beim Auftauen auf, und große Teile sterben dann im Lauf des Sommers ab. Unterschätzt wird auch die Wüchsigkeit von *Punica*. Ausgepflanzt kann der Granatapfel meterlange Triebe machen, nach einigen Jahren durchaus 3 m hoch und ebenso

breit werden. Speziell für kleine Wintergärten eignet sich deshalb eher eine Granatapfel-Zwergsorte, die zwischen 60 und 150 cm hoch werden kann, wobei 'Nana' kugelig wächst, 'Nana Racemosa' eher breit pyramidal. Diese Zwergsorten fruchten bei uns reich, die Früchte bleiben sehr lange hängen und sind auch noch im Winter, wenn die Pflanze ihr Laub abgeworfen hat, sehr dekorativ. Extrem schwach wächst 'Nana Plena', die gefüllte Blüten hat und die als richtiger Zwerg am besten in einer Steingarten-Situation zur Geltung kommt. Granatäpfel stellen keinerlei Bodenansprüche, vertragen bestens sommerliche Überhitzung und gedeihen auch, wenn sie vernachlässigt werden. Beschattet blühen sie schlecht. Trotz dieser Vorteile ist von der Verwendung von *Punica* im Wintergarten aber in der Regel abzuraten, da die Triebe unter Glas stark etiolieren, also vergeilen, die Pflanze ihren kompakten Wuchs verliert. Dies hängt wohl auch mit der zu guten Ernährung zusammen.

Rhaphiolepis

Aus Ostasien stammt diese kleine Gattung immergrüner, langsamwachsender Sträucher. Ihre festen, ledrigen, glänzenden Blätter sind oval, 5–8 cm lang, halb so breit und am Rande gezähnt. Sehr auffällig ist der gewöhnlich kupferrote Austrieb. Sie lassen sich vorzüglich schneiden oder entspitzen, somit als niedere Hecke oder als dichter, höchstens kniehoher Bodendecker ziehen. Die Blütezeit hängt weitgehend von den Umgebungsbedingungen ab. Sie kann bereits im Spätherbst, aber auch erst im Frühjahr einsetzen, hält dann bis ins Frühjahr

Granatäpfel als Zier- oder Fruchtsorten sind für Wintergärten wenig geeignet, die Triebe werden zu lang. Ganz anders die im Alter nur knie- bis brusthohen Zwergsorten.

Links: *Rhaphiolepis indica* sollte nach der Frühjahrsblüte zurückgeschnitten werden, sonst wird sie sparrig.
Rechts: Die Springbrunnenpflanze trägt ihren Namen wegen des nestartigen, überhängenden Wuchses zurecht.

bzw. in den Sommer hinein an. Als Hecke oder Bodendecker braucht *Rhaphiolepis* volle Sonne, im Schatten wächst sie zwar auch, aber sparrig. Außerdem blüht sie dort weniger. Einen trockenen Standort verträgt sie genausogut wie feuchten Boden, nur Staunässe mag sie nicht. Ansonsten ist sie ziemlich anspruchslos.

Rhaphiolepis indica (+5 °C)

Diese selbst ungeschnitten kaum über 1 m hoch werdende Art trägt ihre etwa 1 cm breiten, weißen, in der Mitte rosafarbenen Blüten in steif aufrechten Rispen am Ende der Triebe. In Italien gibt es verschiedene Sorten, die zum Teil größere, zum Teil intensiver gefärbte Blüten haben.

Rhaphiolepis umbellata (0 °C)

Diese Art ist starkwüchsiger und entwickelt sich im Alter zu einem rundlichen, bis 3 m hohen Busch. Schon in der Jugend kann man sie von der vorhergehenden Art durch ihre fast runden Blätter unterscheiden. Ihre Blüten sind größer und reinweiß, außerdem duften sie. Häufig folgen Büschel blauschwarzer Beeren. Diese japanische Art ist wesentlich robuster als *Rhaphiolepis indica* und soll ausgepflanzt Temperaturen bis –10 °C schadlos überstehen.

Russelia equisetiformis – Springbrunnenpflanze (+10 °C)

Wie die Wasserstrahlen eines Springbrunnens wirken die dünnen, langen, bogig überhängenden Triebe der *Russelia*. Sie sind mit winzigen Blättchen besetzt und wirken schachtelhalmähnlich (=*equisetiformis*). Die Hauptattraktion sind jedoch die korallenroten,

etwa 3 cm langen Blüten, die bei ausreichender Wintertemperatur und genügend Licht ganzjährig erscheinen. Steht *Russelia* in der prallen Sonne, können die Triebe vergilben. Der richtige Platz ist deshalb der lichte Schatten unter einem lockeren Wintergartenbaum oder zur Begrünung eher innen liegender Partien des Wintergartens. Gerade im Kontrast mit großblättrigen Pflanzen, beispielsweise von Strelitzien, kommt *Russelia* voll zur Geltung. Schädlinge und Krankheiten mit Ausnahme von *Phytophtora* bei zu kaltem, nassen Stand sind selten, nur gelegentlich können ganze Astpartien absterben. Sie werden dann einfach herausgenommen. Da die Blüten vor allem an den jungen Trieben erscheinen, kann ohne Bedenken geschnitten werden. Dieser aus Mittel- und Südamerika stammende, niedrige Busch verträgt kaum Kälte und sollte nur im lauwarmen oder warmen Wintergarten verwendet werden. In kühlen Wintergärten baut er während des Winters ab.

Ruttya fruticosa (+10 °C)

Dieser breitbuschige, nur mäßig hohe Strauch aus den wärmeren Teilen Südafrikas ist bei uns noch ziemlich unbekannt, obwohl man dieses Akanthusgewächs im Süden häufig sieht. *Ruttya* hat etwa 5 cm lange Blüten, die an eine Mischung aus südafrikanischer *Tecomaria capensis* und australisch-neuseeländischen *Clianthus* erinnern. Die röhrenförmige, in zwei Lippen aufgespaltene Blüte ist gewöhnlich orangerot mit schwarzem Fleck, es kommen aber auch gelbe Formen vor. *Ruttya* blüht das ganze Sommerhalbjahr über, bei hohen Temperaturen jedoch von Spätwinter bis Spätherbst. Im Winter wirft *Ruttya* das Laub ab und sollte dann möglichst trocken gehalten werden. Lange Winter mit kaltem, nassem Boden übersteht sie nicht. Ansonsten ist sie unkompliziert,

wird aber leider gern von Weißer Fliege befallen und ist, wie viele raschwachsende Sträucher, recht brüchig.

Senecio

In dieser sehr großen, äußerst vielgestaltigen Gattung gibt es Einjährige, Stauden und Sträucher. Sie kommen in allen Erdteilen vor. Ein wichtiger, als Topfpflanze weit verbreiteter Vertreter ist die Cinerarie. Die als Zierpflanzen wichtigen strauchigen Arten stammen vor allem aus Neuseeland. Sie sind leicht zu kultivieren, nur lieben sie als Flachwurzler Störungen in der Wurzelzone nicht. Am besten gedeihen sie mit einer leichten Mulchschicht. Alle Arten sollte man, um sie kompakt zu halten, nach der Blüte leicht zurückschneiden. Werden sie trotzdem sparrig, vertragen sie einen Rückschnitt ins alte Holz.

Senecio grandifolius (+5 °C)

Dieser immergrüne, mexikanische Strauch, der im Alter mit bis zu 5 m

auch baumartig werden kann, ist trotz seiner riesigen, dekorativen Blätter, seines gewaltigen Blütenstandes und seiner Blütezeit im Winter und Frühjahr bisher recht selten in Wintergärten anzutreffen. Er wächst nur mäßig rasch, macht aber schon als junge Pflanze holunderartige, daumendicke Triebe. Diese enthalten, ähnlich wie bei Holunder, viel Mark. Sie sind in der Jugend ebenso wie das Laub dicht filzig behaart. Die ovalen, leicht gebuchteten und zugespitzten Blätter werden bis 30 cm lang und fast 20 cm breit, sind jedoch nicht sehr langlebig. Dies bedeutet, daß die wenig verzweigte Pflanze relativ rasch von unten verkahlt, wenn sie nicht gelegentlich zurückgeschnitten wird. Geschickt ist deshalb eine halbhohe Unterpflanzung. Die Einzelblüten von *Senecio grandifolius* sind ziemlich klein und gelb, sie stehen in einer riesigen, zusammengesetzten Doldentraube, die in Form und Größe an einen Blumenkohl erinnert. Je nach Temperatur können die ersten Blüten bereits im Spätherbst aufgehen, die letzten im Frühjahr. Die Pflanze zeigt sich also gerade in der blütenarmen Winterszeit von ihrer besten Seite. Trotz ihrer fast tropischen Herkunft gehört *S. grandi-*

Unten und rechts oben: Eine wenig bekannte Pflanze Südafrikas ist *Ruttya fruticosa,* ein raschwüchsiger, mit Schnitt nur kniehoher, breitlagernder Strauch. Wertvoll ist er vor allem wegen der Hauptblütezeit Mitte Herbst bis Frühjahr.

folius zu den Kalthauspflanzen, die im 5 °C-Wintergarten noch durchkommen. Selbst wenn bei ein paar Grad Frost die meisten Blätter erfrieren sollten, treiben doch zumindest ältere Pflanzen wieder aus dem Stamm aus. Die Bodenansprüche dieser Art sind ausgesprochen gering, ein nährstoffreicher, lehmig-humoser Boden wie Einheitserde ist ideal. Sie braucht relativ viel Wasser, erträgt aber durchaus Trockenheit. Da *S. grandifolius* schon als junge Pflanze reichlich blüht, sollte sie viel mehr verwendet werden. Sie läßt sich sehr gut schneiden und ist deshalb auch für kleine Wintergärten ausgezeichnet geeignet.

cher Bodendecker für ungeheizte und kühle Glasanbauten. Die leuchtend gelben, gänseblümchenartigen Blüten dieser neuseeländischen Art sind etwa 2,5 cm breit und stehen in oft 12 cm breiten Blütenständen. Sie sind lange haltbar und lassen sich gut in Gestecken verwenden. Bei ständig geschnittenen Pflanzen sind sie selten. Zum ovalen, bis 10 cm langen und halb so breiten, silbrig-dunkelgrünen Blatt, dem Hauptschmuck der Pflanze, stehen die Blüten in attraktivem Kontrast. Falls man *Senecio greyi* im ungeheizten Glashaus oder gar im Freien mit Winterschutz auspflanzt – –13 °C werden kurzzeitig vertragen –, sollte man größten Wert auf eine optimale Drainage legen. Staunässe liebt diese Art nicht.

Senecio greyi (–5 °C)

Im Weinbauklima an der Grenze seiner Winterhärte, ist dieser immergrüne, breitlagernde Strauch mit seinem silbrigen Laub ein vorzüglicher, eher hoher, mit Schnitt aber auch sehr fla-

Senecio grandifolius ist eine mäßig rasch wachsende Pflanze mit wenig verzweigten, holunderartigen Trieben.

Für Unter- und Vorpflanzungen in voller Sonne: *Senecio greyi* paßt vorzüglich zu rötlichen Formen von *Cordyline* oder *Phormium*.

Tecoma stans (+15 °C) – Gelbe Trompetenblume

Dieser in der älteren Literatur häufig als *Stenolobium stans* bezeichnete, südamerikanische, baumartige Groß-strauch ist eines der beliebtesten Zier-gehölze der Tropen und Subtropen. Wenn *Tecoma stans* genügend Wasser und Wärme hat, wächst sie an fast jedem Standort und blüht, mit einem Schwerpunkt im Winter und Frühjahr, das ganze Jahr hindurch. Je nach Tem-peratur kann sich bei unseren Winter-gärten die Hauptblüte ins Frühjahr und in den Sommer verlagern. *T. stans* wächst von Natur aus strauchartig, läßt sich jedoch mit etwas Mühe als einstämmige Pflanze ziehen. Gewöhn-lich ist sie ein vieltriebiger Busch, aus dessen Basis jährlich neue Langtriebe erscheinen. Werden diese bei Stäm-men nicht entfernt, verbuscht die Pflanze sofort wieder. Die Blätter set-zen sich aus 5 bis 11 lanzettlichen, 3–10 cm langen Blättchen zusammen, die besonders im Austrieb erfrischend hellgrün sind. Solange die Pflanze aus-reichend Wasser hat, bleibt diese Farbe erhalten. Nach Kälteeinbrüchen

und Trockenperioden sterben aber viele Blätter ab, was der Pflanze ein weniger schönes Aussehen verleiht. Die Blütenstände erscheinen in über-hängenden Trauben am Ende der Triebe. Sie bestehen aus bis zu 60 etwa 5 cm langen, trompetenförmi-gen, duftenden Einzelblüten, die die charakteristischen Merkmale der Big-noniaceen tragen. Ihre Farbe ist ein leuchtendes, reines Gelb, inseitig oft orange gezeichnet. Da die Blüten noch vor dem endgültigen Verwelken abfal-len und die Pflanze überreich blüht, findet man unter *Tecoma*-Sträuchern die alten Blüten oft als gelben Tep-pich. Obwohl *T. stans* im Wintergarten ausgezeichnet wächst und bereits als junge Pflanze blüht, soll als Nachteil ihre große Empfindlichkeit gegenüber Blattläusen am Neutrieb und Weißer Fliege nicht verschwiegen werden.
T. stans erträgt zwar kurzzeitig durch-aus ein paar Grad Frost, gedeiht aber doch am besten in Wintergärten, deren Minimum-Temperaturen über 10 °C liegen. Dies läßt sich auch schon an ihrer Herkunft – sie stammt aus dem tropischen Amerika – ablesen.

Thunbergia erecta (+15 °C)

Für den etwas wärmeren Wintergarten hochinteressant sind neben der bekannten kletternden Schwarzäugi-gen Susanne, *Thunbergia alata*, 2 wei-tere afrikanische Arten. *T. erecta* ist ein kräftiger, immergrüner Strauch mit intensiv tiefblauen Blüten von Frühjahr bis zum Herbst. Aus zuvor kompakt geschnittenen Büschen schiebt er während der heißesten Jahreszeit und bei reichlich Wasser lange Triebe.
T. erecta verhält sich bei uns bei nie-deren Temperaturen wie ein Halbst-rauch; ebenso wie *T. natalensis* kann sie oberirdisch vollständig absterben. Sie darf keinesfalls mit nassem Boden in den Winter gehen.

Links: Fast ein tropisches Unkraut: *Tecoma stans,* die Gelbe Trompeten-blume. Ihr Aufbau als Busch ist schwierig, da sie vor allem am Ende lang heraus-schießender Triebe blüht.
Unten: Von der südafrikanischen strauchi-gen *Thunbergia erecta* gibt es mehrere Typen, die sich in Wüchsigkeit und Farbe unterscheiden.

Als Kübelpflanze bekannt ist *Tibouchina urvilleana,* die Prinzessinenblume. In den Wintergarten bringt sie von Spätsommer bis ins Frühjahr Farbe. Sie sollte unterpflanzt werden, da die Basis immer verkahlt.

Tibouchina – Samtveilchen, Prinzessinnenblume (+5 °C)

In der Gattung *Tibouchina* gibt es eine ganze Reihe von Arten, die ausgezeichnete Wintergarten-Sträucher sind. Es lassen sich auch schöne Halb- bis Hochstämme ziehen, wobei bei letzteren die aufrecht stehenden Blütenstände von unten oft nicht mehr sichtbar sind. Als wichtigste Arten, die sich baumartig ziehen lassen, seien hier *Tibouchina granulosa, T. urvilleana, T. grandifolia* und *T. holosericea* zu nennen. Sie alle vertragen keine hohen Salzgehalte im Boden – also lieber nur mit der halben Dosierung düngen. Der Rückschnitt darf nicht ins alte Holz reichen. Da *Tibouchina* aber – abgesehen von einigen sehr wertvollen, zwergig wachsenden Arten bzw. Sorten – zu sparrig wird, muß man deshalb regelmäßig nach der Blüte, aber nur den diesjährigen Zuwachs, schneiden. Außerdem sollte man diese sparrig wachsenden, an der Basis verkahlenden *Tibouchina* im Hintergrund plazieren und vorn mit kompakten, niedrigeren Gehölzen unterpflanzen.

Viburnum

Neben dem immergrünen Laurustinus gibt es noch eine ganze Reihe von Arten, die wegen ihrer Winterblüte vor allem für große, ungeheizte Solaranbauten in Frage kommen. Einer der wichtigsten ist *Viburnum × bodnantense* (–15 °C), eine Hybride aus *V. farreri* und *V. grandiflorum*. Dieser meist nur gut mannshohe Strauch mit aufrechtem Wachstum bringt seine süß duftenden Blüten in dicht gepackten Büscheln bereits ab dem späten Herbst bis weit in den Winter hinein. Die Blüten sind meist rosafarben.

V. × bodnantense ist in unseren Breiten nahezu winterhart. Als halbimmergrün gilt die Hybride V. × *burkwoodii* (winterhart), deren Eltern *V. carlesii* und *V. utile* sind. Dieser meist kaum brusthohe Strauch blüht von Mittwinter bis weit ins Frühjahr. Er hat große Büschel duftender weißer Blüten, die sich aus rosafarbenen Knospen öffnen. Von *V. × burkwoodii* gibt es eine ganze Reihe von Sorten, die hier aber schwer erhältlich sind. Ein Nachteil bei dieser speziell in England hoch bewerteten Gartenform ist ihre Empfindlichkeit gegenüber Blattläusen am Neutrieb. Vergleichsweise starkwüchsig ist

der laubabwerfende *V. farreri* (–15 °C), der bei uns meist als *V. fragrans* im Handel ist. Auch er wächst am Anfang ziemlich straff aufrecht, die vergleichsweise kurzen Seitenzweige geben ihm aber mittelfristig doch einen eher rundlichen Habitus. Die Blüten erscheinen sowohl an den Triebenden als auch an den Blattachseln, die Knospen sind rosa, die Blüten weiß und duften vorzüglich. Wo man genug Platz hat, ist *V. farreri* sicher einer der attraktivsten Winterblüher für ungeheizte Solarhäuser.

Viburnum tinus – Mittelmeerschneeball, Laurustinus, Lorbeerschneeball (–5 °C)

Dieser aus dem Mittelmeerraum stammende, bei uns meist nicht winterharte, immergrüne Schneeball gehört seit Jahrhunderten zum Kübelpflanzen-Standardsortiment. Er erweist sich in kühlen Wintergärten als zuverlässiger Blüher – und das vom Spätsommer über den ganzen Winter hinweg bis weit ins Frühjahr. Die weißen Blüten können in so zahlreichen, dichten Blütenständen erscheinen, daß das darunterliegende Laub fast nicht mehr sichtbar ist. Die Blätter erinnern etwas an Lorbeer und sind ausgesprochen gesund. Schädlinge und Krankheiten kennt *Viburnum tinus* praktisch nicht. Für kühle und kalte Wintergärten, die pflegeleicht sein sollen, ist diese Pflanze sicher keine schlechte Wahl. Der Lorbeerschneeball kann beliebig geschnitten werden, vor allem als Halbstamm wirkt er schön. Es gibt eine ganze Reihe von Sorten; die wichtigste ist die kompakte 'Eve Price' mit rosa überhauchten Knospen.

Schon vor Jahrhunderten schmückte der Laurustinus oder Mittelmeerschneeball winterliche Orangerien. Die schwächer wachsenden Formen sind auch ohne Schnitt völlig dicht. Sehr schön als Stämmchen.

Oben: Der Mönchspfeffer – ein Spätsommer- und Herbstblüher mit höchst aromatischem Laub ist fast winterhart. Rechts: Yucca wirken ebenso wie Nolina oder Dasylirion als Einzelpflanzen am besten.

Vitex agnus-castis – Mönchspfeffer (– 10 °C)

Aus dem Mittelmeergebiet stammt dieser laubabwerfende, ziemlich lockere, 2 – 3 m hohe Strauch, der bei uns an geschützten Stellen und bei durchlässigem Boden im Weinbauklima winterhart ist. Wegen seiner blauen Blüten, die ab Spätsommer erscheinen und bis in den Winter anhalten, ist er als Gartenpflanze in südlichen Ländern sehr beliebt, zumal er auch keine größeren Ansprüche stellt. Am schönsten gedeiht Vitex agnus-castis, wenn er reichlich Sommerhitze erhält. Er ist auch ohne Blüte mit seinem bis 15 cm langen, aus 5 bis 7 fingerartigen Blättchen zusammengesetzten grauen Laub schön. Die violetten Blüten duften zart und stehen in schmalen, schlanken Trauben. Die Blütenstände können 10 – 18 cm lang werden und sind besonders dann groß, wenn die Pflanze im Spätwinter stark zurückgeschnitten wurde.

Yucca – Palmlilien (–/+5 °C)

Von Yucca gibt es so viele, auch kulturwürdige Arten, daß eine umfassende Beschreibung den Rahmen dieses Buches sprengen würde. Nur soviel: Bei eher sukkulenten Pflanzungen, in denen sparsam akzentuiert gesetzte Pflanzen mit Felsen und Steinabdeckung kombiniert werden, kommt man sicher nicht um Yucca herum. Sie wirken nicht nur zur Blütezeit als grandioser Blickfang. Die meisten Arten vertragen erheblichen Frost, einige sind sogar bei uns winterhart. Viele können deshalb auch in Solarhäusern gesetzt werden. Die stammbildenden Yucca können – sofern es denn sein muß, weil sie nämlich am Glasdach anstoßen – jederzeit zurückgeschnitten werden. Ihre Ansprüche an den Boden sind gering, am besten sind magere Mischungen wie extensive Dachgartensubstrate. Wer Yucca allerdings schnell zum Wachsen bringen will, kann dies durch reiche Düngergaben beschleunigen. Einzig vernäßten Boden mögen Yucca nicht.

Kletterpflanzen im Wintergarten

Sieht man einmal von wüsten- oder steppenartigen Wintergärten ab, sind Kletterpflanzen bei jeder Begrünung unverzichtbar. Man kann wohl sagen, daß sie die nützlichsten Pflanzen im Wintergarten sind. Im Vergleich zu ihrem geringen Pflanzflächenbedarf ist die Fülle an Blatt und Blüte sowie ihr Beitrag zur Schönheit einer Pflanzung mehr als groß. Ihr zumeist rasches Wachstum ermöglicht hinsichtlich Belaubung und Blüte Ergebnisse, die mit anderen Pflanzen in ähnlich kurzer Zeit nicht zu erreichen sind. Viele Kletterpflanzen entstammen der Gartenkultur, sind durchgezüchtet oder ausgelesen und weisen damit eine viel längere Blütezeit auf als ihre wilden Verwandten. Da es eine gewaltige Anzahl von Kletterpflanzen gibt, die sich nicht zuletzt in ihrer Wüchsigkeit ganz erheblich unterscheiden, ist es höchst wichtig, für den speziellen Standort die richtige Pflanze zu finden.

Sichtschutz, Versteck oder Schattierung?

Die Auswahl der Kletterpflanzen beginnt mit der Überlegung, welchen Zweck die Pflanze erfüllen soll.
• Sichtschutz: Die Kletterpflanze soll unerwünschte Einblicke abschirmen, oder sie dient zur Abtrennung von Räumen, beispielsweise eines Sitzplatzes. Dies verlangt Pflanzen, die sich für freistehende Spaliere eignen. Es können hier nicht nur richtige Kletterpflanzen verwendet werden, sondern durchaus auch Sträucher mit weichen, biegsamen Trieben. Im Sonderfall und mit hohem Pflegeaufwand lassen sich auch richtige Gehölze, die man wie Spalierobst an Spalieren zieht, in die Überlegungen einbeziehen. Dieser Sichtschutz schluckt jedoch viel Licht.

• Der zweite Verwendungszweck ist das Kaschieren von architektonisch notwendigen Kanten und anderen weniger schönen Baulichkeiten. Mit Kletterpflanzen versteckt werden können auf Putz verlegte Leitungen aller Art oder der oft unglücklich gelöste Übergang zwischen Wohnhaus und Wintergarten. In den Wintergarten auskragende Balkone können mit Hilfe von Kletterpflanzen gut integriert werden.
• Die dritte und wohl wichtigste Wirkung der Kletterpflanzen ist die Schattierung. Für einen minimalen Bruchteil des Preises einer konventionellen Innenschattierung können Pflanzen dieselbe Leistung erbringen. Dem mangelnden Licht im Winter schlägt hier ein Schnippchen, wer laubabwerfende Arten auswählt – was natürlich nicht geht, wenn die Kletterpflanze gleichzeitig Sichtschutz bieten soll.

Die Auswahl der richtigen Kletterpflanze

Beim Aussuchen der Kletterpflanzen für Wintergärten sollte man vor allem ihre Wüchsigkeit berücksichtigen, ihren allgemeinen Habitus, ob sie möglicherweise unerwünschte Dornen tragen, die mögliche Endgröße, den Charakter der Belaubung, die Farbe, Zahl und Duft der Blüten, die Blütezeit und nicht zuletzt die Art des notwendigen Substrates. Am Rand einer Bepflanzung, dem typischen Standort von Kletterpflanzen, ist die Bodenfeuchtigkeit zumeist nicht optimal. Je nach Art der Bewässerung sind die Beetränder immer entweder trockener oder aber nässer als die Mitte der Becken. Bei stärker wachsenden Arten spielt dies keine große Rolle, besonders kritisch ist vernäßter Boden dagegen bei schwachwüchsigen Arten mit hohen

Temperaturansprüchen, noch dazu, wenn im Winter mit leitungskaltem Wasser gegossen wird. Außerdem muß man manche Kletterpflanzen von der Bewässerung »abklemmen«, da ohne Trockenperiode die Blüte zu wünschen übrig läßt. Gegen periodische Trockenheit resistent sind zahlreiche Kletterpflanzen, die unterirdische Speicherorgane bilden: Genannt seien hier nur *Thunbergia, Gloriosa* oder *Antigonon*. Einmal eingewurzelt, gedeihen sie auch an ungewöhnlich trockenen Standorten.
Die Wahrscheinlichkeit, daß sich die ausgewählte Kletterpflanze farblich mit benachbarten Gehölzen »beißt«, ist relativ gering: Die meisten Kletterpflanzen blühen nämlich in Pastelltönen oder Weiß und passen damit in fast jede Umgebung. Gerade weiße Blüten sind im Wintergarten durchaus willkommen, auch wenn sie im Freien weniger auffallen. Da die Hauptaufenthaltszeit im Wintergarten zumeist die Dämmerung oder der Abend ist, kommen hier weiße Blüten ausgesprochen gut zur Geltung. Viele weiße Blüten beginnen bei schwachem Licht zu leuchten, genannt seien hier nur *Mandevilla* und andere kletternde Apocynaceen, von denen eine – die nicht kletternde *Tabernaemontana* – sogar den Namen 'Moonflower' (»Mondblüte«) erhielt.
Während man bei winterharten Kletterpflanzen leichthin sagen kann: »Gehen Sie in eine Baumschule und suchen Sie sich dort die passenden Kletterpflanzen aus«, ist das bei nicht winterharten Arten kaum möglich.

Ein klassischer Fall für Kletterpflanzen: Wenig Grundfläche, aber viel Höhe. Für starkwüchsige Kletterpflanzen sind stabile Kletterhilfen notwendig, Triebe und Belaubung werden rasch zentnerschwer.

Sieht man von wenigen Ausnahmen ab, findet man in Gärtnereien oder Blumengeschäften ziemlich selten subtropische Kletterpflanzen, und wenn doch, dann sind sie oft chemisch gestaucht – speziell die Spreizklimmer – und somit zum Auspflanzen kaum mehr brauchbar. Sie machen dem Gärtner sehr viel Arbeit. Besonders die starkwüchsigen Arten müssen während der Hauptwachstumszeit im Sommer oft zweimal wöchentlich an Hilfsgerüsten fixiert werden. In geringerem Maß hat man dieses Problem natürlich auch im Wintergarten. In unerwünschte Richtungen wachsende Triebe müssen ganzjährig anders ange-leitet oder entfernt werden, ansonsten reicht ein jährlicher Auslichtungs-schnitt aus. Ein Wintergarten-Besitzer sollte immer daran denken, daß Kletterpflanzen viel mehr Arbeit machen als andere Pflanzen, daß sie einen ständigen und durchdachten Schnitt erfordern. Dafür belohnen sie aber auch mit meist reichlicher Blüte und gewissen Dschungel-Impressionen.

Zeitsparende Spreizklimmer

Für wen die Pflege des Wintergartens Arbeit ist, die nur Zeit kostet, der sollte also einen großen Bogen um starkwüchsige Kletterpflanzen machen und sich auf die ziemlich pflegeleichten Spreizklimmer beschränken. Diese lassen sich recht leicht vor größeren Wandflächen ziehen, speziell da, wo sie kaum Konkurrenz haben. Dort werden sie an Spaliere angebunden, eine Tätigkeit, die durchaus auch mal aufgeschoben werden kann. Klassische Vertreter dieses Pflanzentyps sind Bleiwurz (*Plumbago*), die *Tecomaria*, *Podranea* oder auch *Clianthus*. Auch *Bougainvillea* kann man dazurechnen. Die meisten dieser Pflanzen lassen sich ohne weiteres mannshoch halten. Wo es aber gewünscht ist, kann man sie auch 2 Stockwerke hoch am Spalier ziehen. Die erscheinenden Neutriebe hängen durch ihr Eigengewicht und das der Blüten dann meist über, nach dem Abblühen werden sie bis kurz vor dem Spalier zurückgeschnitten, soweit sie nicht für den weiteren Aufbau benötigt werden.

Die Stellung der Blüte

Was der Pflanzenverwender beim Kauf oft übersieht und was häufig in Katalogen und Büchern fehlt, sind Angaben zur Stellung des Blütenstandes oder der Blüten. Dies ist für die Verwendung jedoch ausgesprochen wichtig. Fast alle Blüten oder Blütenstände orientieren sich zum Licht. Dies bedeutet, daß bei Spalieren an einer Außenfront des Wintergartens die Blüten meist zur Glasscheibe – also vom Betrachter weg – gerichtet sind. Noch krasser ist dies bei pergolaartiger Bepflanzung und gleichzeitig stehenden Blütenständen, wie sie beispiels-

Ein provisorisches Spalier für *Mandevilla* 'Alice du Pont'. Nach zögerndem Beginn raschwachsend, gedeiht diese großblumige, von Frühjahr bis Spätherbst blühende Hybride in lauwarmen bis warmen Wintergärten.

Links: Auch die gewöhnliche Passionsblume, *Passiflora caerulea,* bildet genießbare, allerdings fade Früchte.
Rechts: *Passiflora* 'Amethyst'.

weise die ziemlich starktriebigen *Bougainvillea, Tecomaria* oder *Podranea* haben. Von der Vollblüte hat man dann wenig, weil sich zwischen Blüte und Betrachter die Laubschicht ausbreitet und Blüten nur an den über die Pergola herausragenden und herunterhängenden Trieben zu sehen sind. Bei Pergolen wird man deshalb großen Wert auf Pflanzen mit hängenden Blütenständen legen oder auf dünntriebige, die am Ende der Triebe blühen und girlandenartig nach unten fallen. Manche dieser Arten eignen sich am Spalier nicht, weil die Blüten dann unter dem Laub versteckt sind.

Kletterpflanzen an freistehenden Spalieren oder Pyramiden

Stehen Kletterpflanzen frei am Spalier oder als Pyramide bzw. als Rundspalier im Kübel, darf – sobald das Spalier mit Boden in Berührung kommt – nur Kessel-Vakuum-Druck-imprägniertes Holz oder aber Stahl verwendet werden. Die wegen ihrer Natürlichkeit

auch im Wintergarten sehr beliebten Bambusstäbe eignen sich nur als temporäres Gerüst. Kommen sie mit Erde in Berührung, sind sie je nach Stärke in ein bis drei Jahren abgefault, worauf dann das ganze Spalier erneuert werden muß. Die Stabilität des Gerüstes muß der Pflanze angemessen sein. So banal dies auch klingt – viele starktriebige Pflanzen, die nur am Ende der überhängenden Triebe, nicht aber an aufrecht wachsenden Trieben blühen, bindet man herunter, um die Blühfreudigkeit zu erhöhen. Bei älteren Pflanzen führt das zu erheblichen Spannungen im Gerüst, weshalb größter Wert auf die Verbindungen der verschiedenen Elemente gelegt werden muß. Leichte, genagelte oder geklammerte Verbindungen halten in aller Regel nicht lange, freistehende Spaliere zerfallen dann recht rasch in ihre Einzelteile. Entweder wählt man also feste, geschraubte oder geschweißte Verbindungen, oder flexible aus Kunststoffschnüren, Kokos oder Draht. Alle diese Kletterhilfen müssen stabil mit dem Kübel verbunden sein. Es kommt nämlich sehr oft vor, daß Kletterpflan-

zen ein nur in den Boden gestecktes Spalier einfach herausheben, eine nachträgliche Korrektur ist dann meist nicht mehr möglich. Kletterpflanzen für freistehende Spaliere oder Pyramiden sollten schon als kleinere Pflanzen in den Endtopf mit 20 oder 25 l Inhalt gesetzt werden. Dies ist deshalb anzuraten, weil sie sich später kaum ohne Zerstörung des Spaliers oder der Pyramide umtopfen lassen. Die zahllosen abgebrochenen Triebe bedingen dann, daß die Pflanze bis aufs Leitgerüst zurückgeschnitten werden muß. Die Pflanzen sind dann über Wochen nicht mehr schön, speziell, wenn im Winter umgetopft wird. Durch die Wahl geeignet großer Gefäße, in denen die Pflanze jahrelang stehen kann, weicht man diesem Problem aus.

Wann blühen Kletterpflanzen?

Kletterpflanzen haben die Eigenschaft, daß sich ihre Stämme oder Stengel praktisch beliebig verlängern lassen.

Dies ist eine Anpassung an ihren Ursprungsstandort, zumeist am Rand von Wäldern, wo sie sich erst dann zur Vollentwicklung und Blüte durchringen können, wenn ihre vegetativen Organe (v.a. Blätter und Triebe) der vollen Sonne ausgesetzt sind. Kletterpflanzen wachsen also so lange aus dem Schatten heraus, bis so viel reich besonnte Blattfläche zur Verfügung steht, daß sie in die generative Phase (= zur Blüte und Fortpflanzung fähig) überwechseln können.

Dies – zusammen mit der Eigenschaft, daß alle Kletterpflanzen eine möglichst lange Vegetationsperiode wollen, was allein schon daraus hervorgeht, daß es in den gemäßigten Gebieten sehr viel weniger Kletterpflanzen als in den Tropen gibt – führt dazu, daß bei vielen Kletterpflanzen die Blüte nicht zwangsläufig einem jährlichen Zyklus folgt. Sehr viele Kletterpflanzen blühen zwei- oder mehrmals jährlich, nicht unbedingt jedes Jahr zur selben Zeit. Gewöhnlich bezeichnet man diese Eigenschaft der mehrmaligen jährlichen Blüte mit »remontieren«. Man weiß nicht ganz genau, ob die Pflanze dies selbst zu regulieren vermag. Sicher ist jedoch, daß sich unter kontrollierten Bedingungen von Feuchtigkeit, Licht und einigen anderen Faktoren, vor allem Schnitt, die Blütezeit weitgehend steuern läßt.

Im Gegensatz zum Freiland hat man unter Glas die Möglichkeit, die Wachstumsbedingungen zu verändern. Bei geschickter Pflege kann der Wintergartenbesitzer so bei einigen Pflanzen eine ganzjährige Blüte erzielen. Klassisches Beispiel hierfür sind *Passiflora*-Arten, die bei uns in Mitteleuropa zu jeder Jahreszeit blühend auf dem Markt erhältlich sind. Auch viele andere Blütenpflanzen kennen keine typische Ruheperiode bzw. sie brauchen diese nicht, so daß auch bei ihnen eine ganzjährige Blüte möglich ist. Solche Unterschiede gibt es sogar innerhalb einer Gattung, erwähnt seien hier nur verschiedene Jasmin-Arten, von denen manche ohne eine Kälteperiode überhaupt nie zur Blüte kommen (*Jasminum mesnyi*), andere aber ganzjährig blühen können (*J. sambac*). Ähnliches gilt auch für das Blühverhalten von *Bougainvillea*. Während *Bougainvillea glabra* auf keinerlei Ruheperioden angewiesen ist, braucht *B. spectabilis* eine mehrmonatige Trockenperiode, andernfalls bildet sie ganzjährig nur Blätter. In den feuchten Tropen wird man deshalb kaum Blüten an *B. spectabilis* entdecken, obwohl sie dort unkrautartig wächst. Inwieweit und wie sich die Blütezeiten von Kletterpflanzen steuern lassen, wird z.T. bei den Porträts erläutert, viele andere Kletterpflanzen reagieren sehr ähnlich. Daß es neben der Trockenheit oft auch die Temperatur ist, die einen Blütereiz auslöst, läßt sich als Folge von längeren kühlen Schlechtwetterperioden in unseren Sommern erkennen: Bei erneutem Eintreten von sommerlicher Witterung beginnen dann eine ganze Reihe der typischen Frühjahrsblüher mit einer zweiten Blüte im Herbst, was in Jahren mit durchgehend warmen Sommern nicht zu beobachten ist.

In Wintergärten sieht man Waldreben selten. Es gibt jedoch eine ganze Reihe nicht winterharter Arten, von denen vor allem die winterblühenden, immergrünen interessant sind.

<u>Oben:</u> Der nordindische Lilienwein, *Beaumontia grandiflora* ist eine Rarität für Kenner.
<u>Rechts:</u> Die frostverträglichste immergrüne Bignoniaceae: *Bignonia capreolata,* die Kreuzrebe.

Beaumontia grandiflora – Lilienwein (+10 °C)

Aus Nordindien stammt diese starkwüchsige Liane, deren Triebe am Naturstandort durchaus 15 m erreichen können. Ihren englischen Namen »Easter Lily Vine« verdankt sie ihren ausgezeichnet duftenden, weißen Trompetenblüten, die 15–20 cm lang sein können. Je nach Temperatur erscheinen sie bei älteren Pflanzen ab Spätwinter. Ungeachtet ihres kräftigen Wuchses kann die Pflanze sehr gut in zweistöckigen Glasanbauten gezogen werden, wenn sie nur recht kräftig geschnitten wird. Im Gegensatz zu vielen anderen starkwüchsigen Schlingpflanzen, die ähnliche Ausmaße erreichen können, macht sie nur vergleichsweise wenige Seitentriebe, so daß ein schmaler, hoher Raum – beispielsweise in einer Wintergartenecke – aus-

reicht. Sie darf nicht an anderen Pflanzen hochgezogen werden, da ihre Triebe die Stützpflanze erwürgen. Idealer Standort für *Beaumontia* ist beispielsweise das Zentrum eines lichten Treppenhauses, wo sie an einem oder mehreren Stahlseilen vom Boden aus leicht das 5. Stockwerk erreichen kann und – durch regelmäßiges Einkürzen der Seitentriebe von oben bis unten belaubt – auch ohne Blüten ausgesprochen dekorativ aussieht. Ein luftiger Raum wie ein Treppenhaus ist für *Beaumontia* vor allem deshalb vorzuziehen, weil ihr Duft äußerst intensiv ist – für einen kleinen Wintergarten zu stark. Glücklicherweise gehen die Blüten nicht alle zusammen auf, sondern immer nur die eine oder andere aus Büscheln von 3–9 Knospen. Die Blätter sind dem Wuchs dieser Pflanze entsprechend üppig: lederig, schwer, länglich oval, bis 20 cm lang bei 10 cm Breite, zumeist etwas eingerollt. *Beaumontia* ist eine ausgezeichnete Wintergartenpflanze, jedoch selten in Kultur und ziemlich kostspielig, weil sie schwer zu vermehren ist und in der Jugend langsam wächst. Sie legt erst im vierten oder fünften Jahr richtig los, wächst dann aber etwa 2 m

jährlich. Man hüte sich davor, *Beaumontia* in Lüftungs- oder Schattieranlagen hineinwachsen zu lassen, sie kann auch schlecht befestigte Fenster aus der Verankerung drücken.

Bignonia capreolata (0 °C)

Diese aus den südlichen USA stammende Art ist die frosthärteste der vollständig immergrünen, kletternden Bignoniaceen. Bereits in Südengland hält sie im Freien aus, auch in den wärmsten Lagen Mitteleuropas kommt sie in milden Wintern durch. Sie wächst langsamer als die meisten ihrer Verwandten, kann aber durchaus im Alter 15 m erreichen. Die Blätter dieser Art sind gegenständig, zusammengesetzt aus 2 ovalen oder länglichen zugespitzten Blättern. Das Endblatt ist zu einer verzweigten Ranke umgebildet. Am Ende der Verzweigungen finden sich kleine Scheiben, mit denen sich die Pflanze anhaften kann. Die rötlich-gelben Blüten stehen zumeist in Büscheln von 2–5 in den Blattachseln. Sie sind trompetenförmig und aufgebogen, etwa 5 cm lang. Der Flor

beginnt oft schon im Spätherbst, die Hauptblütezeit ist im Spätwinter und Frühjahr, jedoch können auch zu anderen Zeiten Blüten erscheinen. *Bignonia capreolata* ist eine hervorragende Pflanze gleichermaßen für kühle und für warme Wintergärten. Sie ist sehr üppig und dicht belaubt, an einem Spalier gezogen kann sie eine Wand vollständig abdecken. Gewöhnlich braucht sie nicht geschnitten zu werden: Finden ihre Triebe keinen Halt und werden zu schwer, fallen sie in Kaskaden herunter. Diese herabhängenden Triebe blühen oft wesentlich reicher als die aufrecht wachsenden.

Bougainvillea (+10 °C)

Es muß wohl schon einen Grund haben, daß viele Hotels in den Tropen und Subtropen der ganzen Welt ihre Entrees von *Bougainvillea* flankieren lassen. Eine vollblühende *Bougainvillea* ist eine Visitenkarte, die ein Gast lange im Gedächtnis behalten wird. Während man sie im Süden meist über Mauern herunterhängen läßt oder über Torbögen zieht, was ihrer Wuchskraft am ehesten angemessen ist, kommt bei uns fast nur eine Verwendung am Spalier, als Pyramide oder Stämmchen in Frage. Eine pergolaartige Anbringung ist im Wintergarten ungünstig – so es sich nicht um einen Bogen handelt –, da die Blüten nicht herabhängen und sich dann hauptsächlich zwischen Glasscheiben und Laub befinden.

Um ihre volle Farbenpracht zu entfalten, brauchen Bougainvilleen volle Sonne. Das heißt nicht, daß sie in absonnigen Lagen nicht auch blühen, nur tun sie dies sehr viel spärlicher,

Wenn *Bougainvillea* bei uns ähnliche Verhältnisse vorfindet wie im Süden, wird sie hier genauso groß und blüht ebenso reich. Wichtig vor allem: ausreichend Licht.

die Farben sind blaß. Selbst farben-
prächtige Sorten haben dann den
zumeist altrosa Farbton, den man von
den im Zimmer kultivierten *Bougainvillea* kennt. Grundsätzlich lassen sich
Bougainvillea überall dort halten, wo
die Temperaturen 4 °C nicht unterschreiten. Dieser Grenzwert gilt nur für
ältere Pflanzen und auch nur dann,
wenn der Wurzelballen während der
Wintermonate trocken steht. Jungpflanzen hält man im Winter am
besten im Zimmer. Nichtsdestoweniger
werden von älteren Exemplaren kurze
Fröste vertragen. Bei einem Zurückfrieren des Zweiggerüstes kommt es in
aller Regel wieder zum Neuaustrieb –
vorausgesetzt, die Pflanze steht nicht
in nassem Substrat.

Die meisten *Bougainvillea*-Arten sind
recht kräftig wachsende Pflanzen.
Zieht man Bougainvilleen in Wintergärten ausgepflanzt und hat sehr viel
Platz, können sie ähnlich große
Flächen bedecken wie in den Tropen.
Alle Sorten lassen sich ausgezeichnet
schneiden, jedoch am besten direkt
nach der Blüte. Schwachwüchsige Sorten können auch zu Stämmchen oder
beliebigen Topiaries (Kunstformen wie
Vögel etc.) geschnitten werden.

Die meisten *Bougainvillea*-Sorten gedeihen ausgezeichnet auch im Container. Gerade hier ist jedoch die Auswahl der richtigen Sorten wichtig –
einige eignen sich für die Kübelkultur
sehr viel besser als andere. Empfehlenswert sind:
'After Glow' (orange), 'Barbara Karst'
(purpurrot), 'Betty Hendry' (purpurrot), 'Bois de Rose' (orange bis rosa-
purpur), 'California Gold' (gelb),
'Golden Glow' (gelb), 'Jamaika White'
(weiß), 'Killie Campbell' (rosa-purpur),
'Mrs. Butt' (tiefrot), 'Sanderana' (vio-
lett-purpur), 'Scarlett O´Hara' (tiefrot).
Was bei vielen anderen Topfpflanzen
wichtig ist – sie gleichmäßig feucht zu
halten –, führt bei *Bougainvillea* oft
dazu, daß sie zwar sehr gut wachsen,
jedoch mager oder gar nicht blühen.

Eine anfangs riesig erscheinende Con-
tainer-Größe von etwa 25 l ist für
starkwachsende Sorten angemessen.
In dieser Größe kann die Pflanze
10 Jahre stehen, speziell, wenn man
daran denkt, daß sie Starkzehrer sind,
und sie dementsprechend ernährt.
Gut beraten ist, wer für *Bougainvillea*
Tontöpfe solchen aus Plastik vorzieht
oder zumindest reichliche Gaben von
Stoffen beimischt, die die Drainage

Nicht alle *Bougainvillea*-Sorten gedeihen
an Standorten unter Glas vergleichbar gut
wie diese goldgelbe 'California Gold'.

und Durchlüftung der Erde fördern.
Wir mischen deshalb bei *Bougainvillea*
etwa 20 Volumprozent Perlite ins Substrat. So ist die Gefahr des Vernässens
sogar in Plastikcontainern nicht mehr
allzugroß.

Clematis

Die Waldreben sind uns wohlbekannte Gartenpflanzen, die keines Glasanbaues bedürfen. Es gibt jedoch auch einige schöne, nicht winterharte Arten. Mit einer einzigen Ausnahme sind sie reine Liebhaberpflanzen; ihre Blüten sind meist weißlich bis grüngelb und relativ unscheinbar.

Clematis armandii (–5 °C)

Clematis armandii nimmt unter den nicht winterharten Clematis eine Sonderstellung ein. Diese immergrüne Art wird gelegentlich von südländischen Baumschulen angeboten, ist aber vor allem auch in Holland und den meeresnahen Gegenden Englands und Frankreichs zu finden. Eigenartigerweise hat diese an der Grenze der Winterhärte stehende Pflanze ihren

Weg noch kaum nach Mitteleuropa gefunden. *Clematis armandii* stammt aus Zentral- und Westchina, erträgt also erhebliche Fröste und ist in Solaranbauten durchaus einen Versuch wert. Sie ist ein wenig-, aber starktriebiger, raschwüchsiger, im Alter bis 6 m hoch werdender Kletterstrauch, bei dem sich die Blattstiele als Windeorgane betätigen. Die Blätter wirken äußerst elegant. Sie setzen sich aus 3 langen, schmalen, zugespitzten Einzelblättern zusammen, die tief dunkelgrün und glänzend lederig sind. Bei gut ernährten Pflanzen können sie leicht 20 cm lang werden. Die Blüten sind je nach Sorte verschieden, sie stehen in Büscheln in den Blattachseln, sind meist cremeweiß und 5–7cm breit. Bei manchen Auslesen duften sie. Von *Clematis armandii* gibt es eine ganze Reihe von Sorten. Die bekanntesten sind 'Apple Blossom',

deren Blütenblätter wesentlich breiter und außen rosa überhaucht sind. Der Austrieb dieser Sorte ist typisch bronzefarben. Eine häufige reinweiße Auslese ist 'Snowdrift'.

Auch wenn *Clematis armandii* sogar in zimmerwarmen Räumen gedeiht, liebt sie doch eher kühle Wintergärten. Auch in ihnen kann die erste Blüte bereits im Spätherbst aufgehen. Der Flor setzt sich über den ganzen Winter hinweg fort und hört im besten Fall erst im Mai auf. Soweit es sich nicht um Sämlinge handelt, sind Pflanzen um einiges teurer als die normalen *Clematis*, weil Stecklinge sehr lange zum Bewurzeln brauchen.

Clytostoma callistegioides (+5 °C)

Diese manchmal auch als *Bignonia speciosa* bezeichnete Art stammt aus Argentinien. Auch sie erträgt Fröste bis –5 °C ohne Schwierigkeiten. *Clytostoma callistegioides* ist ein immergrüner, ziemlich stark wachsender Kletterstrauch, der sich ebenfalls mit Blattranken festhält. Ihre zusammengesetzten Blätter bestehen aus 2 gegenüberstehenden, gestielten Blättchen und einer endständigen, gestielten Ranke. Die Blättchen sind etwa 7 cm lang, bei gut ernährten Pflanzen auch länger, elliptisch länglich oder oval zugespitzt, glatt und glänzend und haben gewellte Blattränder. *Clytostoma*-Blüten sind sehr groß und stehen zumeist in Paaren am Ende der Triebe. Sie sind glockenförmig, etwa 7 cm lang und breit. Ihre Farbe ist ein elegant und kühl wirkendes Blaulila, im Blüteninnern durchzogen von purpurfarbenen Adern. *Clytostoma callistegioides* ist ein recht unregelmäßig blühender Kletterstrauch, mit einer Hauptblüte im Spätwinter und Frühjahr. Während des ganzen Sommers, gelegentlich auch im Herbst, werden weitere Blüten gebildet. Die Pflanze muß vergleichsweise wenig geschnitten werden, im übrigen ist ihr Laub so dekorativ, daß es einem schwerfällt, zur Schere zu greifen. Sie ist eine hervorragende, stets dekorativ wirkende und nicht wuchernde Kletterpflanze, die man nur empfehlen kann.

Dregea sinensis (–5 °C)

Diese heute manchmal noch unter ihrem alten, schönen Namen *Wattakaka sinensis* geführte Pflanze stammt aus China und ist nahe mit der Wachsblume (*Hoya*) verwandt. Bereits in Südengland ist sie winterhart, sie gedeiht also auch im kalten und – ausgepflanzt – nicht sicher frostfreien Glas-anbau. Bei *Dregea* stehen die Blüten zu 10–20 in langgestielten, dichten Büscheln, die etwa handtellergroß sind. Die pfenniggroßen Einzelblüten selbst sind weiß mit einem roten Zentrum und duften köstlich. Hauptblütezeit ist der Sommer. Diese raschwachsende Pflanze kann bis 5 m hoch werden. Im Interesse einer Verzweigung – sie wächst sonst eintriebig – sollte man sie ständig entspitzen, wodurch ihr Wachstum erheblich gebremst wird. Besonders zu erwähnen ist, daß ihre lanzettlichen Blätter nur sehr sparsam erscheinen, sie wird also nie zu dicht. Im Winter wirft sie in aller Regel das Laub ab.

Hardenbergia (+5 °C)

Von *Hardenbergia* aus der Familie Fabaceae sind in Australien nur 2 Arten bekannt, von denen die eine – *Hardenbergia comptoniana* – ausschließlich Westaustralien bewohnt, während die andere – *H. violacea* – überall in Australien vorkommt, nur nicht in Westaustralien. Beide Arten lassen sich schon an ihrem Laub leicht unterschei-

Wenn *Dregea sinensis* sich besser verzweigen würde, wäre sie bestimmt schon als Topfpflanze auf dem Markt. Die zahllosen, vom frühen Frühjahr bis späten Herbst erscheinenden Blüten duften äußerst angenehm.

<u>Links:</u> **Wenn die Blütezeit im Spätwinter nicht so kurz wäre, müßte man** *Hardenbergia violacea* **zu den dekorativsten Kletterpflanzen zählen.** <u>Rechts:</u> **Der immergrüne Goldwein,** *Hibbertia scandens,* **kann auch für kleine Wintergärten empfohlen werden.**

den, die westaustralische *H. comptoniana* hat Blätter, die aus 3 langen, schmalen, 5–12 cm langen Blättchen zusammengesetzt sind, während *H. violacea* länglich ovale, zugespitzte, 5–10 cm lange, ungeteilte Blätter hat. Beide Arten sind immergrün und haben purpurfarbene bis blaue, aber kaum 1 cm breite, typische Erbsenblüten, die in großer Zahl in eleganten Trauben in den Blattachseln erscheinen. Die Blütenstände bilden sich bereits im Spätherbst, die Blütezeit hängt weitgehend von der Wintertemperatur ab. So ist bei einer hohen Wintergarten-Temperatur durchaus schon ab Weihnachten mit der Blüte zu rechnen, bei gerade frostfreier Haltung dagegen erst im März. Die Länge der Blütezeit ist gleichfalls stark von der Temperatur abhängig. Sie liegt zwischen 4 Wochen und 3 Monaten.

Von beiden Arten gibt es eine rosablühende Form, von *H. violacea* auch eine Variante mit weißen Blüten. Beide Arten benötigen zur reichen Blüte volle Sonne. Sie werden am Spalier etwa 3 m hoch, können aber auch sehr gut als Bodendecker verwendet werden, wobei dann die Blüten weitgehend unter dem Laub versteckt sind. Für kühle Wintergärten gehört *Hardenbergia* zu den Kletterpflanzen erster Wahl, da sie zum einen ein typischer Winterblüher ist, zum anderen einen seltenen blauen Farbton bringt und zum dritten – im Gegensatz zu vielen anderen Kletterpflanzen – durchaus nicht den Rahmen eines kleineren Wintergartens sprengt. Leider ist *Hardenbergia* ebenso wie viele andere Schmetterlingsblütler bei Spinnmilben sehr beliebt.

Hibbertia

Alle *Hibbertia*-Arten stammen aus Australien und von den benachbarten Inseln. Sie werden aber inzwischen weltweit gepflanzt, weil sie zu den wenigen Kletterpflanzen gehören, die ganzjährig dekorativ aussehen. Dies liegt zum einen an ihren üppigen, fast sukkulent wirkenden Blättern, zum anderen an den goldgelben, einzelstehenden Blüten, die an manche Rosen oder an Johanniskraut erinnern. Während die *Hibbertia*-Arten in der Fachliteratur als Frühjahrs- oder Sommerblüher bezeichnet werden, ist diese Blütezeit in mitteleuropäischen Wintergärten nicht sicher. Sie scheint sehr stark auf die Kulturbedingungen zu reagieren, so daß selbst genetisch gleiche Pflanzen unter unterschiedlichen Bedingungen zu anderen Jahreszeiten – auch im Herbst und Winter – zur Vollblüte kommen können.

Hibbertia scandens – Goldwein (+10 °C)

Die bei uns häufigste Art ist *Hibbertia scandens* aus dem östlichen Australien. Die unterseits seidigen Blätter sind 8 cm lang und elliptisch. Die über 5 cm breiten Blüten leuchten gelb und erscheinen hauptsächlich im Frühjahr. Der Goldwein gedeiht am besten in warmen, gut drainierten Sandböden. Ganz vorzüglich eignet er sich auch als Bodendecker zwischen Felsbrocken. Da diese Pflanze aus der Familie der Dilleniaceae nicht wuchert, relativ langsam wächst und ganzjährig ausgesprochen dekorativ wirkt, setzt man sie vorzugsweise an einen Blickpunkt, wo sie nicht mit anderen Pflanzen konkurrieren muß. Sehr schön wirkt sie als etwa mannshohe Pyramide, womit aber ihr Wachstumspotential nicht ausgeschöpft ist – sie kann bis 10 m hoch werden.

Jasminum – Jasmin

Von den über 200 Jasmin-Arten aus der Verwandtschaft der Oliven (Familie Oleaceae) wird eine Vielzahl in kühleren Ländern unter Glas gezogen, in wärmeren im Freien angepflanzt – nicht nur wegen ihrer schönen Blüten und ihrer dekorativen Belaubung, sondern in vielen Fällen wegen ihres Duftes. Man zieht sie vorzugsweise an Wänden oder über Pergolen, wo man die trugdoldenartigen Blütenstände, die gewöhnlich am Ende der Triebe stehen, von oben betrachten kann. Nahezu alle Jasmin-Arten sind ausgesprochen anspruchslose Pflanzen, sie brauchen nur einen nährstoffreichen Boden. Volle Sonne ist nicht nötig, nur wird mit abnehmendem Licht auch die Blüte weniger. Alle starkwüchsigen Jasmin-Arten müssen nach der Blüte geschnitten werden. Der Schnitt ist deshalb so schwierig, weil sie wie alle anderen Schlinger und Ranker auch ihre eigenen Triebe als Kletterhilfe verwenden. Das führt dazu, daß sich oft mehrere Triebe umeinanderschlingen und ein einzelner Trieb nicht mehr herausgeschnitten werden kann. Im besten Fall kann man das Triebbündel entfernen, hinterläßt aber in der Restpflanze zahlreiche abgerissene, dünne Triebe und abgestreiftes Laub. Dieses wird nach kurzer Zeit welk und muß

dann mühsam mit der Hand herausgezogen werden, oder man wartet darauf, daß die unschönen Stellen wieder überwachsen werden. Da alle starkwüchsigen Kletterpflanzen nach Erreichen ihrer durch bauliche Konstruktionen bedingten Endhöhe kopflastig werden, das heißt, der nach oben wachsende Trieb nur noch nach der Seite ausweichen kann und früher oder später nach unten fällt, kommt hier nur eine Radikal-Lösung in Frage. Diese sieht am einfachsten so aus, daß man alle Triebe, die über eine bestimmte Höhe herausgewachsen sind, entfernt. Das komplette, dicht verwobene Vlies wird also beispiels-

weise 2 m über der Erdoberfläche ohne Rücksicht auf Einzeltriebe abgeschnitten und vom Spalier bzw. der überwucherten Pflanze gelöst. Das sieht zwar einige Zeit nicht schön aus, wenn die Arbeit aber im Frühjahr zu Beginn des Hauptwachstums durchgeführt wird, sind die Fehlstellen bald wieder überwachsen.

Viele Jasmin-Arten gehören besonders bei Liebhabern von Duftpflanzen zu den Wintergartenfavoriten. Nicht alle Arten brauchen ein Spalier, manche – wie der abgebildete Arabische Jasmin, *Jasminum sambac,* – lassen sich auch buschig ziehen.

Jasminum angulare (+10 °C)

Diese für einen Jasmin sehr schwachwüchsige Art klettert eigentlich nicht, wird mit ihren dünnen Trieben jedoch gern an Spalieren gezogen. Aus Südafrika stammend, erträgt sie nur wenig Frost, ist aber vergleichsweise unempfindlich gegenüber niederen Temperaturen über längere Zeit. Die Pflanze wirft ihr Laub nicht ab. Die Blätter setzen sich aus 3 ziemlich dicken Blättchen zusammen und sind tiefgrün. Im 10 °C-Wintergarten blüht die Pflanze fast das ganze Jahr, mit Schwerpunkt im Winterhalbjahr. Die Blüten erscheinen in aufrechten Rispen an den Triebenden, sie sind weiß, bis 5 cm lang und duften. *Jasminum angulare* gilt in England mit als bester Wintergarten-Jasmin. Er muß auch für mitteleuropäische Verhältnisse unbedingt empfohlen werden, weil er im Vergleich zu den meisten anderen Arten sehr wenig Platz braucht und überreich blüht – und das auch noch in der richtigen Jahreszeit.

Jasminum azoricum (+10 °C)

Diese schwachwüchsige Art ähnelt von der Blüte her etwas *Jasminum angulare*, ist aber im Wuchs sehr viel lockerer und hat auch schon mehr Klettertendenz. Auch *J. azoricum* blüht ganzjährig mit weißen Blüten, die gleichfalls duften. Auf Grund des lockeren Habitus wirkt die Blüte aber nie so reich wie bei *J. angulare*. Auch *J. azoricum*, die – anders als der Name sagt – aus Madeira stammt, ist wohl mit eine der besten Jasmin-Arten für den Wintergarten.

Jasminum humile (+5 °C)

Diese teilweise laubabwerfende Art, von der meistens die immergrüne Sorte 'Revolutum' im Handel ist, ist ein ziemlich robuster, kleiner bis mittelgroßer, halbkletternder Strauch mit ausgezeichneter Wintergarteneignung – weil seine Blüten ein für Duftpflanzen seltenes, leuchtendes Gelb aufweisen. Die Blätter bestehen aus 3–5

Blättchen, die in der Größe ziemlich unterschiedlich sind. Sie sind recht dick, tiefgrün und elliptisch bis oval. Vor allem im Frühjahr und Frühsommer erscheinen an den Triebenden zahlreiche tiefgelbe duftende, knapp 2 cm breite Blüten. *Jasminum humile* läßt sich auch als Busch ziehen, man schneidet ihn dann nach der Blüte hart zurück. Er stammt aus China und kommt auch in Wintergärten durch, deren Temperaturen gelegentlich in den Frostbereich fallen.

Jasminum mesnyi – Primeljasmin (0 °C)

Der Primeljasmin – häufig unter dem Namen *Jasminum primulinum* im Handel – ist eine ziemlich stark wachsende, halbimmergrüne, gelbblühende

Links: Mit einem Höhepunkt im Frühjahr blüht der immergrüne *Jasminum humile* 'Revolutum' fast ganzjährig. Unten: Der Engelsflügeljasmin, *Jasminum nitidum.*

Der laubabwerfende Parfümjasmin, *Jasminum officinale*, eignet sich wegen seiner großen Frosttoleranz vor allem für ungeheizte Solarhäuser. Der Duft ist dezent, die Blütezeit dauert Monate. Nachteil: Sehr starkes Wachstum.

Art für kühle Wintergärten, auch dort, wo er regelmäßigen Frösten ausgesetzt ist. Typisch sind die zahlreichen langen, vierkantigen Triebe und das aus 3 Blättchen zusammengesetzte Blatt, das bis 10 cm lang werden kann. Der Primeljasmin ist halbimmergrün, das heißt, das alte Laub wird erst kurz vor dem Neutrieb im Frühjahr abgestoßen. Zu dieser Zeit macht er im Wintergarten viel Arbeit, während des restlichen Jahres ist er pflegeleicht. Die bis fünfmarkstückgroßen Blüten sitzen einzeln an achselständigen Blütentrieben, sind primelgelb und im Inneren oft zart orange. Am selben Trieb können einfache, halbgefüllte und gefüllte Blüten vorkommen. Je nach Temperatur reicht die Hauptblütezeit vom Frühwinter bis weit ins Frühjahr. Es ist ziemlich offensichtlich, daß *Jasminum mesnyi* vor der Blüte eine mehrwöchige Periode mit niederen Temperaturen braucht. Hält man ihn im ständig warmen Wintergarten, ist er fast vollständig immergrün und blüht – wenn überhaupt – nur spärlich. *J. mesnyi* hat sehr geringe Bodenansprüche und eignet sich in großen Anlagen, ähnlich wie *J. nudiflorum*, als Bodendecker. Der Ausbreitungsdrang muß dann jedoch gezügelt werden, weil die auf dem Boden liegenden Triebe leicht Wurzeln bilden. Der manchmal verwendete deutsche Name »Wasserfalljasmin« deutet auf eine andere Eigenschaft hin: Alle Triebe, die nicht hochgebunden werden oder die sich nicht in einen Busch hineinschieben können, fallen kaskadenartig herab, was besonders während der Blüte einen vorzüglichen Eindruck hinterläßt.

Jasminum nitidum – Engelsflügeljasmin (+10 °C)

Zu der Gruppe der vergleichsweise schwachwachsenden Jasmin-Arten gehört auch der frostempfindliche *Jasminum nitidum*. Wer ihn als Kletterpflanze zieht, braucht eine kräftige Unterstützung, da die Pflanze vollständig immergrün ist und im Alter mächtig und schwer wird. Viel häufiger wird er allerdings als Busch gezogen. Die glänzenden, einfachen Blätter sind tief dunkelgrün, länglich oval und 5–10 cm lang. Stark duftende weiße Blüten erscheinen während des ganzen Jahres, mit einem Höhepunkt im Frühjahr und Frühsommer. Sie stehen in Büscheln an der Spitze von kurzen, in den Blattachseln entstehenden Seitentrieben. Die Knospen sind außen rosa überhaucht. *Jasminum nitidum* läßt sich durch die Form der Blütenblätter sehr leicht von anderen *Jasminum*-Arten unterscheiden. Die einzelnen Blütenblätter sind nicht gerundet, sondern zugespitzt und stehen ziemlich steif in rechtem Winkel von der Blüte ab. Die mit 4 cm für einen Jasmin sehr breiten Blüten wirken daher wie große Sterne.

Jasminum polyanthum – »Zimmerjasmin« (+10 °C)

Diese Art wird hier – vor allem im Spätwinter und Frühjahr – in zahlreichen Blumengeschäften als um einen Bogen geschlungene Topfpflanze angeboten. Daß dies *Jasminum polyanthum* ist, wissen die wenigsten Gärtner. Tatsächlich ähnelt diese stark duftende chinesische Pflanze in vielerlei Beziehung, speziell in ihrem kräftigen Wuchs, dem Parfümjasmin, *Jasminum officinale*, in seiner immergrünen Form. Die Blätter sind ebenso aus 5–7 Blättchen zusammengesetzt, wobei das Endblättchen sehr viel größer ist als die anderen. Von *J. officinale* unterscheidet sich *J. polyanthum* vor allem in der Zahl der Blüten pro Büschel, die bei 20–30 liegt. Die kleinen Einzelblüten sind innen weiß und außen rötlich überhaucht. Sie duften extrem stark, aber aufdringlich. Ein großer *J. polyanthum* läßt sich allein schon wegen des Duftes in einem normalen Wintergarten nicht halten, es braucht hier den Luftraum einer Halle. Die Blütezeit von *J. polyanthum* hängt weitgehend von der Temperaturführung im Wintergarten ab. Bei etwa 10 °C werden sich die ersten Blüten schon im Dezember öffnen, in kühleren Wintergärten im Laufe des Spätwinters. *J. polyanthum* verträgt nur wenig Frost, jedoch machen ihm niedere Temperaturen selbst über einen langen Zeitraum nichts aus.

Jasminum sambac – Arabischer Jasmin (+10 °C)

Der arabische Jasmin, der ursprünglich aus Indien stammt, ist eine vergleichsweise schwachwüchsige, buschige Pflanze. Sie verzweigt sich nur wenig. Die Blätter unterscheiden sich deutlich von denen anderer Jasmin-Arten, sie sind nicht zusammengesetzt, elliptisch oder breitoval, ungefähr 4–8 cm lang und tief dunkelgrün. Sie stehen zu zweit oder dritt an den Stielen zusammen. Am Ende der Triebe sitzen die Blüten in wenigblütigen Trugdolden, sie sind weiß, stark duftend und ziemlich fleischig. Bei guten Typen kann der Blütendurchmesser 4–5 cm betragen. Bei *Jasminum sambac* können im selben Blütenstand einfache, halbgefüllte und gefüllte Blüten gleichzeitig vorkommen. *J. sambac* blüht ganzjährig. Dies, in Verbindung mit den weißen, duftenden Blüten, die zum Parfümieren von Lebensmitteln verwendet werden, machen mit dem relativ schwachen Wachstum die Vorteile von *J. sambac* im Wintergarten aus. Nachteilig ist der sparrige Wuchs, dem auch mit Schnittmaßnahmen schwer beizukommen ist. Die Pflanze liebt mehr Wärme als die meisten der bisher vorgestellten *Jasmin*-Arten und zieht im Gegensatz zu diesen einen eher trockenen Standort vor. Kalter Boden und kaltes Gießwasser führen zu einer Gelbverfärbung der Blätter im Winter.

Die tomatenroten Blüten des Korallenweins, *Kennedya coccinea,* erfüllen die Zeit zwischen Spätsommer und Spätwinter mit einem ungewöhnlichen Farbton.

Kennedya

Kennedya kommt mit 16 Arten ausschließlich in Australien vor. Es handelt sich hier durchwegs um kriechende und kletternde Gehölze aus der Familie der Schmetterlingsblütler. Alle Arten haben aus 3 Blättchen zusammengesetzte Blätter. Die erbsenähnlichen Blüten decken den Farbenbereich von Rot, Purpur, Schwarz und Gelb ab. Die Hauptblütezeit der meisten Arten liegt im Frühjahr und Sommer, die wichtigste kletternde Art dieser Gattung, *Kennedya coccinea*, blüht jedoch fast ganzjährig.

Kennedya coccinea – Korallenwein (+5 °C)

Der westaustralische Korallenwein ist eine typische Pflanze lichter Wälder, der seine ungefähr 12 mm breiten, tomatenroten Blüten in zahlreichen, aufrechten Büscheln während des ganzen Jahres zeigt. Da bei uns keine Samen angesetzt werden, erfolgt die Vermehrung über Stecklinge, auch Abrisse sind möglich. Selbst junge Pflanzen blühen deshalb sofort. Außer viel Licht hat *Kennedya coccinea* keine besonderen Ansprüche. Alle *Kennedya*-Arten leiden oft sehr unter Spinnmilben.

Links: Ein heikler Leckerbissen für Liebhaber ist die chilenische *Lapageria rosea*.
Rechts: Die Katzenkralle hält sich mit krallenartigen Ranken an rauhen Wänden auch ohne Spalier.

Lapageria rosea – Chilenische Glockenblume (+5 °C)

Lapageria rosea zählt zu den für viele Liebhaber geeigneten Pflanzen. Sie kommt vor allem in Chile vor, dort ist sie Nationalblume. Am besten gedeiht sie an kühlen, feuchten, kalkfreien Standorten, in schattigen oder halbschattigen Lagen. *L. rosea* ist vollständig immergrün, macht starke, aber dünne, drahtartige, schlingende Triebe und erreicht im Alter knapp 5 m, so sie entsprechend hochgezogen wird. Sie wächst langsam. *Lapageria*-Blätter sind oval-lanzettlich bis herzförmig und lederig. Die bis 7 cm langen und 5 cm breiten Blütenglocken sind fleischig und hängen einzeln oder in Büscheln in den Blattachseln der obersten Blätter. Die Blüten können rot, rosa oder – wie bei der Sorte 'Alba' – weiß sein. Sie halten sehr lange. Als Hauptblütezeit wird meist der Sommer und Herbst angegeben, Blüten können aber auch zu anderen Jahreszeiten erscheinen. Dies ist nicht so zu verstehen, daß die Pflanze remontiert, sondern so, daß in einem Bestand von beispielsweise fünfzig Pflanzen selbst zur ungünstigsten Jahreszeit 2 oder 3 in Vollblüte stehen, deren Blüte dann aber zu Ende ist, wenn die Masse ihren Flor zeigt.

Macfadyena unguis-cati – Katzenkralle (+5 °C)

Die Katzenkralle, die früher *Doxantha* hieß, ist ein mäßig stark wachsender, in der Regel immergrüner Kletterstrauch mit ziemlich dünnen Trieben. Die Blätter sind gegenständig und zusammengesetzt, lanzettlich oder oval zugespitzt und bis zu 7 cm lang. Das Endblättchen ist zu einer dreifach gegabelten, krallenartigen Ranke umgebildet, die sich an rauhen Wänden selbst festhalten kann. Die Blüten zeigen ein sehr schönes, klares Dottergelb mit dunkleren gelben Streifen im Inneren. Die Blüte ist trichterförmig, im Durchmesser bis zu 10 cm breit, meist aber viel schmaler und etwa 5 cm lang. Sie stehen zu zweit an kurzen Stielen in den Blattachseln. Die Hauptblütezeit von *Macfadyena unguis-cati* ist im Frühjahr und Frühsommer, sehr häufig folgt eine zweite Blüte im Spätsommer. Auch während der anderen Jahreszeiten werden gelegentlich Blüten ausgebildet. Obwohl *M. unguis-cati* nur mäßig rasch wächst, kann sie doch im Alter selbst die höchsten Bäume erklimmen. Läßt man sie am Spalier frei wachsen, fallen viele Triebe herunter. Vor allem diese Triebe blühen reich. *M. unguis-cati* gehört zu den Bignoniaceen, die man nach der Blüte zurückschneiden sollte, da die herabhängenden Triebe sonst ein unentwirrbares Knäuel bilden, das nur schwer entfernt werden kann.

Mandevilla und Dipladenia

Wie bei vielen anderen Pflanzen werden die hier mit *Mandevilla* bezeichneten Arten seit Jahrzehnten zwischen den Gattungen *Mandevilla* und *Dipladenia* hin und her geschoben – je nachdem, welche Lehrmeinung gerade vorherrscht. Viele Gärtner blieben beständig und bezeichnen die meisten Pflanzen weiterhin als *Dipladenia*. Als *Mandevilla* wird einzig und allein der laubabwerfende Chilenische Jasmin, *Mandevilla laxa* (früher *M. suaveolens*) bezeichnet. Abweichend vom gärtnerischen Sprachgebrauch, aber entsprechend der derzeit gültigen botanischen Nomenklatur werden hier auch die immergrünen Arten als *Mandevilla* bezeichnet. Wer sie im gärtnerischen Fachhandel kaufen möchte, muß allerdings nach *Dipladenia* fragen, da der Name *Mandevilla* weitgehend unbekannt ist.

Mandevilla × 'Alice du Pont' (+10°C)

Die im wärmeren Wintergarten wohl beste *Mandevilla* ist die Hybride 'Alice du Pont', sie hat üppige dunkelgrüne, bis 15 cm lange, eiförmige Blätter und riesige pinkfarbene Trichterblüten. Bereits eine einzige offene Blüte sorgt für einen Blickpunkt. Auch wenn sie kurzfristig etwas kühler stehen kann, sollte doch das Temperaturminimum im Winter bei +10 °C liegen. Wie die anderen *Mandevilla* kann sie gut im Topf gezogen werden, was jedoch auf Kosten der Wüchsigkeit geht.

Links: *Mandevilla sanderi* wächst sehr langsam. Empfindlich gegen kalten, nassen Boden im Winter.
Rechts oben: *Mandevilla boliviensis* gehört zu den am reichsten blühenden Kletterpflanzen für warme Wintergärten.

Mandevilla laxa – Chilenischer Jasmin (+5 °C)

Der Chilenische Jasmin hat, abgesehen vom Duft, nichts mit Jasmin zu tun. Auch mit den anderen *Mandevilla*-Arten hat er nur wenig gemeinsam. *Mandevilla laxa* ist ein ziemlich starkwüchsiger Kletterstrauch. Er kann halbstrauchig und oberirdisch teilweise absterbend oder völlig laubabwerfend oder vollständig immergrün sein. Die Blüten ähneln sehr stark unseren Trichterwinden, sind wie diese weiß und haben in der Regel einen gelben Schlund, wobei auch reinweiße Formen vorkommen. Manche Typen haben einen rosa Hauch. Der Blütendurchmesser beträgt etwa 5 cm, die Blüten stehen in großen Büscheln in den Blattachseln. Sie können sehr stark duften, vor allem am Abend, aber auch fast duftlos sein. Im übrigen läßt sich feststellen, daß die unkrautartig wuchernden und fast während der gesamten Vegetationsperiode blühenden *M. laxa* kaum duften, während die starkduftenden Typen eine relativ kurze Blütezeit im Spätsommer und Herbst haben. *M. laxa* ist eine problematische Wintergartenpflanze. Solange sie üppig wächst, sieht sie sehr dekorativ aus. Sobald aber die Blätter altern, wirken die Pflanzen schäbig und vernachlässigt. Zumindest im Sommerhalbjahr ist das fast immer eine Folge des Spinnmilbenbefalls, für den *M. laxa* ausgesprochen empfänglich ist. Zu allem Überfluß ist auch die Weiße Fliege ein häufiger Schädling. Was Gärtner kaum tun, was man im Wintergarten aber trotzdem sollte: *M. laxa* jährlich oder alle 2 Jahre bis knapp über die Boden-oberfläche zurückschneiden und die alten Blätter vom Boden auflesen. Man kann dadurch das Spinnmilben-problem stark verringern, gleichzeitig ist die Pflanze auch unten grün, während alte Pflanzen ansonsten an der Basis verkahlen. Subjektiv einge-schätzt, ist *M. laxa* ein wunderschön blühendes Unkraut, das es in seiner Wüchsigkeit durchaus mit *Passiflora* oder *Pharbitis* aufnehmen kann. Auch die – abhängig vom Typ – mehr oder weniger stark duftenden Blüten neh-men für sie ein. Ihre Anziehungskraft auf Spinnmilben und Weiße Fliege läßt uns jedoch von einem ganzjährigen Platz im Wintergarten abraten. Opti-mal ist sie dagegen als Kübelpflanze, die im Sommer im Freien steht.

Muehlenbeckia

Von der Gattung *Muehlenbeckia* gibt es eine ganze Reihe von Arten, die sich im Wintergarten als kriechende Bodendecker verwenden lassen. Als Kletterpflanze aber tatsächlich wichtig ist einzig *Muehlenbeckia complexa*, der Drahtwein aus Neuseeland.

Muehlenbeckia complexa – Drahtwein (0 °C)

Diese teilweise laubabwerfende Pflanze ist ein überaus wüchsiger, bis 6 m hoher Kletterstrauch mit zahlrei-chen, sehr dünnen, dunklen Trieben, die wirr durcheinanderwachsen und dichte Vorhänge oder Teppiche bilden. Die winzigen Blättchen sind in der Form unterschiedlich, meist rundlich bis länglich, ihre Größe schwankt zwi-schen 3 und 20 mm. Den unscheinba-ren Blüten folgen manchmal weiße fleischige Beeren. *Muehlenbeckia com-plexa* ist wegen ihres filigranen Zweig-

gerüsts eine Lieblingspflanze moder-ner Floristen. Sie läßt sich in einem sehr weiten Bereich verwenden, von nicht unbedingt frostfrei bis Zimmer-temperatur, und zu den unterschied-lichsten Zwecken. In südlichen, regen-armen Gebieten findet man sie oft als Staub- und Regenschutz über Latten-gerüste gezogen. Läßt man sie dort herabhängen, wirkt sie ähnlich wie Louisiana-Moos. Sehr schön ist *M. complexa* auch, wenn sie von Fel-sen oder Mauern herunterfällt. In Wintergärten muß man sie ständig im Auge behalten – auf den dort meist guten Boden reagiert sie mit wuchern-dem Wachstum. Benachbarte, weniger üppige Gehölze müssen dann stets freigeschnitten werden. Der Drahtwein eignet sich auch hervorragend als Bodendecker.

Links: *Mandevilla*-Hybride 'Alice du Pont' – eine der auffallendsten Kletterpflanzen für warme Wintergärten. Unten: *Muehlen-beckia complexa,* der neuseeländische Drahtwein, ist wegen seiner filigranen Struktur ein Lieblingskind der Floristen.

Pandorea

Als australischer Vertreter der Bignoniaceen ist nur die Gattung *Pandorea* interessant. Alle Arten sind immergrün und ziemlich starkwüchsig.

Pandorea jasminoides (+5 °C)

Die Art, im Englischen als »bower plant« (= Laubenpflanze) bezeichnet, ist weit verbreitet. Sie hat nicht nur sehr auffällig gefärbte, große Blüten, die während des ganzen Jahres erscheinen, sondern auch ein ausgesprochen dekoratives Laub. Die Blätter bestehen aus 5–9 schmal-elliptischen, ovalen bis lanzettlichen Blättchen, die etwa 3 cm lang sind. Sie sind tief dunkelgrün und glatt. Die Blütenrispen stehen in den Blattachseln oder am Ende der Triebe, die Blüten sind röhren- bis glockenförmig und entfalten sich in 5 fast runde, gewellte Blütenblätter, die weiß oder rosafarben sind, tiefrosa oder nahezu purpur

in der haarigen Kehle. Von *P. jasminoides* gibt es einige Sorten, so die fast reinweiß blühende 'Alba', 'Charisma' mit rosa Blüten und panaschiertem Laub, und eine zartrosa 'Variegata'-Form. Auch alte Pflanzen von *Pandorea jasminoides* können gelegentlich von Bodenpilzen befallen werden, sogar im Sommer. Wird das zuvor glänzend grüne Laub plötzlich stumpfgrün, ist die Pflanze meist verloren.

Pandorea pandorana – Wonga-Wonga-Wein (+5 °C)

In seiner Heimat Wonga-Wonga-Wein genannt, gehört dieser starkwüchsige Schlinger zu den dekorativsten Blattschmuckpflanzen für große Wintergärten. Am besten kommt er an einem Spannseil oder Pfeiler zur Geltung, wo er im Verlauf weniger Jahre über mehrere Etagen einen Wasserfall voll üppigen, dunkelgrünen, wie lackiert wirkenden Laubes entfalten kann. Wie bei allen Bignoniaceen sind die Blätter

zusammengesetzt bzw. unpaarig gefiedert. Sie sind absolut glatt und glänzend tiefgrün, so daß sie tatsächlich wie mit Glanzlack oder Blattglanzspray überzogen aussehen. *Pandorea pandorana* blüht zwar reich, im Vergleich zu *P. jasminoides* jedoch eher unscheinbar. Die duftenden Blüten erscheinen bei uns vom Frühwinter bis ins Frühjahr hinein in traubigen Blütenständen. Sie sind glockenförmig mit 5 deutlich ausgeprägten Lappen, jedoch mit nur 1–2 cm Breite und Länge viel kleiner wie die ihrer Verwandten. Ihre Farbe ist ein wenig auffallendes, gelbliches Weiß, der Schlund ist innen purpur gefleckt. Gegen Bodenpilze, die bei *P. jasminoides* gelegentlich Ärger machen können, ist sie wenig anfällig.

Passiflora

Passiflora lassen sich verwendungs-
orientiert in 3 Gruppen einteilen:
• solche, denen ein paar Grad Frost
und tiefere Temperaturen über längere
Zeit überhaupt nichts ausmachen
• solche, die im 0–10 °C-Wintergar-
ten zufriedenstellend wachsen und
• solche, die bei 10 °C Bodentemperatur kaum über den Winter kommen,
die also Zimmerklima benötigen.
Läßt man jetzt alle *Passiflora* weg,
deren Blüten nur Liebhaberwert haben,
alle in der Kultur schwierigen Arten
und alle, die in Mitteleuropa nur über
Liebhaber- Tauschhandel zu erhalten
sind, reduziert sich das *Passiflora*-Sor-
timent auf ein gutes Dutzend. Und bei
diesem Dutzend sind einige so ähnlich,
daß man sie hinsichtlich des Verwen-
dungszweckes austauschen kann. Alle
Passiflora lieben einen gut drainierten,
nährstoffreichen Boden. Sie klettern
mit Hilfe von Ranken, die in den Blattachseln sitzen. Die starkwachsenden
Passiflora-Arten lassen sich fast so
schlecht schneiden wie starkwachsende Jasmin, da sie – wenn man sie
läßt – wild durcheinanderwuchern. Ein
Vorteil der meisten hier besprochenen
Passiflora ist, daß sie wenig unter
Schädlingen zu leiden haben. Eine Ausnahme machen verschiedene Arten,
die gelegentlich unter dem Namen
Tacsonia im Handel sind und die
anscheinend eine Leibspeise für Spinnmilben darstellen. Die meisten *Passiflora*-Arten können theoretisch ganzjährig blühen, mit einem Höhepunkt
im Hochsommer und frühen Herbst.
Andere, wie beispielsweise *Passiflora
quadrangularis*, erhalten offensichtlich
im Herbst einen Blühstimulus und entwickeln einen großen Teil der Knospen
– soweit sie nicht wegen ungünstiger
Umstände abfallen – im Winter.

An einem dünnen Drahtspalier oder an
Spannseilen lassen sich *Passiflora* (hier
P. 'Sabine'-Hybride) am leichtesten ziehen.

Passiflora alato-caerulea 'Imperatrice Eugénie' (+10 °C)

Diese Sorte, die auch unter dem
Namen 'Empress Eugenie' oder 'Kaise-
rin Eugenia' im Handel ist, ist sicher
eine der besten, auch für kleine Wintergärten geeigneten Arten. Sie wächst
relativ schwach und ist wenig verzweigt, so daß man sie einige Zeit
durchaus als Topfpflanze halten kann.
Die Blätter dieser Art sind ziemlich
groß, bis 14 cm lang und dreilappig.
Sie werden selten richtig grün, sondern sind meist gelblich marmoriert,
was zumeist ein deutlicher Hinweis auf
eine latente Viruserkrankung ist. Dies

ist jedoch nicht weiter gefährlich.
'Impératrice Eugénie' hat sehr große
Blüten, wobei die Blütenblätter rosa
und violett, die Kelchblätter dagegen
weiß sind. Die Breite der Blüte kann
bis zu 12 cm betragen. Hauptblütezeit
ist der Sommer und Herbst, jedoch
werden während des ganzen Jahres
weitere Blütenknospen gebildet, die
sich bei günstiger Witterung auch öffnen. Unter ungünstigen Bedingungen
werden sie abgestoßen. Auch wenn
diese Art im lauwarmen und warmen
Wintergarten am besten gedeiht,
wächst sie im kühlen, aber sicher frostfreien Glasanbau auch.

Passiflora amethystina
Passiflora 'Amethyst' (+10 °C)

Eine dieser Arten, *Passiflora* 'Amethyst', war bis vor wenigen Jahren in Mitteleuropa als *Passiflora violacea* bekannt. Sie ist auch unter dem Namen 'Lavender Lady' im Handel. *P. amethystina* ist eine ziemlich raschwüchsige Pflanze mit recht kleinen, 6 cm langen und 10 cm breiten, dreilappigen Blättern. Die Blüten sind verwaschen blau-lila und haben etwa 7 cm Durchmesser. *Passiflora* 'Amethyst' hat demgegenüber bis 8 cm lange und 12 cm breite Blätter, die bis zu 4/5 ihrer Länge tief dreilappig und tief dunkelgrün sind. Die Blüten können bis 11 cm breit werden und sind von einem intensiven Purpur oder Purpurblau. Die Blütenblätter sind deutlich nach hinten gelegt. *Passiflora* 'Amethyst' blüht überreich das ganze Jahr über, nur während der heißesten Jahreszeit wächst das Laub den Blüten etwas davon. Von der Blühwilligkeit und Auffälligkeit der Blüte her ist diese Art sicher eine der besten.

Passiflora edulis –
Maracuja (+10 °C)

Passiflora edulis ist als Passionsfrucht, Purpurne Passionsfrucht oder Purpurgranadilla, vor allem aber unter dem Namen Maracuja die bekannteste und verbreitetste Obst-Passionsblume.

<u>Oben:</u> Viele *Passiflora*-Hybriden sind ihren Eltern überlegen. Reichblühend, niedere Temperaturen vertragend: *P.* 'Sabine'Typen (oben Mitte). Nur mäßig stark wächst *P. sanguinolenta* (oben links). Ein altes Exemplar von *P. jamesonii* (oben rechts). <u>Unten:</u> die wärmebedürftige Riesengranadilla (*P. quadrangularis*).

Wild kommt sie von Brasilien bis ins nördliche Argentinien vor, wird heute aber wohl in jedem Land der Tropen und Subtropen mit annähernd passendem Klima kultiviert. Ihre Blüte ist nicht so dekorativ wie die der reinen Zierformen, die innen blaßblauen und außen weißen, extrem langen Staubfäden sind stark gekräuselt und verdecken die darunterliegenden, meist weißen Blütenblätter. Wünscht man also eine *Passiflora* mit eßbaren Früchten und schönen Blüten, weicht man in einem warmen Wintergarten auf *P. quadrangularis*, in einem kühlen Wintergarten auf *P. antioquiensis* aus. Von *Passiflora edulis* gibt es zahlreiche Auslesen und Sorten, die eine sehr breite Streuung aufweisen. So gibt es Typen, die ohne weiteres längere Zeit niedere Bodentemperaturen und sogar leichte Fröste aushalten, andere kommen in Glasanbauten selbst bei

Passiflora quadrangularis – Riesengranadilla (+15 °C)

Passiflora quadrangularis gehört zu den schönsten, aber auch zu den starkwüchsigsten Arten für warme Wintergärten. Sie hat riesige Blüten mit breiten Blütenblättern und wohl die größten Früchte aller Passionsblumen. Ihr Wachstum hält man am ehesten im Zaum, indem man sie in großen Kübeln kultiviert und häufig schneidet, was bei dieser Art auf Grund der relativ wenigen, dicken Triebe nicht so schwierig ist wie bei dünntriebigen, dicht verzweigten Arten. Entsprechend ihres gewaltigen Wachstumes hat *P. quadrangularis* auch sehr große Blätter. Sie sind breit-oval und bei 15 cm Breite bis 25 cm

Länge. Die sehr markanten Stengel sind im Querschnitt vierkantig mit hervorstehenden Ecken. Entsprechend ihrer Herkunft aus der Karibik läßt sich *P. quadrangularis* nur in Wintergärten halten, in denen die Temperaturen möglichst nie die 10 °C- Schwelle unterschreiten, besser gedeiht sie bei Zimmertemperatur. Ist es ihr zu kühl – das ist bei 10° C der Fall –, werden die Blätter ziemlich rasch gelb und fallen ab. Speziell an den Blattnarben setzt sich dann leicht Grauschimmel fest, der bei den fleischigen, wenig verholzten Trieben dieser *Passiflora* leichtes Spiel hat. Die Blüten von *P. quadrangularis* zeigen die Farben Rot, Violett und Weiß, sie können bis 12 cm breit werden. Nach künstlicher Bestäu-

Mindesttemperaturen von +10 °C nicht über die Runden. Das Problem bei *P. edulis* ist, daß sie bei kühler Überwinterung – eventuell auch schon nach einem Schock durch Gießen mit kaltem Wasser – sehr schnell gelbe Blätter bekommt, die dann innerhalb weniger Tage abfallen können. Jetzt ist meist der Kübel oder der Boden naß, die Pflanze braucht dann aber mangels Blättern kein Wasser mehr. Ist die Temperatur zum Wachstum zu gering, ist es nur eine Frage der Zeit, bis die Wurzeln von Pilzkrankheiten befallen werden und absterben. Vorsichtig gießen mit zimmerwarmem Wasser ist das A und O für eine erfolgreiche Maracuja-Kultur bei niederen Temperaturen. Im übrigen gibt es von *P. edulis* eine Form *flavicarpa* mit gelben Früchten, die gegen verschiedene bodenbürtige Krankheiten ziemlich resistent ist. Leider gilt ihr Fruchtfleisch als weniger schmackhaft, weshalb sie vor allem als Veredelungunterlage für die normale Art dient. *P. edulis* ist ausgesprochen variabel, die schön glänzenden Blätter können sowohl gelappt als auch ungelappt sein, in der Länge und in der Breite messen sie zwischen 5 und 25 cm.

Weitere *Passiflora*-Arten	Blüte	minimale Thermostat-einstellung	Bemerkungen
Passiflora antioquensis (Rote Bananenpassionsblume)	rosa – rot ca. 10 cm	+ 5 °C	Eßbare Früchte nach Handbestäubung, anfällig für Spinnmilben
Passiflora cinnabarina	scharlachrot, 6 cm	+ 10 °C	Etwas wurzelempfindlich
Passiflora coccinea	hellrot, 6 cm	+ 15 °C	Seltene Art mit hohem Wärmeanspruch
Passiflora incarnata	weiß, malvenfarben bis lila, 7 – 9 cm	0 °C	Gilt als frosthärteste Art (bis – 16 °C), staudig, Früchte bis 6 cm lang, wohlschmeckend
Passiflora jamesonii	rosa bis rot, 10 cm	+ 5 °C	Hochandine, kältetolerante Art. Spinnmilbenanfällig
Passiflora ligularis (Süße Granadilla)	9 cm, weiß-rosa-purpur	+ 15 °C	Wohlschmeckende Früchte. Empfindlich gegen Überhitzung und Trockenheit. Blätter herzförmig
Passiflora mollissima (Bananenpassionsblume)	hellrosa, 6 – 9 cm	+ 10 °C	Bananenförmige, eßbare Früchte. Spinnmilbenanfällig. Nur in gut durchlüfteten Wintergärten
Passiflora racemosa	scharlach – karmesinrot, rot-weiße Staubgefäße, bis 7 cm	+ 15 °C	Schwer zu vermehrende Art. Schwachwüchsig. Bis 75 cm langer, traubiger Blütenstand, bis 40 Blüten
Passiflora sanguinolenta	rosa, sternförmig, 4,5 cm (siehe Abb. S. 156)	+ 15 °C	Unempfindlich gegenüber schwankenden Temperaturen. Weichfilzige, mondförmige Blätter.

bung bilden sich sehr große, in der Reife orange Früchte, die bis zu 30 cm lang werden können. Laut Fachliteratur soll *P. quadrangularis* nördlich des Äquators im Sommer und Anfang Herbst blühen. Wir können das nicht bestätigen, vielmehr bilden sich unter unseren Bedingungen bei relativ niederen Temperaturen die ersten Blütenknospen im Spätherbst, sie entwickeln sich auf Grund der niederen Temperaturen und der geringen Lichtintensität nur langsam. Die ersten Blüten zeigen im Mittwinter Farbe und gehen dann ungefähr Anfang Februar auf, so sie nicht abgeworfen werden. Die kritische Zeit ist das Stadium, in dem sie Farbe zeigen; dieses kann sich bei *P. quadrangularis* im Winter durchaus über 2 Wochen hinziehen. Sind zu diesem Zeitpunkt die Witterungsbedingungen ungünstig oder wird die Pflanze gestört – beispielsweise durch einen Guß mit kaltem Wasser –, wirft sie die ersten Knospen mit ziemlicher Sicherheit ab. Mit im Frühjahr zunehmender Lichtintensität und steigender Temperatur entwickeln sich dann die Knospen rascher und gehen auch auf. Sobald es dann aber richtig heiß wird, bilden sich – möglicherweise in Verbindung mit der Düngung – keine Knospen mehr. Die Pflanze wächst dann nur noch vegetativ, dafür extrem stark.

Phaedranthus buccinato-rius – Bluttrompete (+10 °C)

Die Mexikanische Bluttrompete – so lautet übersetzt ihr amerikanischer Name – ist gelegentlich auch unter dem Namen *Distictis buccinatorius* im Handel, in Südeuropa als *Bignonia cherere*. Die Bluttrompete gehört zu den allerschönsten kletternden Bignoniaceen. Sie erreicht mit etwa 7–8 m Endhöhe nur die Hälfte der Höhe ihrer Bignoniaceen-Verwandten. Begei-

Die Bluttrompete, *Phaedranthus buccinatorius,* hat nur einen einzigen Nachteil: Sie blüht erst als alte Pflanze reich. Vollständig immergrün, besitzt sie wohl das schönste Laub der südamerikanischen Bignonien.

sternd schön ist das Laub – stets makellos, absolut immergrün, interessant in der Form. Die Blätter bestehen gewöhnlich aus zwei ovalen oder länglichen, 7 cm langen Blättchen, ein drittes Blättchen ist durch eine dreigeteilte Ranke ersetzt. Die Ranken können auch direkt aus dem Stamm entstehen. Sie haben Haftscheiben, womit sie sich an Bäumen und Mauern festhalten können. Die Blüten von *Phaedranthus buccinatorius* sind, verglichen mit anderen kletternden Bignoniaceen, sehr groß, bis 10 cm lang und schmal trompetenförmig. Die Basis zeigt ein Gelb, das nach oben in leuchtendes Scharlach übergeht. Manche Blüten sind auch vollständig blutrot. Wenn man bei *P. buccinatorius* überhaupt von einer Hauptblütezeit sprechen kann – eigentlich blüht die Pflanze das ganze Jahr –, dann ist diese der Spätwinter und das frühe Frühjahr. Leider blühen erst alte Pflanzen zuverlässig und reich. In Anbetracht ihrer grandiosen Blüten wäre *P. buccinatorius* eine weitere Verbreitung zu wünschen. Der vergleichsweise hohe Preis für diese seltene Kostbarkeit ist durchaus gerechtfertigt, da sie schwer zu vermehren ist und als junge Pflanze langsam wächst.

Pharbitis, syn. Ipomoea

Diese sehr große Pflanzenfamilie besteht hauptsächlich aus ein- oder mehrjährigen Kräutern und einigen wenigen Sträuchern; viele von ihnen klettern. Die meisten Convulvulaceen haben ausgesprochen sehenswerte Blüten, die allerdings nur sehr kurz haltbar sind – im Hochsommer oft nur wenige Stunden. Ein großer Pluspunkt: Die Pflanzen brauchen während des Sommers nicht ausgeputzt zu werden. Beide eignen sich eigentlich nicht für die dauerhafte Begrünung von Wintergärten – dafür wachsen sie zu schnell und haben im Winter eine längere Periode, in der sie unschön sind bzw. eingezogen haben. Als preisgünstige Übergangslösung, bis die wertvollen, langsamwachsenden Wintergartenpflanzen Fuß gefaßt haben, gehören einige *Pharbitis*- und *Ipomoea*-Arten aber mit zum Besten, was man einem Wintergarten-Besitzer raten kann. Zusammen mit einigen anderen soge-

nannten Einjährigen – es handelt sich hier meist nicht um Einjährige, sondern um Stauden – läßt sich für 8–10 Monate im Jahr ein dekorativer Wintergarten schaffen. Die in folgender Tabelle zusammengefaßten Arten sollten in Wintergärten mit einem Temperaturminimum von +5/+10 °C stehen.

Pharbitis acuminata, die Morgendämmerungsblüte, erreicht gut ernährt in einem Jahr 10 m.

Senecio

Mit etwa 1200 Arten ist die Gattung *Senecio* aus der Familie der Korbblütler wohl die größte im Pflanzenreich, aber nur ein halbes Dutzend klettert. Die meisten sind eher krautartig, aber ausgesprochen wüchsig, sie können ohne weiteres 10 m erreichen.

Senecio confusus – Mexikanischer Flammenwein (+5 °C)

Zumindest in den südlichen USA die am häufigsten angepflanzte Art ist die mexikanische *Senecio confusus*. Sie ist nicht zuletzt deshalb so beliebt, weil sie keine Krankheiten kennt. Ihre sehenswerten orangen oder orangeroten, löwenzahnähnlichen Blüten sind zwar nur 3–4 cm breit, stehen aber zu mehreren in großen lockeren Büscheln zusammen und erscheinen fast während des ganzen Jahres, mit einem Höhepunkt vom Frühjahr bis zum Spätherbst.

Name	Blütenfarbe	Blütezeit	Blätter	Bemerkungen
Ipomoea cairica (*I. palmata*)	purpur	ganzjährig	handförmig gelappt	Formt dichte Matten
Ipomoea horsfalliae (Prinzessinwein)	rosa	Spätsommer bis Winter	fingerförmig	Wurzelstock übersteht erhebliche Fröste
Ipomoea pandurata (Wilde Süßkartoffel)	weiß, tiefrote Kehle	fast ganzjährig	herzfömig oder dreilappig	Erträgt einige Grad Frost
Ipomoea tricolor	rötlich bis himmelblau	fast ganzjährig	herzförmig	Extrem raschwüchsig
Pharbitis acuminata (früher *Ipomoea learii* Morgendämmerungsblüte)	kräftiges enzianblau, im Verblühen rötlich	ganzjährig	ganz oder tief gelappt	In der Flora rarer, intensiv blauer Farbton
Pharbitis purpurea (Prunkwinde)	purpurblau bis rötlich, weiß, mit weißer Röhre	ganzjährig	herzförmig oder dreilappig	Nur einjährig!

Senecio mikanioides – Sommerefeu (+5 °C)

Früher bei uns als Topfpflanze sehr
beliebt war *Senecio mikanioides*. Die
dichten Büschel kleiner gelber Strah-
lenblüten können zu verschiedenen
Jahreszeiten erscheinen, hauptsächlich
jedoch im Winter und Frühjahr. Sie duften köstlich nach Heu. Diese aus Südafrika stammende Kletterpflanze findet man bei uns heute noch häufig in
Glashäusern Botanischer Gärten. Der
Lichtanspruch von *Senecio mikanioides* ist nicht übermäßig, die Blühwilligkeit in schattigen Lagen geht aber
stark zurück.

Senecio scandens (–5 °C)

Diese frosthärteste Art stammt aus
China. Sie ist nur halbimmergrün und
verholzt, wird im besten Fall bis 6 m
lang. Ihre Blüten sind ziemlich klein,
hellgelb und erscheinen in großen Dolden vor allem im Herbst. In gutem
Boden ist sie sehr wüchsig, sie braucht
aber volles Licht. In ungeheizten Wintergärten friert sie bodeneben zurück,
treibt im Frühjahr aber wieder aus und
verhält sich somit wie eine Staude. Für
kühle Wintergärten gehört *Senecio
scandens* sicher zu den auffälligsten im
Spätherbst blühenden Kletterpflanzen.

Solandra – Goldkelchwein (+10 °C)

Die Gattung *Solandra* kommt mit etwa
10 Arten in Mittelamerika und der
Karibik vor. Auch hier handelt es sich
um typische Spreizklimmer ohne
irgendwelche Kletterorgane mit allerdings gewaltigem Wachstum. Ungeschnitten können ausgepflanzte, wüchsige Exemplare ohne weiteres Jahrestriebe von 5 m machen. Dies ist aber
nicht im Sinne des Wintergartenbesit-
zers, *Solandra* blühen nämlich nur an
den Spitzen gut ausgereifter Triebe. Je
höher deren Zahl ist, desto größer ist
selbstverständlich die Zahl der Blüten.

Wie wüchsig *Solandra* ist, sieht man
beispielsweise auf den Kanarischen
Inseln. Dort sind die Pflanzen häufig
verwildert und konkurrieren mit der
ebenfalls allgegenwärtigen *Pharbitis
acuminata* in der Begrünung von
Ödland, das nur ausreichend Wasser
erhalten muß. Trieblängen von über
60 m sind dort keine Seltenheit,
obwohl manchmal schwer festzustellen
ist, wie lange die Triebe wirklich sind –
sie liegen zumeist auf dem Boden und
wurzeln dann leicht. Die Blätter sind
länglich-oval und zugespitzt, glänzend
und lederig, bei gut ernährten Pflanzen oft über 20 cm lang. Obwohl im
Prinzip immergrün, leben auch die
Blätter von *Solandra* nur wenige
Monate, wobei an der Spitze ständig
neue gebildet werden. Unterstützt
man dies mit reichlich Wasser und
Dünger, blühen *Solandra* selten bis
nie, sondern wachsen ins Unendliche
weiter – falls sie nicht zurückgeschnitten werden. Es empfiehlt sich vielmehr, im Herbst eine Trockenperiode
einzuschalten, wobei die Pflanzen
schadlos den größten Teil ihres Laubes verlieren können. Die Triebspitzen
reifen dann aus und bilden im Frühwinter meist 1–3, gelegentlich auch mehr
Blütenknospen. Aus ursprünglich
hörnerartigen Knospen entwickeln sich
dann im Lauf von Wochen riesige, an
ein Phallus-Symbol erinnernde Knospen, die sich in gewaltige, trichterför-
mige, duftende Blüten öffnen. Die Ein-
zelblüte hält nicht lange, da aber nicht
alle Blüten einer Triebspitze gleichzeitig aufgehen, kann sich die Blütezeit
doch über mehrere Monate erstrecken.
Bei gut ernährten und ausgereiften
Pflanzen, die so kühl wie möglich, also
bei etwa 5 °C stehen, beginnt die

Hauptblüte etwa um die Jahreswende und kann dann bei großen Exemplaren mit zahlreichen ausgereiften Trieben- den bis in den April anhalten, einzelne Blüten erscheinen auch noch im Som- mer. *Solandra* haben nur in sehr hohen Wintergärten ihre Berechtigung, wo man sie in aller Regel am Spalier zieht. Gleichfalls machen sie sich vor- züglich als freistehende Pyramide, die – wenn irgendwie möglich – im Som- mer im Freien kultiviert werden soll, da dies die Holzreife positiv beein- flußt. Gerade als freiwachsende Pyra- mide sind *Solandra* mit ihrer üppigen, entfernt an *Magnolia grandiflora* erin- nernden Belaubung auch ohne Blüten Schaustücke. Während die meisten

Botanischen Gärten *Solandra* nur ein- mal im Winter nach der Blüte stark zurückschneiden und sie dann im Lauf des Jahres relativ hungrig halten, emp- fiehlt sich das dem Wintergartenbesit- zer nicht, da eine hungrige *Solandra* viel von ihrer natürlichen Schönheit einbüßt. Besser ist es, die nicht allzu zahlreich erscheinenden Seitentriebe bis zum Hochsommer mehrfach zu entspitzen. Dann setzt man die Dün- gung ab und läßt die Triebe ausreifen. Es bilden sich jetzt noch einmal eine ganze Reihe von Seitentrieben, diese blühen dann im Winter. *Solandra* zeichnet sich neben vielen Pluspunkten leider durch eine fatale Anziehungs- kraft auf Blattläuse aus.

Rechts: Der zierliche Glockenblumenwein, *Sollya heterophylla,* zeigt sich empfindlich gegen Staunässe. Links: Neben den Rie- senblüten des Goldkelchweines, *Solandra maxima,* ist sein Hauptschmuck das große, wie lackiert glänzende Laub.

Sollya heterophylla – Glockenblumenwein (+10 °C)

Diese auf den ersten Blick leicht mit *Billardiera* zu verwechselnde Pflanze ist ein Glücksgriff für Wintergartenbe- sitzer mit wenig Platz und solche, die zahlreiche zarte kleine Blüten einer gewaltigen Farbwirkung vorziehen. Je nach Wintergarten-Temperatur erschei- nen die Blüten vom Spätwinter bis zum Spätsommer oder gar Herbst. Sie sind ziemlich klein, himmelblau und hängen in Büscheln entlang der ganzen Triebe. Während der Blütezeit ist *Sollya heterophylla* äußerst anspre- chend. Auf die Blüten folgen würst- chenförmige, grünlichblaue, etwa 3 cm lange Früchte. Auch die Blätter sind zierlich, gerade 3–5 cm lang und eher lanzettlich als oval. *Sollya heterophylla* wird selten über 2 m hoch, man braucht sie deshalb kaum zu schnei-

Name	Blütenbeschreibung	Besonderes
Solandra grandiflora	Gelb, innen purpurfarbene Streifen, bis 20 cm. Süßer Duft	Höhere Temperatur- ansprüche
Solandra guttata	Dunkel cremefarben bis hellgelb.	Seltene Art
Solandra longiflora	Beim Öffnen weiß, innen purpurfarbene Streifen. Später gelb, bis zu 25 cm.	
Solandra maxima	Intensiv gelb, im Alter orange, innen dunkel purpurne Streifen. Eher tassenförmig. 17 cm lang. Intensiver Duft.	Übersteht gelegent- lichen Frosthauch, gilt als härteste Art

den, lediglich herausschießende Seitentriebe sollte man leicht einkürzen. Sie erreicht rasch ihre Endhöhe. Der Glockenblumenwein schlingt von selbst, braucht aber dazu relativ dünne Spaliere oder Spannseile. Die Pflanze wirkt immer durchscheinend, so daß sie sich weniger zum Verkleiden von Wänden eignet, sondern besser als freistehende Pyramide oder über einen außerhalb der Blütezeit wenig schönen Strauch wachsend. Auch im Sommer ist *Sollya* sehr empfindlich gegen Staunässe.

Rechts: *Thunbergia grandiflora* – eine der blühwilligsten Kletterpflanzen für Wintergärten über 10° C. **Unten:** Der Kastanienwein, *Tetrastigma voinierianum,* gedeiht auch im Schatten exzellent.

Tetrastigma voinierianum – Kastanienwein (+10 °C)

Diese auch unter dem Namen *Vitis voinieriana* gehandelte Art ist bei uns eine bekannte, starkwüchsige Kletterpflanze fürs Zimmer. Trotz ihrer Heimat im vietnamesischen Dschungel kommt sie auch mit Temperaturen bis etwa 5 °C zurecht, so daß sie viel öfter eingesetzt werden kann. Dennoch gedeiht sie besser im lauwarmen oder warmen Wintergarten. Der Kastanienwein kann auch an schattigeren Stellen im Wintergarten verwendet werden. Als Blattschmuckpflanzen für tropisches Grün können sich nur wenige Kletterpflanzen mit *Tetrastigma voinierianum* messen. Das Auspflanzen ist bei ihr jedoch gefährlich, in nährstoffreichem Boden kann sie im Lauf eines Sommers geradezu explodieren, meterlange, dicke Triebe bilden und alles überwuchern, was sich ihr in den Weg stellt. *T. voinierianum* klettert mit Hilfe von Ranken, braucht deshalb ein Spalier, Spanndrähte, einen Strauch oder Baum, wo sie hineinwachsen kann. Sie läßt sich relativ gut schneiden, weil sie nicht dicht wird. Ein radikaler Rückschnitt empfiehlt sich allerdings nicht, viel besser ist es, einzelne Triebe herauszunehmen, sobald sie zu stören beginnen. Die immergrünen Blätter sind lederig und oberseits hellgrün, sie sind wie die Triebe mit feinen, meist rötlichbraunen Haaren besetzt.

Thunbergia

Die meisten *Thunbergia* sind kräftige, mehrjährige Klettersträucher, die wegen ihres Blütenreichtums in vielen tropischen und subtropischen Gärten zu finden sind. Die meisten kletternden Arten stammen aus Indien. Typisch für diese Gattung aus der Familie der Acanthaceae sind die großen, trichterförmigen Blüten, die

Von dem mit Oleander verwandten Stern-jasmin *Trachelospermum* gibt es nur wenige Arten, aber zahlreiche Selektionen. Der seltenere *T. asiaticum* (Bild) unterscheidet sich vom weißen *T. jasminoides* nur durch die gelbe Blütenfarbe und die etwas andere Duftnote.

entweder in hängenden Trauben am Ende der Triebe oder einzeln bzw. paarweise in den Blattachseln stehen.

Thunbergia grandiflora (+10 °C)

Dieser ziemlich raschwüchsige, verholzende Kletterstrauch kann auch bei uns nach Überwindung seiner oft mehrjährigen Jugendphase in kurzer Zeit eine Höhe von 6 m und mehr erreichen. Die wie die Blätter rauhen Triebe sind kantig und mit kurzen Haaren besetzt. Die Blätter sind breitoval und zugespitzt, bis 10 cm lang und fast ebensobreit. Die etwa 8 cm breiten Blüten stehen entweder einzeln in den Blattachseln oder, häufiger, als Traube am Ende der Triebe. Sie sind in der unteren Hälfte weißlich, die Blütenblätter dagegen blau, mit einem gelben Zentrum. Während in südlichen Ländern mit ausgeprägten Jahreszeiten die Blütezeit von Spätwinter bis Spätherbst dauert, blüht bei uns die Pflanze im warmen Wintergarten das ganze Jahr über, im Winter allerdings spärlich. Diese aus dem feuchtheißen, östlichen Bengalen stammende Pflanze setzt bei uns keine Samen an. Ungeachtet ihrer fast tropischen Herkunft erträgt sie durchaus kurzzeitig Temperaturen bis –5 °C und selbst wenn sie oberirdisch komplett erfriert, treiben ältere Pflanzen doch wieder aus und blühen noch im selben Jahr. Weil selten im Handel, können hier 2 weitere, äußerst dekorative *Thunbergia* nur am Rand erwähnt werden: *Thunbergia coccinea*, eine heikle Pflanze mit scharlachroten Blüten im Winter, und *T. mysorensis*, deren Stärke vor allem ihr Laub ist.

Trachelospermum – Sternjasmin

Aus der Familie der Hundsgiftgewächse ist *Trachelospermum* die wichtigste Kletterpflanze für kalte Wintergärten. Die meisten *Trachelospermum*-Arten, die im übrigen nur wenig verschieden sind, halten Temperaturen bis etwa –10 °C aus, sofern sie ausgepflanzt sind.

Trachelospermum asiaticum (0 °C)

Diese Art ist sehr ähnlich wie *Trachelospermum jasminoides,* nur wächst sie etwas schneller. Sie unterscheidet sich vor allem durch die zartgelben Blüten und den etwas süßeren Duft.

Trachelospermum jasminoides (0°C)

Man entdeckt den duftenden Sternjasmin sehr häufig in norditalienischen Gärten, speziell in öffentlichen Anlagen. Die Blüten sind reinweiß, sternförmig und etwas kleiner als ein Markstück, der gestielte Blütenstand steht in den Blattachseln. Mit Ausnahme des Winters blüht *Trachelospermum* bei uns ganzjährig. Die längste Blütezeit haben leider ausgerechnet die Selektionen, die den geringsten Duft ausströmen, während die Blütezeit stark duftender Typen wesentlich kürzer ist. Diese häufigste Art ist vollständig immergrün. Die bis zu 6 cm langen und 2 cm breiten, ledrigen Blätter sind elliptisch bis elliptisch-zugespitzt. Sie sind glatt und fühlen sich weich an. Anfangs wächst *Trachelospermum* sehr langsam. Später geht er zwar etwas rascher in die Höhe, was aber auf Kosten der Seitentriebbildung geht. Es empfiehlt sich deshalb, gelegentlich die Triebspitzen zu entfernen, um von unten eine gute Verzweigung zu erzielen, da sonst die alten Partien im Lauf der Zeit auskahlen. *T. jasminoides* stammt aus China und Japan, ist aber überall dort, wo keine Fröste unter –10 °C zu erwarten sind, eine der beliebtesten Kletterpflanzen. Während diese Art in kalten Wintergärten kaum zu übertrumpfen ist, eignet sie sich nicht für warme Wintergärten. Die Pflanzen kahlen bei zu warmem Standort aus und werden schütter.

Bodendecker für Wintergärten

Obwohl Bodendecker vor allem den Beckenbepflanzungen in Wintergärten den letzten Schliff verleihen, haben sie dort nicht denselben Stellenwert wie im Freien. Neben den auch vom Garten bekannten Vorteilen zeigen sie nämlich im Wintergarten eine Reihe spezifischer Nachteile: Pflanzt man Sträucher und Bäume wie üblich zu dicht und verwendet dazu noch überwiegend immergrüne Arten, wird es für viele Bodendecker rasch zu schattig, sie fallen dann aus. Zum anderen stellt man im Wintergarten höhere Reinlichkeitsansprüche, was ja auch der Vorbeugung gegen Pilzkrankheiten wie Grauschimmel dient. Herabgefallene Blätter und Blüten sollten also entfernt werden, wobei viele Bodendecker-Arten hinderlich sind. Unkraut müssen die Bodendecker im Wintergarten auch nicht verdrängen, da zumindest die obere Bodenschicht ohnehin aus unkrautsamenfreiem, gekauftem Substrat bestehen sollte. Nicht zuletzt sind Bodendecker ein guter Unterschlupf für Trauermücken, die bei nacktem, nur mit Sand oder Kies bedecktem Boden keine guten Lebensbedingungen haben. Ein ganz gravierender Nachteil der Bodendecker taucht bereits bei der Erstbepflanzung auf: Während man nämlich größere Pflanzen nach ein- oder mehrmaligem, durchdringendem Angießen einer automatischen Bewässerung überlassen kann, müssen Bodendecker, die ja oft nur faustgroße Töpfchen haben, bis zum Einwurzeln manuell gegossen werden, sonst vertrocknen sie. Mit ihrem meist flachen Wurzelwerk sind sie zudem durch Salzschäden gefährdet, da sich unabhängig vom Bewässerungsverfahren die Salze immer in der obersten Bodenschicht anreichern. Eine große Bedeutung haben Bodendecker vor allem bei unten auskahlenden Pflanzen und Stämmen, auch im Kübel. Hier kann die Solitärpflanze durch Bodendecker nur gewinnen. Zum Verstecken von Plastiktöpfen sind sie unentbehrlich. Die Zahl der wintergartengeeigneten Bodendecker geht in die Tausende. Während man bei Solaranbauten und kühlen Wintergärten auf das riesige Sortiment der Staudengärtnereien zurückgreifen kann, findet man für warme Wintergärten zahlreiche Arten im Zimmer-Zierpflanzensortiment.

Oben: Der Sternjasmin hat sich als Bodendecker für sonnige und halbschattige Lagen kühler Wintergärten bewährt.
Unten: *Ophiopogon japonicum* und die sehr ähnliche *Liriope muscari,* beides immergrüne Liliengewächse, gedeihen auch im Schatten.

Name	Licht-anspruch	Höhe	Herkunft	Temperatur-bereich	Blütezeit/Farbe	Bemerkungen
Acaena (Stachelnüßchen)	○ – ◑	bis 10 cm	südl. Südamerika, Neuseeland	winterhart		Dekorative Fruchtstände
Ajuga reptans (Kriechender Günsel)	○ – ●	bis 10 cm	heimisch	winterhart	Frühjahr, blau bis weiß	Bedingt trittfest
Asarum europaeum (Haselwurz)	◐ – ○	bis 20 cm	Europa, Sibirien	winterhart		Immergrün, Schwachwüsig
Calocephalus brownii	○	bis 60 cm	Australien	> 0 °C		Silbergraues, filziges Laub
Capparis spinosa (Kaper)	○	in der Regel bis 20 cm	Mittelmeergebiet	> 0 °C	Frühjahr-Herbst, weiß-rosa	Nur für Steingarten-Situationen, staunässeempfindlich
Carex morrowii (Japansegge)	○ – ●	30 cm	Japan	winterhart	–	Immergrün, 'Variegata' mit weißbuntem Laub
Carpobrotus (Hottentottenfeige)	○	5 cm	Südafrika	> 0 °C	Selten	Wächst auch in verfilzten Ballen
Catharanthus roseus	○ – ◑	bis 60 cm	Madagaskar	> 15 °C	Frühjahr-Herbst, Rot, rosa, weiß	Beliebte Topfpflanze, Stutzen erforderlich
Ceropegia woodii (Leuchterblume)	○ – ●	5 cm	Südafrika	> 10 °C	Ganzjährig, blaßrosa	Überlebenskünstler
Chiastophyllum oppositifolium (Walddickblatt)	○ – ●	15 cm	Kaukasus	winterhart	Frühjahr, gelb	Immergrün
Chlorophytum comosum (Grünlilie)	○ – ●	bis 40 cm	Südafrika	> 5 °C	Unscheinbar	'Variegatum' mit weiß gestreiftem Laub. Robust
Convolvulus cneorum (Silberwinde)	○	< 1 m	nördl. Mittelmeergebiet	> 0 °C	Frühjahr-Herbst Weiß-zartrosa	Staunässeempfindlich, Silbernes Laub
Cotula	○ – ●	10 cm	v.a. Neuseeland	winterhart	Unscheinbar	Rasenartiger Wuchs
Cytisus decumbens	○	20 cm	Südeuropa	winterhart	Frühjahr, gelb	
Danae racemosa	○ – ●	max. 1 m	Westasien	> –10 °C	Frühjahr	Immergrün, Rote Beeren
Delosperma	○	5 cm	Südafrika	> 5 °C	Fast ganzjährig, Rottöne	Blattläuse im Frühjahr
Dryas (Silberwurz)	○	5 – 25 cm	Kühle, nördliche Hemisphäre	winterhart Weiß, gelb	Frühjahr	Bedingt trittfester Strauch
Duchesnea indica (Indische Erdbeere)	○ – ●	10 cm	Ostasien	winterhart	Frühjahr–Sommer, weiß	Wuchert, degeneriert schnell
Elettaria cardamomum (Malabarkardamom)	○ – ●	60 cm	Südasien	> 10 °C	Unscheinbar	Duftende Blätter
Ephedra	○	max. 1 m	nördl. temperierte Zone	> –15 °C	Unscheinbar	Schachtelhalmähnlich, gute Drainage
Epipremnum pinnatum 'Aureum'	○ – ●	20 cm	Pazifische Inseln	> + 15 °C	Unscheinbar	Viele Formen mit gelbgezeichneten Blättern
Euonymus fortunei	○ – ●	10 cm	China	winterhart	Unscheinbar	Immergrün
Euphorbia capitulata	○	5 – 10 cm	Südosteuropa	winterhart	Frühjahr, gelb	Dichte Teppiche

Name	Licht-anspruch	Höhe	Herkunft	Temperatur-bereich	Blütezeit/Farbe	Bemerkungen
Fabiana imbricata 'Prostrata'	○	50 cm	andines Südamerika	> –5 °C	Spätwinter – Sommer, weißlila	Zahlreiche Formen, Jugend-/Alterslaub
Ficus pumila (Kletterfeige)	○ – ●	10 cm	Ostasien	> 0 °C	unscheinbar	Zahlreiche Formen, Jugend-/Alterslaub
Fittonia verschaffeltii	○ – ◖	10 cm	Peru	> + 15 °C	unscheinbar	Sorten mit farbiger Blattzeichnung
Fragaria vesca (Walderdbeere)	○ – ●	15 cm	heimisch	winterhart	Frühjahr/ Frühsommer	Eßbare Beeren
Fuchsia procumbens	○ – ◖	5 cm	Neuseeland	> 0 °C	v.a. im Frühjahr, braun-rot	2 cm lange, rosarote Beeren, Immergrün
Gaultheria procumbens	○ – ●	15 cm	östliches Nordamerika	winterhart	Frühjahr weiß-hellrosa	1 cm dicke, rote Früchte. Saurer Boden
Gazania-Hybriden	○	15 – 50 cm	Südafrika	> + 5 °C	Frühjahr-Herbst, gelb, orange, rosa, rot	Bekannte Sommerblume
Genista sagittalis (Flügelginster)	○	20 cm	Südosteuropa	winterhart	Frühjahr, gelb	Durchlässiger Boden
Glechoma hederacea (Gundermann)	○ – ●	10 cm	heimisch	winterhart	Frühjahr, blau	Bedingt trittverträglich
Helianthemum (Sonnenröschen)	○	5 – 20 cm	Südeuropa	> – 10 °C	Frühjahr-Sommer weiß bis rot	Viele Hybriden
Herniaria (Bruchkraut)	○ – ●	5 cm	heimisch	winterhart		Bedingt trittfest. Für trockene Lagen
Liriope	○ – ●	15 – 30 cm	Ostasien	> – 10 °C	Hochsommer – Herbst	Immergrün
Lithospermum (Steinsame)	○	15 - 30 cm	Südeuropa	> – 5 °C	Spätwinter – Sommer, weiß	Staunässeempfindlich
Lotus	○	20 cm	Kanaren	> + 5 °C	Frühjahr – Herbst, blau	Schlechte Blüte nach warmer Überwinterung
Lysimachia nummularia	○ – ●	10 cm	heimisch	winterhart	Frühjahr – Sommer, gelb	Für feucht-kühlen Boden
Mentha requienii (Minze)	○ – ◖	5 cm	Korsika, Sardinien	> – 10 °C	Sommer, weiß	Äußerst wohlriechende, winzige Blättchen
Metrosideros diffusa	○ – ◖	20 cm	Neuseeland	> 0 °C	Frühjahr, rosa	Immergrün
Mitraria coccinea	○ – ●	bis 1 m	südl. Südamerika	> + 5 °C	Sommer, rot	Immergrün
Nertera granadensis (Korallenbeere)	○ – ●	bis 5 cm	Südamerika, Neuseeland	> 0 °C	Frühjahr, unscheinbar	Zahlreiche stecknadelkopf-große, orange Früchte
Opiopogon japonicum (Schlangenbart)	○ – ●	20 cm	Ostasien	> – 10 °C	Sommer, lila bis weiß	Immergrün. Für tiefschattige Stellen
Oxalis (Sauerklee)	○ – ●	5 – 15 cm	v.a. Mittel- und Südamerika	Winterhart bis > + 5 °C, je nach Art	Frühjahr – Herbst, rot, rosa, weiß	Im Winter einziehend, Zwiebelblume. Oft gezeichnetes Laub.
Paronychia	○ – ◖	bis 15 cm	Mittelmeergebiet	> – 10 °C	Frühjahr, unscheinbar	Für trockene Lagen

Name	Licht-anspruch	Höhe	Herkunft	Temperatur-bereich	Blütezeit/Farbe	Bemerkungen
Penstemom (kriechende Arten)	○	bis 30 cm	südwestliches Nordamerika	> – 10 °C	Sommer, blau, lila, purpur	Gute Drainage
Philodendron scandens	○ – ●	20 cm	Karibik	> + 15 °C	selten	Verschiedene Jugend- und Altersformen
Pilea nummariifolia, spruceana	○ – ●	bis 20 cm	nördliches Südamerika	> + 10 °C	unscheinbar	Kriechend bzw. ausläufertreibend
Plectranthus oertendahlii	○ – ●	15 cm	Südafrika	> + 10 °C	unscheinbar	
Polygonum affine	○ – ◖	30 cm	Himalaya	winterhart	Sommer–Herbst, dunkelrosa	Wuchernd
Potentilla alba	○ – ◖	10 cm	Südosteuropa	winterhart	Frühjahr, weiß	Viele andere geeignete Arten
Raoulia	○	5 cm	Neuseeland	> – 10 °C	Sommer, gelb	Empfindl. gegen Staunässe
Ruscus aculeatus (Mäusedorn)	○ – ●	bis 90 cm	Mittelmeergebiet	> – 5 °C	unscheinbar	Immergrün, Beliebtes Bindegrün
Ruscus hypoglossum	○ – ●	bis 50 cm	nördliches Mittelmeergebiet	> – 5 °C	unscheinbar	Gelegentlich rote Früchte, ausläufertreibend
Sagina subulata (Sternmoos)	○ – ◖	8 cm	heimisch	winterhart	Sommer, weiß	Bedingt begehbar
Sarcococca ruscifolia	○ – ●	ca. 50 cm	China	> – 15 °C	Winter, weiß	Köstlich duftende Blüten, rote Beeren, immergrün
Selaginella kraussiana (Moosfarn)	○ – ●	20 cm	Südafrika	> + 5 °C	unscheinbar	Viele andere geeignete Arten
Soleirolia soleirolii (Bubiköpfchen)	○ – ●	10 cm	Korsika, Sardinien	> 0 °C	unscheinbar	Bedingt trittfest, Rasenersatz
Stenotaphrum secundatum (St. Augustine-Gras)	○ – ◖	20 – 30 cm	Tropen und Subtropen	> + 15 °C	unscheinbar	Wichtigstes tropisches Rasengras. Wuchert
Teucrium chamaedrys (Edelgamander)		20 cm	nördliches Mittelmeergebiet	> – 10 °C	Sommer – Herbst, purpur rosa, weiß	Wurzelausläufer
Thymus serpyllum (Quendel, Feldthymian)	○	10 cm	Eurasien	winterhart	Frühjahr – Sommer, weiß, rosa, rot	Viele Sorten, bedingt trittfest
Tolmiea menziesii	○ – ◖	30 cm	pazifisches Nordamerika	> – 5 °C	unscheinbar	
Tradescantia spathacea	◖	30 cm	Mittelamerika	> + 15 °C	unscheinbar	Unterseits dunkelrotes Laub, Blattschmuckpflanze
Tradescantia zebrina	○ – ●	15 cm	Mittelamerika	> + 15 °C	Ganzjährig, purpurrosa	Zahlreiche Sorten mit unterschiedlich getönten Blättern.
Veronica chamaedrys (Gamander-Ehrenpreis)	○ – ◖	20 cm	heimisch	winterhart	Frühjahr – Sommer, blau, weiß, rosa	Viele andere polsterbildende Arten
Vinca major	○ – ●	30 cm	Mittelmeergebiet	> – 5 °C	Frühjahr, blau	Bedingt begehbar
Vinca minor (Immergrün)	○ – ●	15 cm	Südosteuropa	> – 15 °C	Frühjahr, blau	Bedingt begehbar

○ sonnig   ◖ halbschattig   ● schattig

Duftpflanzen im Wintergarten

Acacia retinodes, die »Mimose der vier Jahreszeiten« duftet wie alle anderen Akazien-Arten vorzüglich.

(*J. officinale*) zu tun, und dieser nichts mit dem Duft von *J. sambac*, der zum Parfümieren von Tee und Lebensmitteln verwendet wird.

Duftende Blüten

Bewertet man Pflanzen einzig nach der Blütenpracht, schneiden Duftpflanzen meist schlecht ab; anstelle auffälliger Farben hat ihnen die Natur zur Anlockung von Insekten den Duft mitgegeben. Nur ausnahmsweise verbinden sich Farben wie leuchtendes Pink (*Boronia heterophylla*) oder Himmelblau (*Ceanothus thyrsiflorus*) mit Duft. Duftende Blüten sind oft weiß oder cremefarben, nicht selten klein und unscheinbar. Was unsere Nase nun genau empfindet, dafür reicht unsere Sprache nicht aus. Zwar drängen sich bei einzelnen Pflanzen Assoziationen auf zum Duft bekannter, stark riechender Gewächse wie Vanille oder Veilchen, Citrus oder Marzipan, Weihrauch oder Sandelholz, doch ist das nicht immer eindeutig. Wenn man beispielsweise einen Duft als jasminähnlich beschreibt, stellt sich nämlich die Frage, was jemand unter Jasminduft versteht, zumal es zahlreiche Jasmin-Arten gibt, die keineswegs alle gleich duften: Der aufdringliche Geruch eines *Jasminum polyanthum* hat nichts mit dem dezenten Duft des Parfum-Jasmin

Duftendes Laub

Meist erst beim Berühren oder gar Zerreiben der Blätter werden die Duftstoffe des Laubes freigesetzt. Beispiele sind der Zitronen-Duft von *Eucalyptus citriodora*, der Ananasgeruch der *Salvia rutilans* oder das Aroma der verschiedenen Duftpelargonien. Gerade bei vielen Pflanzen der Macchia oder Garrigue wie Rosmarin, Lavendel oder Thymian werden die ätherischen Öle erst durch intensive Sonneneinstrahlung frei – ein klassisches Beispiel hierfür ist der warme Honigduft einiger *Cistus*-Arten.

Duftpflanzen – eine Auswahl

Botanischer Name	Herkunft	Duftnote (soweit beschreibbar)	Blütezeit	Bemerkungen
Acacia dealbata, A. retinoides und Hybriden ('Mimosen')	Australien	typisch	Winter – Frühjahr	Einige Sommer-/Herbstblüher
Albizia julibrissin (Seidenbaum)	Ostasien	wie Echte Akazien	Sommer	Blütenbaum!
Araujia sericifera (Folterpflanze)	Südamerika	süß	Januar – Dezember	Schädlingsanfällig
Beaumontia grandiflora (Lilienwein)	Himalaya	intensiv	Frühjahr	Starkwüchsig, wärmebedürftig. Kletterpflanze
Boronia heterophylla , B. megastigma (Duftglöckchen)	Australien	Veilchen	Spätwinter - Frühjahr	Intensiver, weit verströmender Duft, Blüten auffällig pink/braun
Carissa macrocarpa (Natalpflaume)	Südafrika	süß, dezent.	Frühjahr – Herbst	Eßbare Früchte
Ceanothus thyrsiflorus (Immergrüne Säckelblume)	USA	herbsüß	fast ganzjährig möglich	Blütenfarbe blau
Choisya ternata (Orangenblüte)	Mexico	Vanille-*Citrus*	Herbst – Frühjahr, remontiert	Robusteste Zitrusverwandte
Citrus-Arten (Zitronen, Orangen, Mandarinen, Grapefruit . . .)	Ostasien	typisch	vorwiegend Frühjahr, remontieren oft	Blatt und Blüte duften

Botanischer Name	Herkunft	Duftnote (soweit beschreibbar)	Blütezeit	Bemerkungen
Clematis armandii	Ostasien	nicht beschreibbar	Winter, im Sommer remontiert	Reichblühende, immergrüne Art
Cyphomandra betacea (Baumtomate)	Südamerika	köstlicher, weit-strömender Duft	fast ganzjährig	Schädlingsanfällig
Dregea sinensis (früher *Wattakaka s.*)	Ostasien	süß, dezent	Frühjahr bis Herbst	Blüte erinnert an *Hoya carnosa*
Elettaria cardamomum (Malabarkardamom)	Indien	würzig, zimtähnlich herb	unscheinbar	Beim Reiben duftendes Laub
Eriobotrya japonica (Wollmispel)	Ostasien	Vanille	Spätherbst/Winter	Eßbare Früchte (Loquat)
Eucalyptus citriodora	Australien	*Citrus*	duftendes Laub	
Hedychium gardnerianum (Zieringwer)	Himalaya, Nepal	süß, stark	Spätsommer – Frühwinter	Nicht immer zuverlässige Blüte
Itea ilicifolia	Ostasien	Marzipan	Sommer	Sehr auffällige Blütenstände
Jasminum azoricum	Madeira	dezent	ganzjährig	Mit *J. humile* einer der Besten
J. humile Revolutum	Asien	dezent	Frühjahr bis Herbst	Mit *J. azoricum* einer der Besten, gelbe Blüten
J. polyanthum	Ostasien	aufdringlich	Winter, remontierend	Im Wintergarten nicht ratsam
J. officinale	Ostasien	zart, angenehm	Frühjahr bis Herbst	laubabwerfend
J. sambac	Indien, Ceylon	würzig	ganzjährig	Blüten des 'Jasmintees'
Magnolia grandiflora	USA	intensiv	Sommer	Strenger Formschnitt geht auf Kosten der Blüten!
Mandevilla laxa (Chilenischer Jasmin)	Südamerika	ähnl. Gardenien	Sommer	Schädlingsanfällig.
Michelia figo (Bananenstrauch)	Ostasien	Himbeerbonbons	Winter – Frühjahr	Sehr ungewöhnlicher Duft
Osmanthus fragrans (Duftblüte)	Ostasien	süß, Veilchen	übers ganze Jahr verteilt (Winter)	Völlig unscheinbare, aber stark duftende Blüten.
Pelargonium-Arten (Duftpelargonien)	Südafrika	Von Pfefferminz über Rosen bis Moschus	Je nach Art	Duftendes Laub
Pittosporum tobira (Klebsame)	Ostasien	intensiv	Frühjahr, im Herbst remontierend	»Frühjahrsduft« der Mittelmeergärten
Plumeria alba, P. rubra (Frangipani)	Antillen	Marzipan, Kokosnuß	ganzjährig	Sehr heikle Warmhauspflanze
Psidium guajava (Echte Guave)	Südamerika	fruchtig	Frühjahr/Sommer	Kurze Blüte, eßbare Früchte
Salvia rutilans	Südamerika	Ananas	Herbst	Duftendes Laub
Sarcococca ruscifolia	Ostasien	süßlich	Spätwinter bis Frühjahr	
Senecio mikanioides (Sommerefeu)	Südafrika	Heu	ganzjährig möglich	Sehr wüchsig.
Solandra maxima (Goldkelchwein)	Südamerika	wie *Datura*	Spätwinter	Sehr schönes Laub
Thevetia peruviana	Südamerika	Veilchen	Frühjahr bis Herbst	Wärmebedürftig
Trachelospemum-Arten	Ostasien	typisch	Frühjahr bis Herbst	Überreiche Blüte

Planung
und Praxis

Eine intelligente Pflanzenauswahl stellt das
A und O erfolgreichen Grünens und Blühens
im Wintergarten dar. Doch ebenso wichtig
sind die technischen Voraussetzungen.
Die folgenden Kapitel sollen Ihnen nicht nur
bei der Planung helfen, sondern Sie auch bei
der später notwendigen Pflege Ihres Wintergartens unterstützen.

Vor der Pflanzenauswahl: Bestandsaufnahme

Ehe man an die eigentliche Auswahl der Pflanzen geht, müssen die wichtigsten Daten über die Bedingungen des jeweiligen Wintergartens gesammelt werden. Hier soll der folgende kleine Fragenkatalog helfen. Am besten notiert man auf einem Handzettel die Antworten. Beim Auswählen der Pflanzen-Arten wirft man dann immer wieder einen Blick auf diese Liste, damit kein Gesichtspunkt unter den Tisch fällt. Am Schluß geht man die Pflanzen noch einmal Punkt für Punkt durch – genügen beispielsweise alle dem vorgegebenen Temperaturminimum von –5 °C (Punkt 1), sind versehentlich trotz vorhandener Schattierung sehr sonnenliebende Arten eingeplant worden (Punkt 7) oder ist nun auch wirklich das gewünschte Obstgehölz berücksichtigt (Punkt 10)?

1. Temperaturbereich

Die Temperatur ist das erste und wichtigste Kriterium. Mit ihr legt man die potentielle Bepflanzung fest. An erster Stelle steht hierbei das absolute Minimum. Der ungeheizte Solaranbau kann – je nach Eingliederung in den Baukörper und verwendetem Bedachungsmaterial – Temperaturen nahe denen des Freilandes aufweisen, aber auch fast frostfrei sein. Letzteres ist naturgemäß eher in wintermilden, maritimen Gegenden oder klimatisch günstigen Lagen entlang des Rheines als in kalten Ecken wie beispielsweise dem Fichtelgebirge, dem 'Sibirien Bayerns' der Fall. Da die Wurzeln die frostempfindlichsten Teile der Pflanze sind, sollten vor allem im ungeheizten Solaranbau, so irgend möglich, Pflanzbecken eingeplant werden. Als Kübelpflanzen sollte man hier nur winterharte Arten verwenden, jedenfalls dann, wenn das Gefäß durchfriert. Gerade bei ungeheizten Solaranbauten wäre es wünschenswert, im ersten Winter noch nicht zu bepflanzen, sondern nur Temperaturmessungen durchzuführen. In geheizten Wintergärten – ob nun gerade frostfrei oder zimmerwarm – übernimmt ein Thermostat die Steuerung der Temperatur. Interessant ist, welche Temperaturunterschiede zwischen dem kältesten Punkt – in aller Regel am Boden entlang der Außenfenster – und dem wärmsten Punkt, meist im First an der Innenwand, entstehen. Zur Messung der Temperatur reichen einfache Minimax-Thermometer völlig aus. Da aber Temperaturdifferenzen von 5 °C und mehr allein durch das Anbringen des Thermometers an verschiedenen Ecken des Wintergartens auftreten, ist der Kauf zweier Minimax-Thermometer ratsam (Investition ca. 30 DM). Eines wird an der kältesten Ecke des Wintergartens angebracht, das andere so hoch oben, daß man es mit Hilfe eines Stuhls gerade noch ablesen kann. Die Mini-

---

Checkliste für die Wintergartenplanung

1. Temperatur
   Minimum x °C
   Maximum y °C
2. Nachtabsenkung
3. Isolierglas oder Einfachglas?
4. Lichtdurchlässigkeit des Glases
5. Ist die Lüftung ausreichend dimensioniert? (Fläche bzw. Querschnitte)
6. Ist die Lüftung auch während Abwesenheit gesichert?
7. Ist eine Außen- oder Innenschattierung vorhanden? Werfen große Laubbäume im Garten Schatten?
8. Wie werden die Pflanzen bewässert (per Hand, mit Tröpfchenbewässerung, im Anstau)?
9. Härte des Gießwassers
10. Gibt es spezielle Wünsche wie Duftpflanzen, bestimmte Blütenfarben etc.?
11. Welche vorhandenen Pflanzen sollen eingeplant werden?
12. Ist Sichtschutz nötig? Nach welcher Himmelsrichtung?
13. Einzelkübel oder Beetbepflanzung?
14. Was dürfen die Pflanzen kosten?

Wenn nun die einzelnen Punkte auf den nächsten Seiten auch etwas vertieft werden, so ersetzen die Hinweise keinesfalls einen Architekten. Er kennt den speziellen Fall, er weiß, wie das gewünschte Klima zu erzielen ist. Nur: Von Pflanzen haben die meisten Hochbauarchitekten wenig Ahnung, die Vorgaben müssen schon vom Wintergartenbesitzer kommen.

Exposition und die Isolierung, vor allem aber auch die Lüftung der verschiedenen Wintergärten so unterschiedlich, daß ganz verschiedene Klimate entstehen. Man kann deshalb von drei Wintergarten-Grundtypen sprechen. Der erste ist gut isoliert, weitgehend in den Baukörper integriert und ständig warm, wobei im Winter ohne Lüftung die Temperaturen bei Sonneneinstrahlung bis über 30 °C ansteigen können, in der Nacht aber kaum unter die mit dem Thermostat eingestellte Temperatur sinken. Die Heizperiode ist noch geringer, wenn eine Innenschattierung nachts geschlossen wird (Tropenklima). Der nächste Wintergarten zeigt täglich sehr starke Schwankungen, speziell, wenn er nur einfach verglast ist und beispielsweise bei einer Thermostat-Einstellung von 5 °C nachts durchaus leichter Bodenfrost auftreten kann, weil die Temperaturen schneller fallen,

als träge Heizungen ausgleichen können. Am Tage können bereits im Winter ähnlich wie im warmen Wintergarten die Temperaturen bis weit über 30 °C steigen (Klima tropischer Hochlagen, Subtropen, kontinental). Der dritte Wintergarten-Typ ist eher ausgeglichen kühl. Bei einer Thermostat-Einstellung von ca. 5–10 °C oder darunter wird bei Sonneneinstrahlung gelüftet, die Temperatur steigt deshalb im Winter kaum über 20 °C an (Klima warm temperiert bzw. maritim subtropisch). Es versteht sich von selbst, daß Pflanzen eher tropischen Ursprungs und aus niederen Lagen mit dem ersten Wintergarten-Typ mit gleichmäßig hoher Temperatur am besten zurechtkommen, Pflanzen der Subtropen und solche aus tropischen Höhenlagen ziehen den zweiten Typ mit stark schwankenden Temperaturen vor, Pflanzen aus maritim beeinflußten, subtropischen Gegenden wachsen bei gleich-

Wintergartengrün – vom Traum (rechts, zwischen den Katarakten des Nils) zur Wirklichkeit (oben, die australische Flora eines kühlen, sehr hellen Wintergartens).

mal-Maximal-Markierungen der Thermometer können von Zeit zu Zeit mit dem Magneten wieder heruntergeholt werden. Auf diese Weise bekommt man die Eckwerte der Temperatur im Lauf eines Jahres heraus. Wer es ganz perfekt machen will, hängt auch draußen ein Minimax-Thermometer auf. Aus der Differenz zwischen Innen- und Außentemperatur läßt sich die erforderliche Heizleistung ermitteln. Mindestens ebenso wichtig ist die Anschaffung eines Bodenthermometers. Auch nach der Pflanzung sind diese Thermometer noch wichtig: Mancher Pflanzenschaden läßt sich ganz simpel auf zu hohe oder zu niedrige Temperaturen zurückführen, worauf man die Thermostateinstellung – auch für die Lüftung – korrigieren kann.

Ungeachtet der auf dem Thermostat eingestellten Heiztemperatur ist die

mäßiger, vergleichsweise niederer Temperatur am besten. Über die Pflanzen, die am besten zu den verschiedenen Wintergarten-Typen passen, informieren die jeweiligen Pflanzenporträts.

Die Thermostateinstellung und die tatsächlichen Temperaturen

Im Zusammenhang mit der Verglasung und mit einer eventuell nachts zugezogenen Innenschattierung muß die Thermostateinstellung gesehen werden. In aller Regel wird der Thermostat an einer stabilen Wand in Augenhöhe angebracht. Dies ist gewöhnlich die Hauswand, die – da von innen beheizt – relativ warm ist. Die tatsächliche Lufttemperatur im Wintergarten hat deshalb oft nur wenig mit der am Thermostat eingestellten Temperatur zu tun, besonders, wenn man die Temperatur in Bodennähe betrachtet. Aus dem Freien ist bekannt, daß es Reif haben kann und Pfützen zugefroren sind, obwohl das in Augenhöhe hängende Thermometer ein paar Grad über Null anzeigt. In noch stärkerem Maße – weil der Wind fehlt – ist dies im Wintergarten der Fall. Es ist also durchaus nicht ungewöhnlich, wenn in einem auf +5 °C eingestellten Wintergarten der aus dem Boden brechende Neutrieb mancher Pflanzen eines Morgens erfroren ist. Temperaturdifferenzen von 5 °C sind selbst im gut isolierten Wintergarten möglich. Noch viel schlimmer ist es in schlecht isolierten Wintergärten, und zwar vor allem, wenn die Sonne untergeht oder mitten in der Nacht die Wolken plötzlich aufreißen. Ohne Wärmeschutzglas oder zugezogene Schattierung kann man nun zusehen, wie die Quecksilbersäule fällt. Der Wintergarten kann innerhalb weniger Minuten auf Temperaturen um 10 °C unter der Thermostateinstellung fallen. Eine normale Warmwasser- oder Konvektorheizung reagiert hier einfach

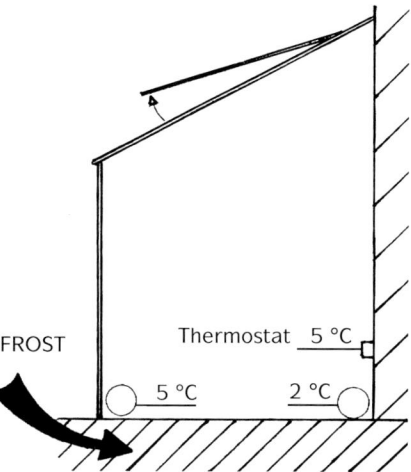

FROST

Die im Porträtteil angegebenen Temperaturwerte beziehen sich auf die Thermostateinstellung. Kurzfristig können die Temperaturen bis zu 10° C darunter sinken.

nicht schnell genug, um diesen Temperatursturz aufzufangen. Einzig wirksam wäre ein kräftiger Gebläselufterhitzer. Alle in diesem Buch gemachten Angaben zur Thermostateinstellung – die Werte, die bei der jeweiligen Pflanzenbeschreibung in der Titelzeile stehen - berücksichtigen diese Temperaturstürze. Wenn also eine Pflanze mit einer Thermostateinstellung von 15 °C angegeben ist, heißt das, daß die Bodentemperatur bzw. die Temperatur in Bodennähe nicht unter 10 °C sinken sollte, die oberirdischen Teile aber kurzzeitig durchaus Temperaturen von 5 °C, eventuell sogar darunter verkraften. Kurzzeitig heißt: für wenige Minuten oder Stunden, keinesfalls für Tage oder Wochen. Dies wäre gleichzeitig verbunden mit einem Absinken der Bodentemperatur unter die erwähnten 10 °C, was für die meisten Pflanzen mit Schäden verbunden ist. Entsprechendes gilt für alle anderen Temperaturen – eine 5 °C-Pflanze muß also kurzzeitig Fröste bis –5 °C aushalten können, eine 0 °C-Pflanze sogar zumindest oberflächlich gefrorenen Boden. Abschließend noch die Antwort auf ein Standardproblem, das sich jedem Wintergarten-Besitzer

früher oder später stellt. Hat man beispielsweise einen 5°C-Wintergarten und macht eines Abends eine Party, darf man den Thermostat dann auf Zimmertemperatur hochdrehen oder nicht? Keine Frage, man darf. Durch eine kurzzeitige Temperaturerhöhung wird die Bodentemperatur nämlich nicht weiter beeinflußt. Die Bodentemperatur ist äußerst träge, weshalb einige Stunden Wärme den Stoffwechsel der Pflanze nicht beeinflussen. Etwas anderes ist es, wenn man am Abend leidenschaftlich gern die Zeitung oder ein Buch liest, trotzdem aber nur einen 5 °C-Wintergarten haben will. Selbstverständlich kann man auch hier auf Zimmertemperatur heizen, und erst wenn man den Wintergarten verläßt, kommt die 5 °C-Thermostateinstellung zum Tragen. Diese regelmäßige Temperaturerhöhung führt dann aber zu einer steigenden Bodentemperatur und damit zu vorzeitigem Austrieb. In diesem Fall muß man dafür sorgen, daß die Temperatur möglichst nicht mehr unter Null Grad fällt. Diese Art von Wintergarten-Temperaturmanagement unterscheidet sich kaum vom höher geheizten Glasanbau mit Nachtabsenkung.

2. Nachtabsenkung

Es gibt eine Möglichkeit, einen Wintergarten zimmerwarm zu halten und trotzdem den Energieaufwand zu minimieren. Das Schlüsselwort im Gartenbau heißt dazu Nachtabsenkung. Man stellt den Thermostat so ein, daß zwar tagsüber die Temperatur erhalten bleibt, die Nachttemperatur jedoch absinkt. Als Faustregel hat sich bei Gärtnern eine Nachtabsenkung um 5 °C bewährt. Ein Wintergarten-Besitzer, der seine Pflanzen ja nicht verkaufen muß, kann im Rahmen einer Energieeinsparung noch sehr viel mehr riskieren, 10–15 °C Temperaturabsenkung nachts sind durchaus möglich. Allerdings muß man sich bewußt sein, daß als Folge einer nächtlichen Temperaturabsenkung auch die durchschnittliche Bodentemperatur ganz erheblich fällt. Dies besonders, wenn die Nachttemperatur mit einem Dämmerungsschalter gekoppelt ist, das heißt, sobald es im Winter dunkel wird, setzt die Heizung bis auf ein Minimum aus. Steuert man die Nachtabsenkung mit einer Zeitschaltuhr, beispielsweise auf 5 °C zwischen 22 Uhr und 6 Uhr, bleibt der Boden wärmer, die Energieeinsparung wird aber reduziert.

3. Isolierglas oder Einfachglas?

Die Preisdifferenz zwischen Sonnenschutz-Isolierglas und normalem, für Wintergarteneindeckung zugelassenem Glas kann bei einem mittelgroßen Wintergarten durchaus mit einer fünfstelligen Summe zu Buche schlagen. Die Frage, ob man den Wintergarten mit Isolierglas oder mit Einfachglas eindeckt, ist zum einen eine Frage der Nutzung, zum anderen eine Frage des sogenannten G-Wertes (G-Wert = Heizgradtage = Zeit × Temperaturdifferenz). Der G-Wert ist also um so höher, je niederer die Außentemperatur und je höher die gewünschte Innentemperatur ist – und das natürlich in Abhängigkeit von der Dauer des Winters. Bei gleicher gewünschter Innentemperatur ist der G-Wert von der Länge und den Temperaturen des Winters abhängig und schwankt von Ort zu Ort ganz gewaltig. Bei gleicher Innentemperatur ist er beispielsweise im Bayrischen Wald extrem hoch, in der Kölner Bucht oder gar in Südbaden wesentlich geringer. Je höher der G-Wert ist, desto eher ist es angebracht, eine Isolierverglasung zu verwenden. Bei niederem G-Wert reicht durchaus Einfachglas. Zu einem sehr hohen G-Wert kommt man auf jeden Fall, wenn der Wintergarten nicht primär als Puffer

Sonnenschutzverglasungen – ein Indiz dafür sind stark spiegelnde Oberflächen – bedingen schattenliebende Pflanzen, beispielsweise die Pflanzenwelt der chilenischen Anden, Neuseelands oder Ostasiens.

dient, sondern als zusätzlicher Wohnraum genutzt werden soll. Auch hier stellt sich die Frage, ob dieser Wohnraum nur tagsüber oder nur abends benötigt wird. Soll der Wintergarten ganztägig auf Wohnraumtemperatur gehalten werden, lohnt sich fast jede Investition in ein Wärmeschutzglas.

4. Lichtdurchlässigkeit des Glases

In Zusammenhang mit der Isolierverglasung muß auch die Lichtdurchlässigkeit gesehen werden. Während bei Einfachverglasung über 90% des Lichtes in den Wintergarten kommen, reduziert sich dies bei Wärmeschutz-Isolierglas auf 60–75% und bei Sonnenschutz-Isolierglas sogar auf 25%. Für zahlreiche Wintergartenpflanzen ist dies zumindest im Winter viel zu wenig.

5. Ist die Lüftung ausreichend dimensioniert?

Oft muß hier leider die korrekte Antwort »nein« lauten! Die den Hochbau-Architekten geläufigen Luftwechselzahlen (sie geben an, wie oft das gesamte Luftvolumen pro Stunde ausgetauscht wird) von maximal 5, die für Wohnräume gelten, sind für Wintergärten, in denen Pflanzen gedeihen sollen, nicht ausreichend. Wünschenswert ist hier ein mindestens 30-facher (bis 50-facher)

Die Blütenfarben – hier am Beispiel einer *Podranea ricasoliana* – geraten im Wintergarten (linke Blüte) oft nicht so intensiv wie im Freiland (rechts oben).

Luftwechsel pro Stunde. Die im Glashaus viel schneller als im Wohnhaus ansteigenden Temperaturen müssen durch ausreichende Lüftung abgesenkt werden, nicht durch Schattierung. Denn die übliche Innenschattierung reduziert den Energietransfer ins Gewächshaus durch Strahlung nicht im geringsten, sondern verlagert nur den Ort der Energieumwandlung von Strahlung in Wärme. Gleichzeitig behindert sie meist die Lüftung. Innenschattierungen lassen die Lichtstrahlen ungehindert durchs Glas, worauf sie sich in Wärme umwandeln. Die temperaturabsenkende Wirkung kann somit nicht sehr groß sein. Zudem wachsen die im Wintergarten gedeihenden Kletterpflanzen nur allzugern in die Schattierungsvorrichtungen hinein. Die wirksam Sonnenlicht abhaltenden, aber sehr teuren Außenschattierungen sind vergleichsweise störanfällig, man denke nur an das Fallaub im

Herbst, das die Führungsschienen verstopfen kann. Sturm ist ein weiteres Problem. Die meisten Wintergartenpflanzen lieben, anders als die üblichen Zimmer-Topfpflanzen, die Schattierung nicht. Gerade subtropische Pflanzen, die ja optimal in das Wintergartenklima passen, vertragen höchste Lichtwerte und brauchen diese zum Teil auch für eine gute Blütenbildung (*Bougainvillea, Podranea, Tecomaria*). Wenn diese Pflanzen nicht befriedigend blühen, hängt dies oft mit Schattierungen bzw. wenig lichtdurchlässigem Glas zusammen. Die klassische Lüftung besteht aus – kleineren – Zuluftöffnungen, möglichst bodennah. Diese meist als Lüftungsschlitze oder -klappen ausgebildeten Öffnungen müssen sich für den Winterbetrieb schließen lassen. Oben im Dachfirst, zusätzlich oft auch im Giebel, liegen die – großflächigen – Abluftöffnungen. Kluge Architekten schauen hier bei den Konstruktionen der Gewächshäuser des Erwerbsgartenbaues ab – dort sind in aller Regel Lüftungsklappen über die gesamte Glashauslänge hinweg ausgebildet.

Folgende Faustzahl mag hier zur Orientierung dienen: Die Gesamtöffnungsfläche sollte ein knappes Viertel der Grundfläche des Wintergartens betragen, so sie sachverständig angebracht ist. Ist der Wintergarten also 20 m² groß, sollten etwa 4–5 m² Lüftungsflügel zu öffnen sein. Ist die Lüftung unrettbar »verkorkst«, kann mit relativ preisgünstigen Ventilatoren zwangsgelüftet werden. Diese werden in die Glashaut eingebaut, ihr Motor springt bei Überschreiten der vorgegebenen Temperatur an. Der Stromverbrauch dieser Geräte ist zwar gering, störend ist jedoch das ständige Geräusch. Je größer der Durchmesser des Ventilators, desto geringer kann bei gleicher Leistung die Drehzahl sein, und um so geringer ist auch die Lärmentwicklung.

6. Ist die Lüftung auch während Abwesenheit gesichert?

Nicht gespart werden soll an der Automatisierung der Lüftung. Ganz besonders gilt dies für Wintergärten, die offen oder nur leicht verglast mit den dahinterliegenden Wohnräumen verbunden sind. In einem solchen Fall müssen die Türen vom Wintergarten ins Freie oft zugemacht werden, können also nicht zur Lüftung und Kühlung beitragen. Sie dürfen dann auch zur Berechnung der Lüftungskapazität (Lüftungsflügel = ca. 25% der Grundfläche) nicht herangezogen werden. Nur wer nie ein unbewohntes Haus zurückläßt, kann auf eine automatische Lüftung verzichten. Doch wie schnell ist man einmal ein paar Stunden weg, während sich das Wetter ändert. Vergißt man beispielsweise in den Übergangzeiten Herbst und Frühjahr einmal morgens die Lüftung hochzukurbeln, klettert das Thermometer schnell auf bis zu 50 °C. Pflanzenschäden sind die sichere Folge. Fast nur

Die Klimatisierung des Wintergartens im Sommer erfordert großflächige Lüftungseinheiten. Optimal ist eine durchgehende Firstlüftung mit Zuluft im Sockelbereich.

(Halb)wüstenpflanzen halten solche Temperaturen aus.

Wichtig ist neben der temperaturgesteuerten Bewegung der Lüftungsklappen eine Sturm- und Regen-Schnellablüftung. Allein auf die Technik sollte man sich bei der Lüftung aber nicht verlassen, man muß sie trotz Automatik auch manuell bedienen können. Oft will man nämlich bewußt eine hohe Wintergartentemperatur, um beispielsweise das Wohnhaus mitzuheizen oder die Pflanzung anzutreiben, manchmal aber auch eine niedere Temperatur, um vorzeitigen Austrieb zu bremsen.

7. Ist eine Außen- oder Innenschattierung vorhanden?

Sieht man von vielen ostasiatischen oder mittelamerikanischen Arten ab, brauchen subtropische Pflanzen in aller Regel hohe Lichtintensitäten. Wichtig ist dies insbesondere für lichthungrige Blütenpflanzen. Die Blüte beispielsweise von *Bougainvillea* oder *Podranea* läßt bereits bei nur wenig vermindertem Lichteinfall merklich nach, was man sofort sieht, wenn man dieselbe Pflanze auf der Terrasse kultiviert. Hier könnten wir unser Plädoyer gegen teure, mechanische Schattierungsanlagen fortsetzen und spötteln, auch im Süden trügen die Pflanzen keine Sonnenschirme. Und hinsichtlich der Sonnenschutz-Verglasung: Sonnenbrillen tragen sie auch nicht. Doch ist in einigen wenigen Fällen die Schattierung auch sinnvoll:

• bei nur etwa zimmerhohen Wintergärten, deren geringe Höhe bei der Lüftung keine ausreichende Sogwirkung entstehen läßt. Hier käme man ohne <u>Außen</u>schattierung ins Schwitzen.

• als Energieschirm, der nachts zugezogen wird (<u>Innen</u>schattierung).

• wenn es außer dem Wintergarten keinen Garten im Freien gibt, man also

Kostspielige Schattierungen innen (<u>links oben</u>) und außen (<u>rechts oben</u>) sind nur dann entschuldbar, wenn die Lüftung nicht ausreichend dimensioniert wurde, es für den Menschen also zu heiß wird. Subtropische Pflanzen dagegen halten Temperaturen bis über 40° C klaglos aus. Am intelligentesten: Wintergartenbäume als natürliche Schattenspender (<u>unten</u>).

auch an heißen Sommermittagen im Wintergarten sitzen will und man nicht unter einem Wintergartenbaum sitzen bzw. keinen Sonnenschirm aufstellen kann.

• wenn im zimmerwarm gehaltenen Wintergarten Pflanzen aus tropischen Regenwäldern (dazu gehören viele unserer altbekannten Zimmerpflanzen, auch viele Orchideen) kultiviert werden sollen, die kein grelles Licht vertragen bzw. unter Schwachlichtverhältnissen herangezogen worden sind. Abgesehen von diesen Sonderfällen plädieren wir – stimmige Belüftung vorausgesetzt – <u>für eine natürliche Schattierung durch Solitärpflanzen</u>. Diese Funktion kann natürlich auch ein großer Baum im Garten übernehmen. Wählt man hier laubabwerfende Arten, kommt man im Winter trotzdem in den fast vollen Lichtgenuß. Im Prinzip ebenso geeignet, aber etwas unhandlicher, sind winterharte oder raschwüchsige einjährige Kletterpflanzen an einem Spalier außerhalb des Wintergartens – die Scheiben sind dann jedoch kaum mehr sauberzuhalten, speziell bei verholzenden Arten. Kühlen

Schatten spenden natürlich auch laubabwerfende Solitärgehölze im Wintergarten, beispielsweise die Echten Feigen (*Ficus carica*), der Paternosterbaum (*Melia azedarach*), der Seidenbaum (*Albizia julibrissin*) etc.

Je mehr Wasser die Pflanzen brauchen, um so mehr Verdunstungskälte entsteht außerdem. Aus gestalterischen Gründen – damit nicht das gesamte Laubdach im Wintergarten von Dezember bis Februar kahl ist – wählt man unter den meist 2–3 Leitpflanzen eine laubabwerfende aus. Die anderen können immergrün sein, dürfen aber durch geeignete Standortwahl die anderen Pflanzen im Winter nicht schattieren.

8. Wie werden die Pflanzen bewässert?

Gießen per Hand

Das Bewässern per Hand (Gießkanne oder Schlauch) ist – die Lieferanten ausgefeilter Bewässerungstechnolo-

Gefäße mit Wasserspeicher erleichtern die Gießarbeit in Wintergärten mit Einzeltöpfen erheblich.

gien mögen dies verzeihen – nicht die schlechteste aller Methoden. Zum einen stellt für viele die Arbeit im Grünen Erholung dar, zum anderen beobachtet man die Pflanzen bei jedem Gießvorgang, Schädlinge und Krankheiten werden eher entdeckt. Man kann auch einmal eine Pflanze trocken halten und anderen, vielleicht gerade frisch gepflanzten eine Extraration geben. Auch in modernen Gärtnereien ist der Gartenschlauch unverzichtbares Werkzeug. Bei größeren Wintergärten oder häufiger Abwesenheit der Besitzer ist das Gießen per Hand natürlich zu arbeitsaufwendig, insbesondere wenn die Pflanzen in Einzeltöpfen stehen. Gilt bei ausgepflanztem Bestand im Sommer ein Gießrhythmus von etwa 3 Tagen, müssen einzelstehende Töpfe dann täglich gewässert werden.

Töpfe mit Wasserreservoir

Um bei Einzeltrögen die unschönen Verteilerschläuche der Tröpfchenanlagen zu vermeiden – notfalls lassen sie sich unter üppig herunterhängenden Bodendeckern verstecken – und den unterschiedlichen Wasserverbrauch der einzelnen Arten zu kompensieren, kann man sich Töpfe mit Wasserspeicher zulegen. Je nach Fabrikat und Material kann dies allerdings ein teurer Spaß werden. Gleiches gilt für das Umtopfen der Erdkulturpflanzen in wasserspeicherndes Tongranulat, riesige Gefäße sind dann nötig. Bei der Pflanzplanung also berücksichtigen: Ist der Boden versiegelt, nicht allzuviele einzelne Pflanzen verwenden – lieber einmal eine kleine Pflanzgruppe in einen etwas größeren Trog setzen.

Tröpfchenbewässerung oder Anstau?

Bei offenen Beeten kann das Gießen mit Tröpfchenbewässerung – meistens gesteuert über Tensiofühler – oder mit Anstau automatisiert werden. Warum die Anstaubewässerung bei Gärtnern

Wen die dünnen Verteilerschläuche »Spaghettis« der Tröpfchenbewässerung bei Pflegearbeiten stören, sollte zu Twin-Wall-Systemen greifen.

oft nicht so beliebt ist, hat einen einleuchtenden Grund: Der Wasserstrom geht in diesem Fall nur von unten nach oben, Salze werden an die Erdoberfläche getragen und können flachwurzelnde oder empfindliche Arten schädigen. Außerdem muß während des ersten Jahres ständig von oben gegossen werden, bis auch der kleinste Bodendecker mit nur 8 cm kleinem Topfballen eingewurzelt ist. Gedüngt werden kann nur noch mit flüssigen oder leicht löslichen, dem Anstauwasser beigemischten Düngern. Eher zu empfehlen sind also die verschiedenen Tröpfchenbewässerungen, von denen einfache Varianten inzwischen in jedem Gartencenter angeboten werden. Es gibt Systeme, bei denen vom Verteilerschlauch dünne Einzelschläuche (sogenannte Spaghettis) zu jeder einzelnen Pflanze führen – starke Wasserverbraucher erhalten dann 2 oder 3 Schläuche. Bei anderen Systemen verlaufen in einem dicken Schlauch inwendig spiralig dünne Kanäle und entlassen die Wassertropfen nur langsam durch ihre perforierte Außenwand. Diese Twin-Wall-Systeme eignen sich allerdings nur für Becken, sind aber sicher, preiswert und wenig störungsanfällig. Spaghetti-Systeme im Becken haben dagegen viele Nachteile: Egal ob die Leitungen oberirdisch oder unterirdisch verlegt werden, behindern die »Spaghettis« ganz erheblich beim Aufräumen. Abrechen kann man überhaupt nicht, man zieht sonst die Tropfschläuche heraus.

Bei hartem Gießwasser muß zudem bedacht werden, daß die dünnen Zuleitungsschläuche schnell verkalken und regelmäßig mit verdünnter Säure durchgespült werden sollten. Das liest sich leichter als getan, weshalb man statt »Spaghettis« lieber »Makkaronis« mit größerem Querschnitt nimmt und dafür mit sehr niederem Druck fährt. Ein Druckreduzierer und ein Filter sind obligatorischer Bestandteil aller automatischen Bewässerungsanlagen, falls nicht spezielle druckreduzierende Tropfer verwendet werden (HB-System).

9. Härte des Gießwassers

Als Faustregel kann gelten: Abgesehen von einigen empfindlichen Arten wie Proteaceen oder Ericaceen und einigen *Acacia*-Arten, wird Leitungswasser bis 20°dH von den meisten Pflanzen gerade noch vertragen, wenn im Überschuß gewässert, der Kalk also sukzessive ausgewaschen wird und sich somit nicht im Substrat anreichert. Einige von Kalkböden stammende Arten wie Oleander brauchen sogar kalkhaltiges Wasser. Enthärtet werden kann durch Verschnitt mit Regenwasser, durch Versetzen mit Essig, durch Einhängen eines mit Torf gefüllten Sackes in den Wasservorrat und natürlich mit verschiedenen festinstallierten Wasserenthärtungsanlagen. Bei einigen ist

jedoch Vorsicht geboten: Werden dabei Natrium-Ionen freigesetzt, schadet dies der Bodenstruktur langfristig mehr als das enthärtete Gießwasser Vorteile bringt. In diesem Fall sollte man – soweit möglich – den Wintergarten lieber mit normalem Leitungswasser versorgen, d.h. das Gießwasser <u>vor</u> dem Enthärter entnehmen. Inzwischen gibt es auch Systeme, die das durchlaufende Leitungswasser entionisieren und anschließend wieder mit normalem Leitungswasser verschneiden. Jeder Härtegrad ist dadurch einstellbar. Das Brita-System arbeitet mit Kartuschen, die beim Fachhändler getauscht werden müssen. Wenn man die Kosten für das Sammeln von Regenwasser rechnet und – so man nicht einen großen Brauchwassertank hat – des öfteren keines da ist, wenn man es am meisten braucht, scheint

der hohe Preis (vor allem für die Kartuschen) zumindest bei empfindlichen Pflanzen und sehr hartem Wasser gerechtfertigt.

Eine intelligente Methode, mit hartem Gießwasser zu leben, stellt die Auswahl angepaßter Pflanzen dar. Arten von Kalkböden – beispielsweise aus dem Mittelmeergebiet oder aus Kalifornien – gedeihen mit dem völlig unbehandelten, harten Wasser bestens. Aufpassen muß man dann nur mit Tröpfchenbewässerungen, deren dünne Zuleitungsschläuche oft verstopfen.

Wer seine Wintergartenpflanzen ausschließlich mit Regenwasser gießt, liegt des öfteren daneben. Manche Pflanzen (z. B. Oleander) gedeihen nur dann prächtig, wenn das Wasser reichlich Kalk enthält.

10. Spezielle Wünsche

Wichtig ist auch, bei der Pflanzenauswahl die jeweiligen persönlichen Vorlieben zu bedenken, sei es der Wunsch nach fruchttragenden Gehölzen, bestimmten Blütenfarben oder pflegeleichten Pflanzen. Duftpflanzen werden in einem extra Kapitel vorgestellt (s. S. 168).

Eine Auswahl subtropischer Fruchtgehölze

Acca sellowiana
  (Brasilianische Guave)
Annona cherimola
  (Cherimoya)
Carica papaya
  (Papaya)
Carissa macrocarpa
  (Natalpflaume)
Citrus sp.
  (Zitronen, Orangen, Mandarinen . . .)
Cyphomandra betacea
  (Baumtomate, Tamarillo)
Diospyros kaki
  (Kakipflaume, 'Sharon')
Eriobotrya japonica
  (Japanische Wollmispel, Loquat)
Ficus carica
  (Echte Feige)
Mangifera indica
  (Mango)
Musa x paradisiaca
  (Echte Bananen) (Staude) (tropisch)
Olea europaea
  (Olive)
Opuntia ficus-indica
  (Opuntien, Kaktusfeigen)
Passiflora edulis
  (Maracuja)
Passiflora quadrangularis
  (Riesengranadilla)
Passiflora mollissima
  (Bananen-Passionsfrucht)
Punica granatum
  (Granatapfel)
Pereskia aculeata
  (Barbados-Stachelbeere)
Psidium littorale
  (Ananasguave)
Psidium guajava
  (Echte Guave)

Eine Auswahl blau blühender Arten für den Wintergarten

Agapanthus
  (weiß bis dunkelblau)
Alyogyne huegelii
  (blau bis violett)
Ceanothus thyrsiflorus
  (hell- bis mittelblau)
Ceratostigma willmottianum
  (enzianblau)
Clerodendrum ugandense
  (himmel- bis rauchblau)
Clytostoma callistegioides
  (fliederfarben bis lila)
Duranta repens
  (hell- bis tiefblau)
Fabiana imbricata
  (weiß bis lila)
Grewia robusta
  (lila)
Hardenbergia
  (lila-violett)
Iochroma cyaneum
  (violett)
Iochroma warscewiczii
  (mittelblau mit violettem Stich)
Jacaranda mimosifolia
  (hellblau)
Liriope muscari
  (mittelblau bis lila)
Melia azedarach
  (lila)
Passiflora-Arten
  (weiß mit blau – alle Schattierungen)
Petrea volubilis
  (rauchblau)
Pharbitis acuminata
  (enzianblau bis lila)
Plumbago auriculata
  (weiß bis tiefblau)
Polygala myrtifolia
  (violett)
Rosmarinus officinalis
  (weiß bis tiefblau)
Solanum-Arten
  (weiß bis dunkelblau, violett)
Sollya heterophylla
  (himmelblau)
Strelitzia nicolai
  (blau-weiß)
Thunbergia erecta
  (blauviolett)
Thunbergia grandiflora
  (himmelblau)
Thunbergia natalensis
  (hellblau)
Tibouchina urvilleana
  (violett)
Vitex agnus-castus
  (lila)

Blütenfarbe

Hinsichtlich des optischen Eindruckes das auf den ersten Blick wichtigste Kriterium ist die Blütenfarbe. Über Farbkompositionen könnte man ein ganzes Buch schreiben, doch wollen wir hier nicht Goethes Farbenlehre Konkurrenz machen. Deshalb nur in Kürze einige Punkte. Grundsätzlich – und das gilt für alle Wintergärten – sollte man die Pflanzen so setzen, daß die gesamte Farbe nicht an einem Punkt zur selben Zeit vorhanden ist. Man sollte also nicht alle winter- oder frühjahrsblühenden Sträucher zusammensetzen, weil der Wintergarten dann optisch aus dem Gleichgewicht gerät. Es ist deshalb zu berücksichtigen, wann welche Gehölze blühen und welche Farbe sie haben. Ansonsten ist es kaum möglich, eine hinsichtlich der Farbwirkung ästhetische Gruppierung zu erreichen. Im übrigen darf man nicht vergessen, daß sich manche Farben beißen, andere dagegen ausgesprochen harmonieren. Die meisten Menschen fühlen sich abgestoßen durch eine dichte Gruppierung starker Farben, solche wie helles Orange oder Rot mit Kirschfarben, während Farbkompositionen in Pastellschattierungen, von Blau und Rosa oder Blau und Gelb durchaus geglückt sind, aber nicht beispielsweise Rosa und Gelb. Rosa wirkt sehr viel schöner, wenn es mit Weiß kombiniert ist. Ein lebendiges Gelb wirkt am besten mit Tönen von Lila bis Lavendel und allen Schattierungen von Blau oder Orange. Zweifellos sind hier die Geschmäcker verschieden, weshalb man – leider – manchmal um ein Umpflanzen nicht herumkommt. In Anbetracht der verschiedenen Wintergartenklimate hat der Gärtner zwar Standardlösungen parat, ein Pflanzenliebhaber findet daran aber immer noch etwas zu verbessern. Gewöhnlich pflanzt man Sträucher so, daß 2 oder mehr nahe beieinanderstehende zur selben Zeit blühen, so daß die eine Farbe die andere verstärkt. Pflanzt

Zwei fruchttragende Nachtschattengewächse: <u>Oben links:</u> Die Baumtomate oder
Tamarillo, *Cyphomandra betacea,* ist ein
sehr raschwachsender, aber extrem flach-
kroniger Baum mit hühnereigroßen,
eßbaren Früchten. Die Blüten duften.
<u>Oben rechts:</u> *Solanum quitoense* hat sehr
schönes, tief gebuchtetes, purpur überlau-
fendes Laub.

man zum Beispiel *Plumbago*, um
während der heißesten Jahreszeit und
im Herbst Blüten zu haben, dann kann
man hinter den *Plumbago* eine *Tecomaria capensis* – auch in ihrer gelben
Form – setzen, die zur selben Zeit
blüht, so daß die schwefelgelben oder
tomatenroten Blüten das Blau des
Plumbago aufwerten. Wie kompliziert
dieser einfache Sachverhalt ist, mag
daraus hervorgehen, daß die Blütenfarbe von *Tecomaria* zwischen Tiefrot
und Schwefelgelb alle Schattierungen
umfaßt, bei *Plumbago* reicht das Farb-

spektrum von intensiv Mittelblau
nahtlos über Hellblau bis Reinweiß.
Tradition vor allem in der englischen
Gartenkunst hat die Gestaltung mit
nur einer Blütenfarbe in verschiedenen
Schattierungen, allenfalls untermalt
von neutralem Weiß. Ganz obenan auf
der Wunschliste ist hier Blau zu nennen, was in englischen Gärten bevorzugt mit grauem Laub kombiniert
wird, das »Blue and Grey Border«
(Rabatte). Exemplarisch sollen deshalb
blau blühende Arten für den Wintergarten aufgeführt werden (s. Tabelle
S. 180). Andere Farben, speziell Rot-
töne, lassen sich viel schwerer kombinieren.

Pflegeleichtigkeit

Wer wenig Zeit hat und in der ersten
Begeisterung einige stark wachsende
Arten pflanzt, weiß bald, was mit dem

Begriff »pflegeleicht« gemeint ist. All-
wöchentlich könnte man einen Müll-
eimer oder mehr mit den abgefallenen
Blüten von *Abutilon, Cestrum* oder
Datura füllen, von den vor allem in
warmen Sommernächten und im Winter rasch alternden und abfallenden
Blättern ganz zu schweigen. Als
Faustregel kann also gelten: Jeder
»Blütenrausch« ist mit Arbeit verbunden. Wintergarten-Profis mit wenig
Zeit gehen deshalb oft zu den aus-
drucksvollen Blattschmuckpflanzen
über, mit Blütenpflanzen wird nur »gar-
niert«. In puncto Pflegeleichtigkeit
absolute Renner sind natürlich Pflanzen aus den Familien Musaceae, Liliaceae und Agavaceae und die meisten
Sukkulenten. Außerdem gelten Pflanzen mit großen Blättern wie Palmen
oder *Fatsia* als einfach – große Blätter
sind eben schneller zusammengesammelt bzw. abgeschnitten.

Eine kleine Auswahl »pflegeleichter« Pflanzen

Acca sp.
Agapanthus
Agave sp.
Aloë sp.
Araucaria sp.
Aucuba japonica
Callistemon sp.
Camellia japonica
Ceratonia siliqua
Clethra sp.
Cordyline australis
Corokia sp.
Correa sp.
Cycas sp.
Cyperus papyrus
Dasylirion sp.
Dicksonia antarctica
Dombeya sp.
Dracaena draco
Ensete ventricosum

Fatsia japonica
Ficus sp.
Hedychium
Homalocladium platycladum
Laurus nobilis
Liriope muscari
Mahonia sp.
Metrosideros excelsa
Musa sp.
Nandina sp.
Ophiopogon japonicum
Palmen
Phaedranthus sp.
Phormium tenax
Pittosporum sp.
Strelitzia sp.
Sukkulente
Tetrastigma
Yucca sp.

Besonders wichtig sind die Pflanzen nebenstehender Liste für Besitzer eines Pools im Wintergarten – bei vielen kleinen Blättern streiken die Filteranlagen schnell.

11. Welche vorhandenen Pflanzen sollen eingeplant werden?

Einem Planer wird es manchmal ganz schwindlig, welch verschiedene Pflanzengestalten, in vielen Jahren zusammengesammelt, in einen einzigen Wintergarten gepflanzt werden sollen. Mit viel Fingerspitzengefühl sortiert man

zuerst die Arten heraus, die zwar zum Überwintern hereingestellt werden können, aber im Sommer unbedingt ins Freie gehören. Als Beispiel seien hier Granatäpfel, Lantanen oder auch der allbekannte Enzianbaum (*Solanum rantonnetii*) genannt. Als nächstes streicht man die Arten, die erfahrungsgemäß zu viele Schädlinge bekommen. Meist fällt auch die eine oder andere raschwüchsige Palme wie die Kanarische Dattelpalme oder *Washingtonia* dem Rotstift zum Opfer – ausgepflanzt wachsen sie im Wintergarten zu schnell und können nicht zurückgeschnitten werden. Läßt man die Palmen im Kübel, sind sie durchaus wintergartentauglich. Das letzte Selektionskriterium ist der Temperaturbereich. Es macht wenig Sinn, absolute Kalthauspflanzen wie Lorbeer oder eine Kamelie in einen lauwarmen, nach Süden orientierten Wintergarten zu setzen. Ebensowenig dürfen wärmebedürftige wie *Plumeria, Cyperus papyrus* oder *Hibiscus* ins Kalthaus. Nun bleibt von dem Sammelsurium höchstens noch eine Handvoll Arten übrig, die in den zukünftigen Wintergarten passen. Wie man an den Planungsbeispielen des Hauptteiles sieht (S. 10 ff.), werden diese oft schönen Einzelstücke Bestandteil der Pflanzung – soweit es geht, herkunftsgetreu oder zumindest in den Ansprüchen passend zur Restbepflanzung.

12. Ist Sichtschutz nötig?

Bei den heutzutage üblichen kleinen Grundstücken sind die Wintergärten

oft von Nachbarn, von Straßen oder Plätzen aus einsehbar. Tagsüber mag das noch unwichtig sein, am Abend gewinnt dieser Punkt jedoch an Bedeutung. Wer möchte schon gern im erleuchteten Wintergarten gleichsam wie im Schaufenster sitzen? Und wenn man seinen Wintergarten nicht mit Gardinen bestücken will, kann man die einsehbare Zone mit dicht- und meist auch schnellwachsenden Arten bepflanzen.

13. Einzelkübel oder Beetbepflanzung?

Jedes Ding hat seine 2 Seiten – so auch die Frage, ob der Wintergarten Pflanzbecken erhalten soll oder ob die einzelnen Kübel auf den versiegelten Ziegel-, Stein- oder Holzboden gestellt

werden. Wenn der Gärtner die Hochbaupläne erhält, ist diese Frage in aller Regel schon entschieden, leider meist zugunsten von versiegelten Böden. Der durchgehende Bodenbelag ist für viele Architekten eben leichter zu projektieren und auszuschreiben als Erdbecken. Zudem halten sich viele Vorurteile über offenen Boden im Wintergarten (z.B. muffiger Geruch), von denen nur wenige gerechtfertigt sind. Für die Pflanzen selbst sind Becken besser, wobei allerdings die Arten, die massiv gebremst werden müssen (hohe Palmen, Bananen, Bambus usw.) nur im Kübel zu kontrollieren sind. Den Pluspunkten stehen letztlich ebensoviele Minuspunkte gegenüber (s. untenstehende Tabelle). Wer beispielsweise gern rangiert, ist mit Einzelkübeln besser bedient.

Vor- und Nachteile von Beckenbepflanzung und Einzeltrögen

Beckenbepflanzung	Einzeltröge
+ üppiges Wachstum	- Kontrolliertes, schwaches Wachstum
+ Eindruck eines Winter»gartens«	- Eher Eindruck eines »Terrassensitzplatzes«
+ Problemlose Bewässerung	- Aufwendige Bewässerung. Automatisierung ist schwierig. Tropfschläuche und Verteiler wenig dekorativ. Einzeltröge mit Wasserspeicher kostspielig.
+ Gute Pufferung der Bodentemperatur, v.a. bei nicht frostfreien Wintergärten – die Erde friert nicht so schnell durch, die Wurzeln als frostempfindlichste Pflanzenteile sind besser geschützt.	- Gefährliches Durchfrieren der Container bei nicht sicher frostfreien Wintergärten, starke Schwankungen der Bodentemperatur.
- Kaum Variationsmöglichkeiten	+ Einfache, gute Variationsmöglichkeit, Wechselbepflanzung.
- Sehr gute Pflanzplanung nötig	+ Fehler bei der Pflanzplanung lassen sich problemlos ausmerzen.
- Hohe Luftfeuchte – mehr Schwitzwasser (u.U. von Vorteil)	+ Niedere relative Luftfeuchte, weniger Schwitzwasser (u.U. von Nachteil)
- Weniger Winterstandplätze für eingeräumte Kübelpflanzen	+ Gute Kombinationsmöglichkeit mit den zu überwinternden Kübelpflanzen (Im Winter wird einfach zusammengerückt!)
- Das Ausräumen einzelner »Schädlingsmagneten« im Sommer ist nicht möglich.	+ Von Schädlingen befallene Pflanzen lassen sich ausräumen.

Bepflanzung

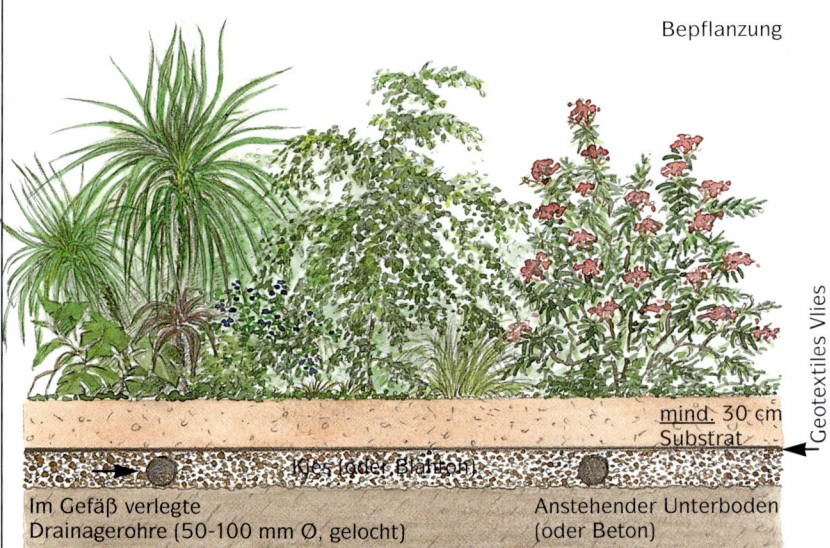

Geotextiles Vlies

mind. 30 cm
Substrat

Kies (oder Blähton)

Im Gefäß verlegte
Drainagerohre (50-100 mm Ø, gelocht)

Anstehender Unterboden
(oder Beton)

Die Substratschicht kann gar nicht hoch genug sein, sie sollte mindestens 30, besser 40–60 cm betragen: Je mehr Erde, desto höher ist das Wasser- und Nährstoffspeicherungsvermögen und desto besser das Wachstum. Man darf nicht vergessen, daß bereits ein 20-l-Container fast 30 cm hoch ist, bei 30 cm Substratschicht also schon auf dem geotextilen Vlies steht! Solitärpflanzen aus Containern über 100l brauchen bereits 50 cm Substrat, so man nicht ein »Gebirge« aufwerfen will. Über die Wahl des richtigen Substrates siehe unter »Düngung und Erden«, S. 196 ff.

Oben: So sieht ein einfacher Aufbau einer Beckenbepflanzung aus, wenn der Unterboden nicht ausreichend durchlässig ist. Wählt man bei den Drainagerohren diejenigen mit Kokosfaserumhüllung, wachsen die Wurzeln nicht so schnell hinein.
Rechts: Staunässeempfindliche Australier wie *Kennedya* und *Grevillea* wachsen gut in Terrakotta-Gefäßen.

Wenn unter dem Wintergarten keine Garagen, Keller oder gar andere Wohnungen sind, können bzw. sollten die Pflanzbecken nach unten offen sein. Sofern im Untergrund kein Verdichtungshorizont (schwere, wasserundurchlässige Tonschichten oder Fels) liegt, braucht man nicht einmal eine Drainageschicht. Bei dichtem Untergrund verlegt man die bekannten gelben, gelochten Drainageschläuche (Durchmesser ca. 50–100 mm), gegen Verschlämmung am besten im Kiesbett und darüberliegendem geotextilem Vlies oder mit Kokosumhüllung. Mit leichtem Gefälle führen sie in ein Abwasserrohr. Darauf kann man das Substrat auffüllen. Nicht vergessen werden sollte im Untergrund ein engmaschiges Drahtgeflecht zum Schutz vor Wühl- und sonstigen Mäusen, was nur dann nicht nötig ist, wenn der Wintergarten auf einem frostfrei gegründeten Streifenfundament sitzt (s. Skizze oben).

Wer sich dagegen für Einzelkübel entscheidet, hat erst einmal die Qual der Wahl:

• Preisgünstige Plastiktöpfe sind leider meist schwarz, wodurch sich die Ballen auf der Sonnenseite so stark erhitzen können, daß die Wurzeln Schaden erleiden. Abhilfe schaffen hier entweder in die Kübel gepflanzte, herunterhängende Bodendecker (Kübelgröße dann gleich ein paar Nummern größer wählen, um alle Pflanzen mit ausreichend Wasser und Nährstoffen versorgen zu können), Anstreichen oder passend zugeschnittene Strohmatten aus dem Baustoffhandel, die um den Topf gewickelt werden.

• Terrakotta-Gefäße passen zu den meisten subtropischen Pflanzen hervorragend. Als besonderer Pluspunkt ist die wasserdampfdurchlässige Topfwand zu betrachten – vernäßte und faulende Wurzeln gibt es in diesen Töpfen viel seltener als in Plastikge-

fäßen. Auf der anderen Seite muß natürlich in Hitzeperioden um etwa ein Drittel mehr gegossen werden. Ein Nachteil aller nicht glasierten Tongefäße: Sie blühen aus. Wer die weißen Kalkringe nicht als Patina toleriert, kann sie mit Säure entfernen. Im übrigen müssen Terrakottatöpfe Wasserabzugslöcher haben, wozu dann innen glasierte oder gesinterte Terrakottauntersetzer notwendig sind. Diese sind oft genauso teuer wie der Topf.

• Ganz gefährlich ist jede Art von Übertöpfen. Was im Zimmerpflanzenbereich noch möglich ist – die regelmäßige Kontrolle auf stehendes Wasser, wird erfahrungsgemäß bei größeren Kübeln vernachlässigt. Wer wuchtet schon gerne einen bierkastenschweren Plastiktopf aus dem Übertopf! Wenn also Übertopf, dann nur mit Loch und Untersetzer. Beim Bohren der Löcher muß man aufpassen, daß der Topf nicht springt, also erst

Oben: Ganz egal, ob man direkt in Keramiktöpfe pflanzt oder sie nur als Übertöpfe verwendet, ein Entwässerungsloch müssen sie haben. Sonst ist Staunässe vorprogrammiert. Oben links: Pflanzen wie *Dombeya* wachsen in Becken explosionsartig.

mit kleinem Bohrerquerschnitt vorbohren!

• Gefäße mit Wasserreservoir erleichtern die Gießarbeit erheblich. Da sie meist mit Wasserstandsanzeiger und Drainschicht im unteren Bereich arbeiten – die Wurzeln also gegen Staunässe gefeit sind –, kann auf das Abzugsloch verzichtet werden. Doch Vorsicht, werden die Pflanzen mit normalen Mineraldüngern ernährt, versalzt die Erde im Lauf der Zeit. Dann muß die Möglichkeit bestehen, den Wurzelballen der Pflanze gründlich auszuwaschen. Das geht meist nicht bzw. führt zur Überschwemmung. Die Lösung sind ballaststofffreie Dünger, die gar nicht so einfach zu bekommen sind. Aufgestreute Dauerdünger funktionieren hier nicht, weil der Wasserstrom von unten nach oben verläuft. Leider ist die Ausstattung eines kompletten Wintergartens mit solchen Gefäßen keine billige Angelegenheit und reißt tiefere Löcher in den Geldbeutel als die Pflanzen selbst.

• Wasserspeichernde Granulate Dichte Gefäße braucht man auch bei der Weiterkultur von in Erde gezogenen Pflanzen in wasserspeichernden Granulaten – nennen wir es hier Seramis-Methode. Die Vorteile entsprechen denen der Gefäße mit Reservoir, ein bis zwei Nachteile sind aber zu nennen. Zum einen sind, um die gleiche Wassermenge im Topf unterzubringen, viel größere Kübel mit entsprechend hohen Kosten notwendig, zum anderen sind die im Granulat wachsenden Wurzeln ziemlich empfindlich gegen

Pflanzt man relativ raschwüchsige und daher billigere Leitpflanzen wie Eukalyptus, sieht man nach wenigen Jahren in Augenhöhe nur noch Stämme – deshalb ist eine langsamer wachsende Unterpflanzung unerläßlich,

niedere Temperaturen. Gerade im kühlen Wintergarten werden sie dann je nach Art schnell schwarz, worauf die Pflanzen eingehen können. Bei Pflanzen in Töpfen mit Wasserreservoir kommt es auch oft vor, daß die Wurzeln ins Reservoir wachsen, mit denselben Folgen: die Pflanzen sterben möglicherweise ab.

14. Was dürfen die Pflanzen kosten?

Erfahrungsgemäß liegen die Pflanzenkosten für einen normalen Wintergarten in der Spannbreite zwischen 1500 und 5000 DM – wobei die Kosten auch höher oder niedriger sein können. Im Vergleich zu den Kosten für den Wintergartenbau ist das ein Klacks. Trotzdem fängt hier manch einer an zu sparen, getreu der Devise: Das wächst schon noch bei mir. Wer anfangs sehr sparen muß, kann mit raschwüchsigen Pflanzen – z.B. aus der Familie der Nachtschatten- oder Malvengewächse – sowie ausreichend Dünger, Wasser und Pflanzenschutzmittel schon für wenige hundert Mark

den Raum mit Grün füllen. Leitpflanzen können dann beispielsweise sehr rasch wachsende *Acacia*- und *Eucalyptus*-Arten oder die Echte Feige sein. Doch läßt die Schattenseite einer solch »Grünen Hölle« nicht lange auf sich warten. Schnellwachsende Pflanzen altern auch sehr rasch: Die Blätter fallen schon nach wenigen Monaten wieder ab. Auch ist die Lebenserwartung der Senkrechtstarter, beispielsweise vieler Leguminosen, gering. Da raschwachsende Pflanzen binnen Kürze am Glasdach anstoßen – die meisten Bedachungsmaterialien filtern das im Freien stauchend wirkende UV-Licht weg –, muß viel geschnitten werden. Außerdem sind raschwachsende Pflanzen durchweg anfälliger für tierische Schädlinge. Wintergarten-Besitzer müssen deshalb im Lauf der Jahre die Schnellstarter unter den Pflanzen durch langsamwachsende Arten ersetzen, wenn sie sich nicht mit dem nach kurzer Zeit vorhandenen dschungelartigen Verhau zufriedengeben wollen.

Ein paar Faustregeln:

• Je kleiner und vor allem je niedriger der Wintergarten, desto langsamwüchsiger sollten die Arten sein – weshalb die Begrünung eines größeren Wintergartens meist nicht nennenswert teurer ist als die eines kleinen.

• Langsamwachsende Arten kauft man lieber schon als größere Pflanzen, während man bei schnellwachsenden kleine Größen wählen kann. Wer schwachwüchsige Pflanzen klein kauft, sollte die Lücken mit raschwachsenden füllen, die sukzessive entfernt werden. Oder er wappnet sich mit Geduld.

• Gerade beim Auspflanzen in Becken sollte die Wuchsgeschwindigkeit der maßgeblichen Pflanzen in etwa gleich sein – ausgenommen die ohnehin nach oben »abziehenden« Kletterpflanzen sowie bewußt als rasche Lückenfüller gepflanzte Arten, die nach 2 bis 3 Jahren wieder ausgeholzt werden.

Pflanzenauswahl nach klimatischen Ansprüchen

Die Pflanzenauswahl erleichtert sich für den, der sich nach Kenntnis der relevanten Klimadaten für ein Herkunftsgebiet entscheidet – ist der Wintergarten relativ weiträumig, auch für 2 Gebiete. In der schattigeren, kühleren Ecke eines kalten Wintergartens kommt also beispielsweise eine ostasiatische Begrünung in Frage, für die heiße Südzone desselben Wintergartens werden mediterrane Pflanzen ausgesucht. Warum eigentlich dieses Auswahlkriterium »Herkunft«? Pflanzen aus einem Herkunftsgebiet haben – stark vereinfacht ausgedrückt – ähnliche Klima- und Bodenansprüche. Dies gewährleistet, daß die Pflanzen etwa gleich stark wachsen. Natürlich gibt es innerhalb der jeweiligen Klimazonen oft starke Schwankungen. Diese »Unschärfen« muß man tolerieren. Allzu genau braucht man die Einteilung nach Herkunftsgebieten nicht zu

Kakteen und Sukkulenten:
Extrem hitzeverträglich und pflegeleicht.

nehmen, die relevanten klimatischen Eckpunkte sind auch bei Pflanzen unterschiedlicher Kontinente oft ähnlich. Gut kombinieren läßt sich beispielsweise die Pflanzenwelt Kaliforniens mit der des Mittelmeerraumes, einige »Südafrikaner« in einer Australpflanzung – oder umgekehrt – fallen selbst dem Profi nicht auf.

Das maritime, temperierte Ostasien paßt zum südlichen Südamerika, und wenn in einer mexikanischen Wüste ein paar südafrikanische Aloe wachsen, stört sich sicher niemand an der Winterblüte. Je größer die Pflanzenkenntnis wird – und damit sind vor allem auch praktische Erfahrungen gemeint –, desto eher können Pflanzen ähnlicher Ansprüche gemischt werden.

Die Pflanzenauswahl wird eingeschränkt durch das absolute Minimum der Lufttemperatur ebenso wie durch die minimale und durchschnittliche Bodentemperatur im Winter.

Bepflanzungstyp	Bemerkung	Temperaturtyp Ungeheizt	Kalt (Kurzfristiges Minimum – 5 °C)	Sicher gerade frostfrei	Lauwarm	Zimmerwarm
Thermostateinstellung		–	+ 5 °C	+ 10 °C	+ 15 °C	ca. +20–25 °C
Ostasiatisch	»Nr. Sicher«	x	x	x	(x)	(x)
Mediterran	Kalkverträglich	(x)	x	x	(x)	
Australien/Neuseeland	Lichthungrig Vorsicht bei kalkhaltigem Gießwasser		x	x	x	(1)
Südamerika (subtropisch)	Viele Raritäten z.T. hitzeempfindlich		x	x	x	(x)
Südafrika	Sehr viel Blüte, sonnenhungrig		(x)	x	x	(x)
Tropische Hochlagen (kalte Nächte)	Üppig, viel Blüte, Oft rasch wachsende Arten			x	x	(x)
Tropen (warme Nächte!)	Gängiges Zimmerpflanzen-Sortiment				x	x
Halbwüstenpflanzung	»Unverwüstlich«	x	x	x	x	x

(x) = möglich, aber nicht unbedingt empfehlenswert. / (1) = Halten Zimmertemperatur gut aus, haben aber im Winter dann zu wenig Licht.

Pflanzenauswahl nach der Wuchsform

Auch hier gilt wieder: Bei Beckenpflanzung muß die Planung sitzen, Korrekturen sind nur in den ersten Jahren und auch dann nur mit viel Mühen möglich. Umpflanzen im Wintergarten ist etwas ganz anderes als Umpflanzen im Garten, der Flurschaden ist meist beträchtlich. Bei Aufstellung in einzelnen Kübeln muß man sich »nur« bei der Auswahl der Arten den Kopf zerbrechen, nicht so sehr bei deren Anordnung. Ohne großen Aufwand kann hier immer wieder rangiert werden. Ein guter Kompromiß beim Auspflanzen ist es, die verschiedenen Arten erst einmal ein Jahr mit Topf einzusenken. Der Gießaufwand ist dann natürlich höher. Da manche Pflanzen unten durchwurzeln, sollte man jeden Monat die Töpfe einmal um 360° drehen, was bei Kletterpflanzen natürlich nicht geht.

Leitpflanzen

Als erstes werden die sogenannten Leitpflanzen ausgewählt – dies sind die Pflanzen, die später das Bild der Begrünung prägen, die Pflanzen, die den Schatten über dem Sitzplatz liefern, die Pflanzen, die den Luftraum ausfüllen. Bei großzügigen Glasanbauten sind dies Bäume und Großsträucher, bei kleinen meist Kletterpflanzen. Je nach Größe des Wintergartens finden zwischen 1 und 4 Leitpflanzen Platz, wobei gewöhnlich nur 1–2 dominant sind. An dieser Stelle ein Wort zu den im Pflanzenteil angegebe-

nen Endhöhen der Pflanzen: Damit man – gerade bei der Auswahl der Leitpflanzen – nicht erschrickt vor Höhenangaben wie: »...wird am Heimatstandort bis 30 m hoch«, hier einige Faustzahlen: Pflanzen, die zwi-

schen 30–50 m hoch werden können (manche Eucalypten) sind für Wintergärten ungeeignet, so man nicht Bonsai-Fan ist. In abgeschwächtem Maß gilt dies für Höhen von 10–30 m. Endhöhen von 5–10 m sind akzeptabel,

Großblättrige *Sterculia*- bzw. *Brachychiton*-Arten wirken schwer und brauchen ein entsprechend üppiges Gegengewicht am Boden. Zartlaubige Pflanzen würden hier »erschlagen«.

nur für den ganz niedrigen Wintergarten sind 5 m theoretische Maximalhöhe die Grenze. Das gilt nicht für Kletterpflanzen. Ganz pingelig mit der Endhöhe muß man bei Pflanzen sein, die sich nicht (Palmen) oder nur unter Verlust ihres typischen Habitus (z.B. Zimmertanne, *Cordyline*) zurückschneiden lassen. Motorsägen haben im Wintergarten nichts zu suchen. Ausnahmen bei den Palmen sind buschartig wachsende wie *Chamaerops humilis*, die Zwergpalme. Möglich ist auch die Auswahl palmenähnlicher Arten wie *Yucca*, da sie sich zurückschneiden lassen, oder von mehrtriebigen Arten wie Baumstrelitzien, bei denen man die höchsten Triebe sukzessive herausnehmen kann.

Nicht unterschätzen darf man die etiolierende Wirkung von Wärmeschutzglas und Schattierung. Klassische Vergeilungserscheinung, beispielsweise bei Palmen, ist eine Vergrößerung der Blattfläche und eine Verlängerung der Stiele, die Pflanzen stoßen deshalb viel schneller oben an als in vollsonnigen Wintergärten!

Strauchzone

Auch von vielen professionellen Planern vergessen wird die Zone, die, vom Kaffeetisch oder vom Liegestuhl aus betrachtet, in Augenhöhe liegt. Wählt man nämlich zu viele hoch werdende Pflanzen, steht man nach einigen Jahren im »Stangenwald« und sieht nur noch die kahlen Stämme. Da leider auch die meisten Kletterpflanzen die Tendenz haben, unten auszukahlen, hat man bei ungeschickter Planung nach wenigen Jahren in Sichthöhe ein Loch. Wählt man Leitpflanzen, die nicht ständig neue Triebe von unten nachschieben – beispielsweise Bambus oder Baumstrelitzien –, muß man durch halbhohe, oft auch halbschattige Lagen vertragende Sträucher für Deckung sorgen.

Bodendecker

Sofern der Boden nicht durch breitlagernde Sträucher wie *Ceratostigma* oder *Mitraria* abgedeckt ist, wird der nackte Boden häufig durch kriechende Pflanzen begrünt. Auch einige Kletterpflanzen wie *Trachelospermum jasminoides* oder *Muehlenbeckia complexa* eignen sich hierzu, man darf oder muß bei ihnen aber immer damit rechnen, daß sie einzelne Triebe an benachbarten Stämmen hochschieben oder Sträucher überwuchern wollen. Bis zu einem gewissen Grad sieht das nicht schlecht aus, es wirkt natürlicher als ein penibel geschnittener »Rasen«. Generell sollte man schattenliebenden Arten den Vorzug geben. Auch wenn der Wintergarten anfänglich strahlend hell erscheint und man die Augen zukneifen muß, sobald man aus den dunkleren Wohnräumen tritt, ändert sich dies doch im Lauf der Zeit entscheidend. Anfangs gut gedeihende sonnenliebende Bodendecker wie *Lotus*, *Carpobrotus* oder *Lantana montevidensis* gedeihen später nur noch an den sonnigen Außenecken. In den schattiger werdenden inneren Bereichen – die dem Betrachter meistens näher liegen – wird es dagegen kahl.

In niederen Wintergärten muß man bei der Auswahl der Leitpflanzen doppelte Vorsicht walten lassen. Stehen die Pflanzen auch noch in Töpfen, sollte man auf Bäume verzichten.

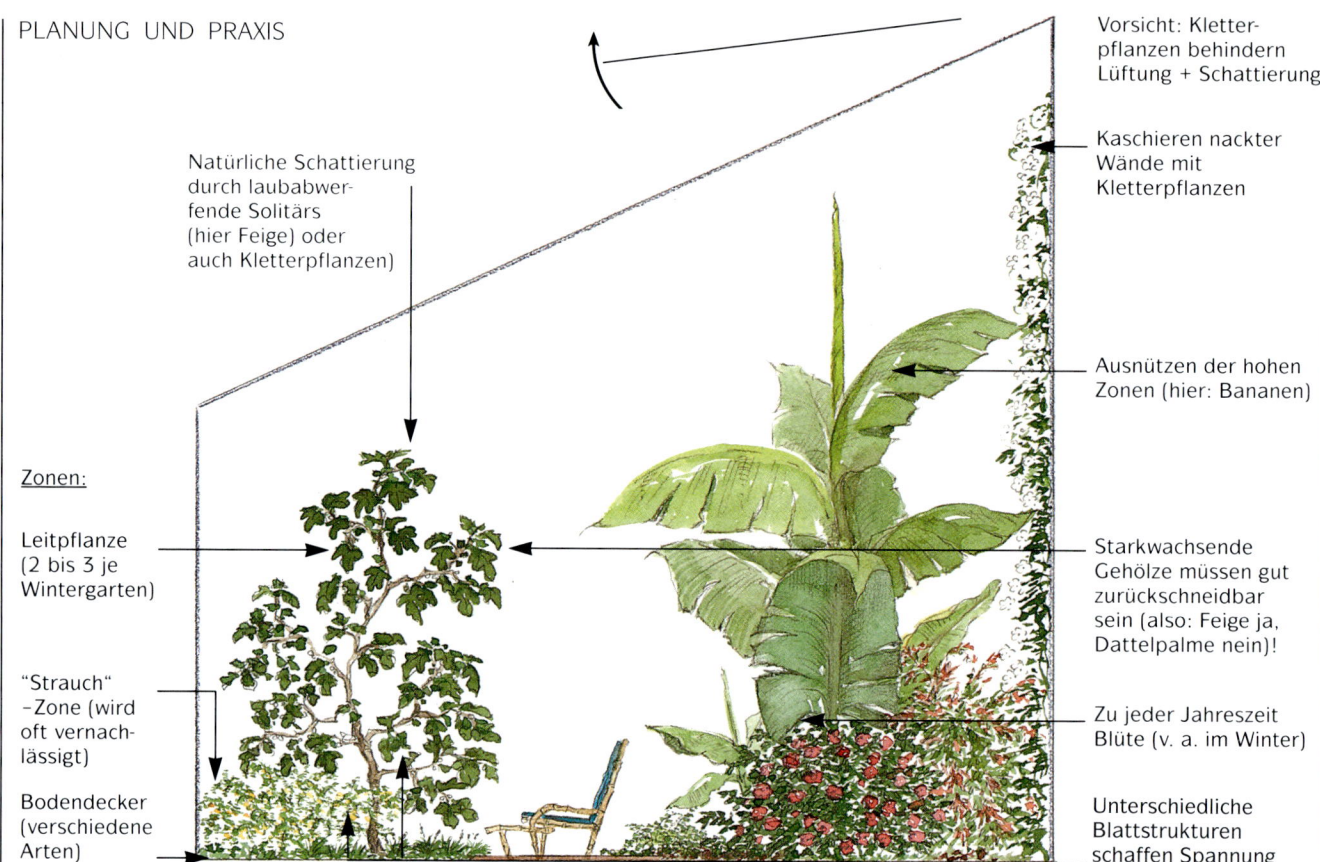

Vorsicht: Kletter-
pflanzen behindern
Lüftung + Schattierung

Kaschieren nackter
Wände mit
Kletterpflanzen

Natürliche Schattierung
durch laubabwer-
fende Solitärs
(hier Feige) oder
auch Kletterpflanzen)

Ausnützen der hohen
Zonen (hier: Bananen)

Zonen:

Leitpflanze
(2 bis 3 je
Wintergarten)

Starkwachsende
Gehölze müssen gut
zurückschneidbar
sein (also: Feige ja,
Dattelpalme nein)!

"Strauch"
–Zone (wird
oft vernach-
lässigt)

Zu jeder Jahreszeit
Blüte (v. a. im Winter)

Bodendecker
(verschiedene
Arten)

Unterschiedliche
Blattstrukturen
schaffen Spannung

Kletterpflanzen

Mit Kletterpflanzen läßt sich der
erwünschte »Dschungel-Eindruck« am
leichtesten erreichen. Sie richtig zu
verwenden ist die »Hohe Schule« des
Wintergarten-Begrünens – sie setzt
durch Experimentierfreude gewon-
nene, praktische Erfahrungen voraus.
Die meisten für den Wintergarten in
Frage kommenden Arten haften nicht
selbst an der Wand. Sieht man von
einer guten Handvoll Selbstklimmern
einmal ab, brauchen alle Kletterhilfen.
Hier nützt ein dicker Holzbalken wenig,
er wird von den Kletterorganen nicht
angenommen. Nötig ist also entweder
ein Spalier – aus Holz oder Drahtgeflecht, auch eine lackierte Baustahl-
matte oder ein Estrichgitter leisten
gute Dienste – oder Spannseile. Ein
Tip aus der Praxis: Bewährt haben
sich Spannseile, die ohne Schaden
zusammen mit der Kletterpflanze einmal etwa 1 m über dem Boden abgeschnitten werden können und auf den
Kompost geworfen werden. In Frage
kommen Eisendraht oder Seile aus

Pflanzenfasern. So werden unten aus-
gekahlte oder stark von Schädlingen
geplagte Kletterpflanzen mit geringem
Aufwand verjüngt, die meisten treiben
von unten wieder willig durch. Sollen
Kletterpflanzen unter dem Dach für
natürliche Schattierung sorgen, ist ein
Abstand zwischen Spannseilen und
Glas von 30–40 cm einzuhalten,
damit die Blätter nicht sofort oben
anstoßen und verbrennen. Arten, die
ihre Blüten zum Licht wenden, wie
Passiflora, wirken besser mit einer
Wand im Rücken – die Blüten sind
dann in den Wintergarten hinein zum
Beschauer gerichtet. Auch wenn im
Sommer Kletterpflanzen in nicht
sturmgefährdeten Lagen ruhig einmal
durch die offene Lüftung aus dem
Gewächshaus hinauswachsen dürfen –
spätestens Mitte Herbst muß hier ein
kräftiger Rückschnitt für einwandfrei
schließende Lüftungsklappen sorgen.
Also: Keine Angst vor der Schere bei
Kletterpflanzen!

Unterschiedliche Blattformen schaffen Spannung

Hüten sollte man sich davor, lauter
gleichförmig belaubte Pflanzen zu
wählen. Vornehmlich wird dieser
Anfänger-Fehler mit Pflanzen gemacht,
deren Laub dem des *Ficus benjamina*
ähneln – relativ klein, oval, dunkelgrün, glänzend. Wieviel mehr Vielfalt
bietet doch gerade hier das Pflanzenreich! Neben ausgesprochen filigra-
nem, gefiedertem Laub (*Sophora
tetraptera, Acacia, Albizia* oder *Grevillea*-Arten) gibt es Riesenblätter bei
Dombeya oder *Sparmannia*, Fächer-
und Fiederblätter bei Palmen, Schwer-
ter und Dolche bei *Yucca* und anderen
Liliaceen oder gar keine Blätter bei
Homalocladium oder Kakteen. So
paßt beispielsweise unter das ausla-
dende Dach einer *Albizia lophantha*
ein Tuff kleinwüchsiger *Phormium*-
Hybriden. Ist der Solitär eines ostasiatischen Wintergartens eine Japanische
Faserbanane (*Musa basjoo*), kontra-
stieren dazu zartlaubige Nandinen.

Der Wintergarten in der Nacht

Gänzlich unter den Tisch fällt bei der Auswahl in der Gärtnerei meist die Wirkung der Pflanzen in der Nacht. Schade! Eingedenk dessen, daß sehr viele Zeitgenossen nur am Abend die Muße haben, in ihrem Wintergarten sitzen zu können, sollten viel mehr Pflanzen verwendet werden, deren Wirkung vor allem auf plakativen Blattstrukturen beruht. Allen voran sind hier natürlich Palmen und palmenähnliche (*Cordyline, Yucca*) sowie Kakteen zu nennen, aber auch Bananenverwandte (*Strelitzia, Musa*), Zingiberaceae (*Hedychium, Alpinia*), Liliaceae (*Phormium, Agapanthus*), nicht zu vergessen großlaubige Mahonien oder filigrane *Corokia cotoneaster* – Silhouettenpflanzen eben. Üppige Blütenfülle und leuchtende Farben haben bei Tageslicht ihre Berechtigung, verschwimmen aber bei Nacht. Einzig Weiß sticht nachts deutlich vom umgebenden Laubwerk ab. Sehr wichtig sind natürlich auch die Duftpflanzen (siehe Seite 168 f.), wobei viele davon nur tags duften, andere dagegen vor allem in der Nacht, beispielsweise die Engelstrompeten (*Datura*). Einige Steckleuchten oder Strahler zusätzlich zum Licht über dem Sitzplatz lassen für den, der sich nicht mit Kerzen zufriedengibt, die Stimmung tropischer Nächte aufziehen.

Blüte zu jeder Jahreszeit

Auch wenn der Schwerpunkt der Blüte im Winter liegen soll – Paradebei-

Unten: Wasserflächen in Wintergärten werden immer beliebter (*Thalia dealbata*).
Ganz unten links: *Ruscus hypoglossum*, ein unverwüstlicher Bodendecker.
Ganz unten rechts: Verschiedene Blattstrukturen schaffen Spannung.

spiele sind hier die »Mittwintersonnen«, veredelte Akazien –, sollte man nicht aus den Augen verlieren, daß es auch zu anderen Jahreszeiten verregnete Perioden gibt. Also sollte immer irgendwo im Wintergarten etwas blühen. Dieser Punkt hört sich leichter an, als er zu erfüllen ist, verschieben sich doch die Blütezeiten in jedem Wintergarten entsprechend dem individuellen Klima nach vorn oder hinten. Blühen in manchen, sehr sonnigen Wintern die Akazien in 3 Wochen ab, so halten sie in trüben Wintern weit über 6 Wochen. Man erlebt immer wieder Überraschungen: Ein *Hedychium* blüht nach einem etwas zu frühen Rückschnitt im Herbst im Folgejahr schon im Hochsommer – und nicht, wie geplant, im Frühwinter. Oder die erlesen schönen Blüten von *Calliandra tweedii* erscheinen aus unerfindlichen Gründen 2 Jahre überhaupt nicht. Wenn man sich nicht damit abgeben will, die dem Gärtner geläufigen Wechselpflanzungen vorzunehmen, kann man mit einem einfachen Trick arbeiten: Man plant einige sehr lange bis nahezu immer blühende Arten ein (siehe Liste S. 192), auch wenn sie nicht ganz standortgerecht sind. Unter den Wintergartenpflanzen gibt es eine Reihe klassischer Dauerblüher.

Dauerblüher für Wintergärten

Name	Herkunft	Blütezeit	Blütenfarbe	Bemerkungen
Abutilon-Hybriden (Schönmalve)	Südamerika	Immer	Fast alle Farben	Gut als Stamm.
A. megapotamicum	Südamerika	Immer	Rot/Gelb	Besonders schön als Pyramide
Bougainvillea	Mittel- bis Südamerika	In Schüben	Fast alle Farben	Blütezeit steuerbar
Cassia corymbosa (Gewürzstrauch)	Mittel- bis Südamerika	Frühsommer bis Spätherbst	Gelb	Empfindlich gegen Staunässe.
C. didymobotrya (Kerzenstrauch)	Afrika	Ganzjährig möglich	Gelb	Nur im warmen Wintergarten
Ceratostigma willmottianum (»Chinesischer Plumbago«)	Ostasien	Frühjahr – Spätherbst	Enzianblau	in kalten Wintergärten Winterruhe
Cestrum elegans 'Compactum' (Hammerstrauch)	Mittel-, Südamerika	Immer	Rot	Auf 'Compactum'-Typ achten
Coronilla emerus (Kronwicke)	Mittelmeer	Frühjahr – Herbst	Gelb	Samen entfernen, Weiße Fliege!
Datura sp. (syn. *Brugmansia*)	Mittelamerika	Fast ganzjährig	Weiß, Rosa, Gelb	Möglichst nicht schneiden, (Blüte), Schädlinge
Hibiscus rosa-sinensis	Pantropisch	Fast ganzjährig	Viele Farben	Blattlausanfällig, wärmebedürftig, blüht bei Hitze nicht mehr
Jasminum azoricum	Madeira	Immer	Weiß, duftend	Für wärmere Wintergärten
J. nitidum	Südafrika	Immer	Weiß, duftend	Schwachwüchsig.
J. angulare	Ozeanien	Immer	Weiß, duftend	Schwachwüchsig.
J. humile	Ostasien	Immer	Gelb, duftend	Schwachwüchsig.
Pandorea jasminoides	Australien	Immer	Rosa m. rot. Schlund	Lichtbedürftig.
Passiflora-Arten	Pantropisch, Mittel- bis Südamerika	Fast immer	Weiß, Rosa, Rot, blauer Strahlenkranz	Bei Lichtmangel nur noch taube Blüten bzw. Abwurf.
Plumbago auriculata (Bleiwurz)	Südafrika	Fast immer, je nach Temperatur	Blau und Weiß	Rückschnitt notwendig.
Podranea ricasoliana	Südafrika	Frühsommer – Spätherbst	Rosa	In kühlen Wintergärten laubabwerfend
Polygala myrtifolia (Kreuzblume)	Südafrika	Immer	Lila	Staunässe vermeiden
Russelia equisetiformis	Mittel-, Südamerika	Fast immer	Rot	Staunässe vermeiden
Tecomaria capensis (Kapgeißblatt)	Südafrika	Sommer bis Frühjahr	Rot, Orange, Gelb	
Thunbergia erecta	Afrika	Frühjahr – Herbst	Blau	Nur für warme Wintergärten
T. grandiflora	Südafrika	Fast ganzjährig	Blau	Nur für warme Wintergärten
T. natalensis	Südafrika	Frühsommer bis Herbst	Blau	Für wärmere Wintergärten
Trachelospermum-Arten (Sternjasmin)	Ostasien	Spätwinter - Spätherbst	Weiß, Gelb,	Duftend
Viburnum tinus	Mittelmeer	Winterhalbjahr	Weiß	Nur für kalte Wintergärten

Praktisches rund ums Pflanzenwachstum

Düngung

Wenn man als Wintergartenbesitzer aus der Pflege seiner Pflanzen keine Wissenschaft machen möchte, wird man versuchen, die Behandlung der Pflanzen, speziell die Düngung, zu vereinfachen. So erhält also nicht jede Pflanze ihr Speziallöffelchen mit Spezialdünger, sondern es wird mit einer pragmatischen, im Zweifelsfall eher zu geringen Dosierung eines Voll-Düngers gearbeitet. Natürlich kann man nicht alle Pflanzen über einen Kamm scheren, deshalb also vorweg die wichtigsten Ausnahmen:

• Vor allem Proteaceen und Kap-Eriken sind empfindlich. Einzig *Grevillea robusta* kann man in den normalen Düngerhythmus einbeziehen.

• Einige sehr salzempfindliche Arten erhalten Dünger in eher »homöopathischen« Dosen. Dazu gehören u.a. *Boronia*-Arten, *Polygala myrtifolia, Olearia* sp. und natürlich die Proteaceen. Auch *Tibouchina* sollte nur die halbe Düngermenge erhalten. Ganz nebenbei ein wichtiger Hinweis für anstaubewässerte Wintergärten: Da der Wasserstrom hier von unten nach oben verläuft, werden feste Düngemittel, die obendrauf gestreut werden, nicht in den Wurzelraum gewaschen. Hier müssen also die Dünger dem Anstauwasser beigemischt werden. Man darf dabei keinesfalls überdosieren, sonst kommt es zu Salzschäden. Grundsätzlich gibt es 2 Möglichkeiten, den Pflanzen die Hauptnährstoffe (Stickstoff, Phosphor, Kali, Kalk, Magnesium) und die Spurenelemente (Eisen, Bor, Mangan etc., bei Bambus auch Silizium) zuzuführen: mineralisch (sogenannte »Kunstdünger«) oder organisch (sogenannte »Biodünger«). Eine Kombination aus beiden gibt es auch.

Organische Düngung

Damit diese Dünger für die Pflanze verfügbar werden, muß der Boden durch Mikroorganismen belebt sein. Dies ist bei vielen Fertigsubstraten wie Einheitserde oder Dachgartensubstrat zumindest anfangs nicht der Fall – soll es auch gar nicht, da sonst die Erde nicht mehr strukturstabil wäre und zusammensacken würde. Nur wer eine Erde mit Bodenleben hat, kann mit biologischen Düngern arbeiten. Er muß aber damit rechnen, daß die Erde ständig nachgefüllt werden muß, was im Wintergarten unpraktisch ist. Bei der Verwendung von Landerde ist das Problem nicht groß, ganz anders bei Komposterde u.ä. Zwar entwickelt sich auch in sterilen Fertigerden im Lauf der Zeit Bodenleben, für die Aufschließung organischer Dünger ist die biologische Aktivität jedoch zu gering. Beschleunigt werden kann dies dann durch »Impfen« mit Kompost oder belebtem Humus. Darüber hinaus bietet die Düngerindustrie Präparate zur Etablierung von Bodenleben an. Die organischen Dünger werden von den Bodenlebewesen nur bei ausreichender Feuchtigkeit und gleichzeitiger Wärme aufgeschlossen. Ist der Boden im Winter also kalt, ruht die Nährstoffnachlieferung. Trockenperioden haben dieselbe Auswirkung. Das große Plus der organischen Düngung: Versalzungsprobleme sind unwahrscheinlich. Die meisten organischen Dünger sind langsamfließend, geben also ihre Nährstoffe über einen längeren Zeitraum hinweg ab. Zu den langsamfließenden organischen Düngern zählen vor allem Horn- und Knochenmehle bzw. -späne, Rinderdung und ähnliche Stoffe. Es gibt jedoch auch rasch wirksame Dünger auf organischer Basis, wozu das stickstoffreiche Blutmehl zählt und verschiedene Mischpräparate wie Polymaris oder BioTrissol. Mit ihnen kann bei akuten Nährstoffmängeln gezielt nachgedüngt werden.

Ideal für Wintergartenpflanzen sind ballaststoffarme Dauerdünger, bei Pflanzen in Endhöhe wählt man Phosphor-Kalibetonte Blütendünger.

Die mineralische Düngung

Hier werden die Nährstoffe in der Form geliefert, in der die Pflanze sie aufnimmt. Manchmal müssen sie allerdings erst umgebaut werden, was vom Vorhandensein verschiedener Bakterien und von der (Boden-)Temperatur abhängt. Wer rein mineralisch düngt, hat 3 Alternativen, die sich aber kombinieren lassen. Keine Methode ist besser als die andere, jeder sollte die heraussuchen, die ihm am meisten liegt. Vor- und Nachteile muß man kennen.

1. Dauerdünger

Hier geht es vor allem darum, den Stickstoff in langsamfließende Form zu bannen. Es gibt dazu unterschiedlich Methoden. Kunstharzumhüllte Dünger (Osmocote oder Basacote) geben die Nährstoffe durch die Hülle hindurch langsam ab. Die dunkelgelb bis hellbraun gefärbten Kügelchen bleiben auch nach ihrer Entleerung im Boden, so mancher hat sie schon mit Schneckeneiern verwechselt. Diese Dünger sollten von Erde bedeckt sein, also entweder etwas einarbeiten – soweit das zwischen Bodendeckern möglich ist – oder fein mit Erde überstreuen. Prinzipiell möglich und bei Baumschulen üblich ist auch eine Punktdüngung. Im Wintergarten heißt das: Mit einem Pflanzeisen kleine Löcher machen, 1–2 Eßlöffel Dauerdünger hineinschütten, Löcher wieder schließen. Es gibt dazu auch Dauerdüngerpellets, die aber unnötig teuer sind. Die Freisetzungsgeschwindigkeit wird hier von der Temperatur gesteuert. Beispielsweise ist der 2–3-Monats-Dünger (berechnet bei Bodentemperatur von 21 °C) bei 32 °C in der Hälfte der Zeit verbraucht, bei 16 °C aber erst in 3–4,5 Monaten. Die temperaturabhängige Nährstoffnachlieferung korrespondiert besser mit dem Pflanzenwachstum verglichen mit Dauerdüngern, deren Verfügbarkeit von der Zeit und der Bewässerung abhängt.

Bei Plantosan ist der Stickstoff in Ureaform (bestimmte Harnstoff-Kondensate; eine synthetisch hergestellte organische Stickstoffverbindung) gebunden. Diese wird langsam durch mikrobielle Zersetzung pflanzenverfügbar gemacht. Er braucht nicht unbedingt mit Erde abgedeckt zu werden. Die Wirkung ist weitgehend von der Wasserzufuhr abhängig. Eine Mischung aus beiden – die gute Anfangswirkung von Plantosan mit der nachhaltigen Wirkung von Osmocote verbindend – ist Plantacote. Es sollte wegen des Osmocote-Anteils auch leicht mit Erde abgedeckt werden. Betont werden muß, daß einige Dauerdünger wie Osmocote in der Standardformulierung und natürlich reine Stickstoffdauerdünger wie Nitrozol keine Spurenelemente enthalten. Diese müssen dann zusätzlich verabreicht werden. Die meisten Dauerdünger gibt es in 2/3, 4/5, 8/9 oder gar 16/18-Monats-Formulierungen. Im ungeheizten Wintergarten, wo die Gehölze ausreifen und Frosthärte aufbauen sollen, ist die 4/5-Monats-Formulierung günstig. In allen anderen Wintergärten ist die 8/9-Monats-Formulierung sinnvoll; Anfang März ausgebracht, reichen die Nährstoffe bis Ende Oktober/November. In zimmerwarmen Wintergärten kann natürlich auch im Winter – am besten flüssig – nachgedüngt werden. Der Vorteil der einfachen Handhabung – einmal aufstreuen und dann für ein Jahr vergessen – wird mit einem recht hohen Preis erkauft. Trotzdem lohnt es sich allemal. Sinnvoll ist hier manchmal die Anschaffung eines 25-kg-Sackes. Man erhält die großen Gebinde meist nur in Gartenbaubedarfshandlungen oder – auf Bestellung – in landwirtschaftlichen Lagerhäusern. Kleinpackungen sind, umgerechnet auf den Kilopreis, natürlich viel teurer. Da das Problem des langsamen Nährstoffflusses vor allem Stickstoff betrifft, sind Dauerdünger, die eigentlich für den Rasen entwickelt

wurden und nur Stickstoff in langsamfließender Form enthalten, preisgünstiger. Sie müssen aber durch Dünger, die die anderen Hauptnährstoffe wie Kalium, Phosphor und Magnesium sowie die Spurenelemente enthalten – soweit nicht ausreichend im Boden vorhanden – ergänzt werden. Als Beispiel mag hier der reine Stickstoffdünger Nitrozol aufgeführt werden, dessen Stickstoff wie bei Plantosan als Ureaform vorliegt. Auch er wird also organisch abgebaut und verursacht keine Versalzungsprobleme. Auch Floranid ist eine preislich sinnvolle Alternative.

2. Gekörnte Volldünger

Diese oft »Blaukorn« genannten preisgünstigen Mineraldünger bestehen aus überwiegend leichtlöslichen Nährstoffen, haben jedoch viele Ballaststoffe, die die Pflanze nicht nutzen kann, die sich aber teilweise im Boden anreichern. Auch diese unnützen Stoffe erhöhen die Salzkonzentration in der Bodenlösung, was auf jeden Fall dann schlecht ist, wenn die Pflanzen in Kübeln stehen und der Boden nie ausgewaschen wird. In Verbindung mit über das Wasser ständig zugeführtem Kalk führt das zu einer für die Pflanze ungünstigen Veränderung des Bodens. Bei Überdosierung – das ist schnell passiert, weil gekörnte Volldünger pro Volumen doppelt so schwer sind wie Dauerdünger – besteht bei allen Pflanzen die Gefahr von Salzschäden. Im besten Fall gibt es dann braune Blattränder bzw. -spitzen, im schlimmsten Fall geht die Pflanze ein. Sehr nährstoffbedürftige Arten wie *Datura* oder *Abutilon* sind für eine gelegentliche Handvoll extra aber durchaus dankbar. In der Hauptwachstumszeit muß etwa alle 2–3 Wochen ans Düngen mit gekörnten Volldüngern gedacht werden. Hier ist wichtig: In den Tagen nach einer Düngung muß häufiger gegossen werden. Ist nämlich die Salzkonzentration durch die Dünger schon erhöht, darf dies durch Trockenheit nicht verstärkt werden. Mit zunehmender Aufnahme der Dünger durch die Pflanze reduziert sich die Salzkonzentration im Bodenwasser wieder.

3. Flüssigdüngung

Dies ist vor allem für Wintergartenbesitzer, die maximales Wachstum in kürzestmöglicher Zeit anstreben, von Bedeutung. In der Hauptwachstumszeit – im Wintergarten von März bis September – wird dem Gießwasser wöchentlich oder auch, in geringerer Konzentration, ständig Dünger beigemischt, der sofort pflanzenverfügbar ist. Hier werden keine großartigen Nährstoffvorräte im Boden angelegt. Ohne Grunddüngung lebt die Pflanze »von der Hand in den Mund«. Man kann die Pflanzen hungern lassen oder auch mästen. Im Herbst sollte man aber den Dünger bzw. die Formulierung wechseln, also von viel Stickstoff/mäßig Phosphor/mäßig Kali auf wenig Stickstoff/wenig Phosphor/viel Kali gehen. In Zahlen ausgedrückt heißt das, daß während des Wachstums ein Nährstoffverhältnis von 3:1:2 (N/P/K) optimal ist, während der Ausreife ist 1:1:3 besser. Magnesium und Spurenelemente müssen während des Wachstums reichlich vorhanden sein, zur Reife kann man sie vernachlässigen, der Vorrat im Boden reicht meist aus. Geschickte Bastler mit automatischer Bewässerung können den Dünger leicht mit Hilfe eines Düngermischers ins Gießwasser einspeisen. In diesem Fall wird aus praktischen Gründen ständig, mit entsprechend niedriger Konzentration (<2‰), nachgedüngt. Flüssige oder leicht in Wasser lösliche Dünger haben wenig Ballaststoffe. Sie sind entsprechend teuer, reduzieren aber das Problem der Versalzung ganz erheblich.

Vor dem Einsatz eines Düngers wird auf der Packung das Nährstoffverhältnis studiert. Angegeben sind immer die Prozentgehalte in der Reihenfolge Stickstoff-Phosphor-Kali-Magnesium. Eine Formulierung 12/12/17/2 hat also 12% Stickstoff, 12% Phosphat, 17% Kali und 2% Magnesium. Soll mehr das vegetative Wachstum – also der Zuwachs – gefördert werden, muß die erste Zahl, der Stickstoff, möglichst hoch liegen. Ist dagegen mehr Blüte gewünscht, soll die zweite Zahl (Phosphor) verhältnismäßig hoch sein, wobei aber die meisten Dünger viel mehr Phosphor enthalten, als die Pflanze braucht. Für Ausreife und Frosthärte, wichtig vor allem im ungeheizten Solaranbau, aber auch zur Vorbeugung gegen *Botrytis*, soll die dritte Zahl, das Kalium, höher liegen. Gelbe Blätter vermeidet man durch Magnesium, dessen Aufnahme aber durch niedere Bodentemperaturen stark eingeschränkt wird. Spurenelemente müssen ebenfalls zugeführt werden. Sind sie im mineralischen Dünger nicht enthalten, muß mit einem Spurenelementdünger (z.B. Radigen, Fetrilon Combi usw.) nachgeholfen werden. Da es diese Spurenelementdünger meist nur in Gärtnerpackungen gibt, die im Wintergarten für ein Leben reichen, sollte man Volldünger mit Spurenelementen bevorzugen. In organischen Düngern sind sie ohnehin enthalten. Bei den meisten Mineraldüngern – abgesehen von einigen scheinbar kostspieligen Reinnährstoffdüngern für Orchideen (z.B. Kaliumnitrat) – bleiben Salze als unverwertbare Reste im Boden. Die zunehmende Versalzung zeigt anfänglich keine eindeutigen Symptome. Man kann nur Vermutungen anstellen, warum die Pflanzen trotz guter Wuchsbedingungen (Wärme, Dünger, Wasser) nicht mehr recht weiterwachsen wollen, jedoch augenscheinlich gesunde, dunkelgrüne Blätter haben, aber einen irgendwie gestauchten Wuchs. Erst bei akuten Überdüngungen sieht man die klassischen braunen Blattränder bzw. -spitzen. Die Gefahr bei Reinnährstoffdüngern, die für Wintergärten eigentlich optimal sind, ist die Dosierung: Während man bei Dauerdüngern oder gekörnten Mineraldüngern Maße wie »eine Handvoll« oder »gehäufter Eßlöffel« im Kopf hat, muß man bei Reinnährstoffdüngern auf Maße wie »Mokkalöffel« zurückgreifen. Die Ballastsalze und der Kalk sind das Hauptproblem bei der Kultur von Wintergartenpflanzen in Kübeln, weil kein Mensch auf die Idee kommt, im Wintergarten eine Überschwemmung zu verursachen, um die überschüssigen Salze auszuwaschen. Die Salzreste müssen trotzdem von Zeit zu Zeit ausgewaschen werden. Dazu wird Wasser in absolutem Überschuß gegeben, d.h. etwa die Hälfte des Topfvolumens. Bei einem 50-l-Kübel sind also 25 l nötig. Das Wasser läuft natürlich unten wieder heraus. Die Salze lösen sich in dem frischen Wasser und werden aus dem Abzugsloch bzw. in die Drainage gespült. Einzelkübel stellt man dazu am besten in den Garten. In geschlossenen Becken muß unbedingt ein Ablauf vorhanden sein. Mit einem Trick kann man sich das Auswaschen sparen. Beim Ein- bzw. Umtopfen verdoppelt man die Höhe des Gießrandes und deckt das Substrat mit einer gut daumendicken Sandschicht ab. Diese Sandschicht ersetzt man 1- oder 2mal im Jahr. Sie filtert die meisten Ballaststoffe heraus. Beim Verdunsten des Bodenwassers an der Oberfläche bleiben in ihr auch alle leicht löslichen, nicht pflanzenverwertbaren Salze (z.B. Kochsalz NaCl) zurück.

Wieviel düngen?

In den ersten 1–2 Jahren eines neu bepflanzten Wintergartens gibt man die volle Düngermenge. Auf der Packung ist meist eine Spannbreite von x bis y g/l oder m² angegeben, hier wählt man den Mittelwert. Kauft man ein fertig aufgedüngtes Substrat, nimmt man, falls möglich, die Variante mit Langzeitdünger, bei Dachgartenerden die »Intensiv«-Ausgabe – allerdings nur, wenn der Wintergarten zu Beginn der Vegetationsperiode, also im Frühjahr, bepflanzt wird. In eingewachsenen Wintergärten reicht eine Erhaltungsdüngung, man orientiert sich dabei an der auf der Düngerpackung angegebenen Untergrenze. Gänzlich einstellen sollte man die Nährstoffzufuhr nie, hellgrünes bis gelbes Laub, winzige Früchte bei den Fruchtgehölzen oder andere Nährstoffmangelerscheinungen wären die Folge.

Durch mikrobiellen Abbau sackt jedes Substrat im Lauf der Zeit etwas ab. Deshalb ist ein leichtes Hügelbeet besser als eine nicht mehr auffüllbare Senke.

Erden (Substrate)

Ein Schlüssel für den Wachstumserfolg ist die richtige Erde. Das Substrat muß ein Leben lang seinen Dienst tun.
Da die benötigten Mengen vor allem bei Beeten doch einige Kubikmeter betragen, sollte man sich von Gartencentern oder gleich vom Erdenwerk mehrere Kostenangebote machen lassen. In den meisten Fällen wird Sackware (80-l-Säcke) anzuraten sein, man kann sie noch per Hand transportieren. Etwas billiger ist lose Anlieferung oder 2 m³ enthaltende Big-Bags. Man braucht dazu aber einen Lagerplatz, einen Schubkarren und muß schaufeln. Wenn man die Erde nicht mit einem Radlader in den Wintergarten fahren

kann, lohnt sich der geringe Preisvorteil nicht.
Für den Wintergarten empfehlen wir Einheitserden mit strukturstabilisierenden Zusätzen oder Dachgartensubstrate, mit Einschränkungen auch Landerde.

Einheitserden

Für Wintergärten wichtig an diesen Erden ist vor allem der Anteil an Ton. Er zersetzt sich nicht, kann viel Wasser und Nährstoffe speichern und sorgt dafür, daß aus kleinen Düngefehlern keine großen Katastrophen erwachsen. Diese Eigenschaft nennt man Pufferung. Die klassische Formulierung der Einheitserde ist 40% Ton und 60% Torf. Letzterer wird inzwischen oft durch Rindenhumus ersetzt. Unter den verschiedensten Markennamen gibt es zahlreiche Varianten der Einheitserde, wobei aber der Tongehalt nie unter 10% sinken sollte. Etwas nachteilig an den Einheitserden ist ihre im Vergleich zu Dachgartenerden geringere Strukturstabilität und ihre fast zu gute Wasserspeicherkapazität – speziell im kalten Wintergarten im Herbst und Winter kann das zum Problem werden: einmal naß – immer naß. Für die Verwendung im Wintergarten sollte deshalb etwa ein Viertel (25-Volumprozent) Perlite beigemischt werden. Perlite ist als Schüttdämmstoff im Baustoffhandel erhältlich, abgepackt in 200-l-Säcke und sehr preisgünstig. Es handelt sich hier nicht um Kunststoff, sondern um aufgeschäumtes Gestein. Neben Perlite eignet sich auch Styromull, das bekannte Styropor, aber ungepreßt als Kügelchen. Genausogut kann man Blähton verwenden oder gebrochenen Bims, nicht zuletzt aber auch scharfen Sand oder sogenannten »Quetsch«, das sind wie grober Sand aussehende zerquetschte Kieselsteine. Bevor man diese Zuschlagstoffe aber selbst untermischt, erkundigt man sich nach einer Fertigerde, die die genann-

ten Materialien bereits enthält. Perlite und Styromull sind beide weiß, die anfänglich störende Optik verliert sich bald, da beide rasch von Algen grünlich verfärbt werden.

Dachgartensubstrate

Für Wintergärten, bei denen schwere Substrate zu statischen Problemen führen können, kommen nur Dachgartenerden in Frage oder auch pure Tongranulate (Seramis). Vorsicht ist beim pH-Wert geboten. Durch den meist hohen Anteil von Blähton liegt der pH-Wert von Dachgartenerden bei etwa 7–8. Im Freien gleicht der saure Regen dies wieder aus. Für viele Wintergartenpflanzen ist dieser pH-Wert jedoch zu hoch. Hier muß man Typen auswählen, die im Bereich von pH 5,5 bis 6,5 liegen. Bekommt man solche Substrate nicht, fragt man den Senior der nächsten Gärtnerei nach Schwefelblüte. Der Vorteil der Dachgartenerden liegt neben ihrem geringen Gewicht in ihrer nahezu perfekten Strukturstabilität, sie sacken im Lauf der Jahre kaum ab. Nachteilig ist das meist schlechte Pufferungsvermögen, dafür lassen sie sich leichter auswaschen, und Staunässe tritt nie auf. Unbeliebt bei manchem Wintergartenbesitzer ist, daß sich Dachgartensubstrate nicht mehr als Erde im landläufigen Sinne anfühlen. Wer den Durst nicht an den Pflanzen abliest, sondern mit »Fingerspitzengefühl«, wird durch die Struktur der Dachgartenerden anfänglich stark irritiert, sie wirken immer trocken.

Torfkultursubstrate

Wegen ihres geringen Preises verlockende reine Torf- oder Rinden-Kultursubstrate (TKS und die meisten billigen Sackerden der Discounter) eignen sich nicht für Wintergärten. Abgesehen davon, daß sie im Lauf der Zeit erheblich absacken, bereiten sie Probleme

bei der Düngung. An den Torfpartikeln können Nährstoffe wie Kalium nicht andocken, sie werden ausgewaschen. Die sichtbare Folge sind überhängende Triebe als Folge von Kalimangel sowie mangelnde Ausreife und Frosthärte. Zum Auflockern schwerer Landerde sind sie jedoch geeignet. Achten sollte man auf die »Instant«-Formulierung. Hinter diesem Begriff verbirgt sich die problemlose Benetzbarkeit einmal trocken gewordener Substrate – anderenfalls läuft nämlich das Wasser einfach oberflächlich ab oder durch, das Substrat selbst bleibt staubtrocken. Nur Tauchen in Wasser kann dann noch helfen, oder man trampelt mit Gummistiefeln darauf herum und wässert gleichzeitig. Ein riesiger Nachteil von Instant-TKS ist das Gewicht nasser Ballen.

Landerde, eigene Erdmischungen

Wird eigener oder zugekaufter Humus verwendet, sollte man in jedem Fall eine Bodenuntersuchung machen lassen. Man kann sich an die Zentrale der LUFA (Landwirtschaftliche Untersuchungs- und Forschungsanstalten Bismarckstr. 41a, 64293 Darmstadt; Tel. 06151/26485) wenden. Die LUFA

Langzeit-Strukturstabilität und gute Drainage sind die wichtigsten physikalischen Anforderungen an ein gutes Wintergartensubstrat. Hohe Anteile an Blähton oder anderen aufgeschäumten Mineralien gewährleisten dies. Dazu braucht es noch Ton-Humus-Komplexe, um Nährstoffe zu speichern.

gibt die Telefonnummern ihrer Dependancen im jeweiligen Bundesland weiter und verschickt Merkblätter zur richtigen Bodenprobenentnahme. Einfacher ist ein Anruf beim örtlichen Landwirtschaftsamt. Lassen Sie sich auch zur Düngung Empfehlungen geben – beispielsweise ist Phosphor in sehr vielen Gartenböden überreich vorhanden – sowie zur Bodenverbesserung: Im Wintergarten geht es vor allem um die Punkte der Strukturstabilität und der Luftführung. Bodenanalysen sind billig, viel billiger, als den kleinsten Fehler wieder auszumerzen. Oft wird man vorhandenen Humus mit Zuschlagstoffen wie Perlite, Styromull oder Sand besser durchlüften müssen. Da der Boden lebt, ist damit zu rechnen, daß er etwas absackt, man sollte also hoch pflanzen und gelegentlich etwas auffüllen, aber – wegen der Unkrautsamen – nicht mit Landerde, sondern mit einem sterilen Substrat.

Eine ganze Reihe der beliebtesten Wintergartenpflanzen bilden Tuffs: Im Kübel gezogen, kommt man irgendwann ums Teilen nicht herum. Was bei *Papyrus* noch mit einem kräftigen Küchenmesser geht, dazu braucht man bei Bambus, *Agapanthus* oder *Phormium* ein Schlachtermesser, ein Beil oder den Spaten.

Einiges zum Umtopfen

Als allererstes soll hier ein oft abgeschriebener Unsinn angeprangert werden: das Abstechen der äußersten, verfilzten Wurzelschicht. Gut tut das keiner Pflanze, es ist nur ein Notbehelf, wenn das Umtopfen in einen größeren Kübel aus gravierenden Gründen nicht mehr möglich ist. Zum einen kostet ein Wurzelverlust die Pflanzen immer Kraft, zum anderen können durch die entstehenden Verletzungen Pilzkrankheiten eindringen. Zu allem Überfluß verbleiben nicht wenige Reststücke abgeschnittener Wurzeln in der Erde und faulen. Vor allem bei Warmhaus-Palmen führt das oft zum Desaster: Das Wachstum wird fast gänzlich eingestellt, nach einem Siechtum von einigen Jahren ist es

dann um die Pflanze geschehen. Wenn das Umtopfen aber nicht mehr aufzuschieben ist, weil sich die Pflanze (vor allem Palmen und Liliaceen) durch unten entstehende Wurzelringe langsam aber sicher aus dem Topf herausschiebt, bleibt nur das Verschenken oder Verkaufen der Pflanze. Einige Arten wie *Agapanthus* oder *Papyrus* lassen sich aber teilen (siehe obige Fotoserie »Papyrus teilen«) und passen dann wieder in kleinere Töpfe.

Schnitt

In Anbetracht des in jedem Wintergarten beschränkten Platzes müssen die Gehölze hier häufiger als im Garten geschnitten werden, und das möglichst schon von Anfang an. Bei jeder Pflanze muß man sich überlegen, welchen Zweck man mit dem Schnitt erreichen will und wann die beste Zeit für diese Korrekturmaßnahme ist. Hierzu gibt es einige Faustregeln:
• Alle blühenden Immergrünen werden unmittelbar nach der Blüte zurückgeschnitten. Bei fast allen Arten

setzt das neue Triebwachstum unmittelbar nach Ende der Blütezeit ein. Meist erfüllt der Schnitt der Immergrünen den Zweck, die Pflanze buschiger und kompakter zu machen. Nach diesem ersten Rückschnitt werden nur noch gelegentlich die Triebe herausgenommen bzw. eingekürzt, die ein ungewöhnlich starkes Wachstum zeigen. Falls man Immergrüne zur falschen Zeit schneidet, bedeutet das den Verzicht auf Blüten. Im kühlen bzw. kalten Wintergarten hat es sich bewährt, den Rückschnitt ins frühe Frühjahr zu legen, falls die Alternative zwischen Herbstschnitt oder Frühjahrsschnitt besteht. Gerade in ungeheizten Wintergärten können nämlich plötzlich auftretende Fröste zu einem Zurückfrieren führen. Wurde die Pflanze bereits im Herbst zurückgeschnitten, bleibt nicht mehr viel übrig. Im übrigen besteht bei einem (zu frühen) Herbstschnitt immer noch die Gefahr, daß auf Grund längerer Schönwetterperioden ein neuer Durchtrieb erfolgt, der immer ausgesprochen winterempfindlich ist – sei es, daß er abfriert, sei es, daß er eventuell auftretenden Pilzkrankheiten keinen Widerstand entgegensetzen kann.

• Bei laubabwerfenden Gehölzen unterscheidet man zwischen solchen, die im Frühjahr am alten Holz blühen, und solchen, die im Lauf des Jahres am Neutrieb blühen. Alle Frühjahrsblüher werden unmittelbar nach der Blüte zurückgeschnitten, später wird nur noch die Form korrigiert. Die im Sommer oder Herbst blühenden Laubabwerfenden schneidet man grundsätzlich im Winter (Herbst/Frühjahr).

• Ein Sonderfall beim Schnitt ist der Hortensien-Typ, der nicht nur bei Hortensien, sondern auch bei anderen Pflanzen zu empfehlen ist, die relativ stark wachsen und an jungen Trieben am besten blühen. Gerade bei vieltriebigen Pflanzen, die nicht mehr größer werden sollen, beispielsweise bei Oleander, ist dieser Schnitt der einzig angebrachte. Man geht hier von einem Zweijahreszyklus aus und schneidet im Sommer die Hälfte der abgeblühten Triebe bis knapp über dem Boden auf wenige Augen zurück. Diese treiben dann durch und bringen im nächsten Jahr ihre Vollblüte, worauf dann die zweite Hälfte der alten Triebe entfernt wird. Je nach Pflanzenart und gewünschter Höhe kann man diesen Zyklus selbstverständlich auch auf mehrere Jahre ausdehnen. Dieser Schnitt ist ein typischer Verjüngungsschnitt, der eigentlich jedem Gartenbesitzer geläufig sein müßte.

• Erwähnt werden muß hier das weiche Entspitzen (Pinzieren), das im Wintergarten zu den Standardtätigkeiten gehören sollte. Bei allen Pflanzen, die nicht direkt an der Triebspitze blühen, kann man eine viel bessere Verzweigung erzielen, wenn man im Lauf der Vegetationsperiode die weichen Triebspitzen mit Daumennagel und Zeigefinger entfernt. Besonders bei Jungpflanzen ist dieses weiche Entspitzen sehr wichtig, speziell bei Arten, die zu einem sparrigen Wuchs neigen. Gerade bei Kletterpflanzen kann das

weiche Entspitzen zu überraschenden Ergebnissen führen. Denn oft blüht die Pflanze erst an Trieben höherer Ordnung, das heißt also an Seitentrieben zweiter oder dritter Ordnung.

• Ein weiterer Sonderfall ist das Schneiden von »Topiaries« (also in spezielle Formen geschnittene Pflanzen), die ja nicht wegen ihrer Blüte gezogen werden. Hier ist ständiges Entspitzen

angesagt, da die Pflanzen sonst sofort ihre Form verlieren. Das Entspitzen muß das ganze Jahr über weitergeführt werden.

Mehr oder weniger dauerblühende Wintergartenstämmchen in Form zu halten, gehört zu den schwierigen Arbeiten – jede Art will anders behandelt werden. Bei starktriebigen wie *Bougainvillea* kürzt man herausschießende Triebe auf 2 Augen ein.

Pflanzenschutz im Wintergarten

Selbst wenn man die meisten Pflanzen, die Blattläuse oder Weiße Fliege anziehen, für die Verwendung im Wintergarten aussortiert und auf den ersten Blick kaum mehr Pflanzenschutz gegen tierische Schädlinge nötig scheint, zeigt doch die Natur, daß sie keine Nische unbesetzt läßt: Woll-, Schild- und Schmierläuse verbreiten sich, anfangs kaum merklich, später explosionsartig auf den ansonsten wenig schädlingsanfälligen Arten. Plötzlich sind vielleicht auch Blätter angefressen. Wenn es nicht die an ihren Schleimspuren leicht zu erkennenden und leicht zu bekämpfenden Schnecken sind, sind es vielleicht Raupen oder gar der Dickmaulrüßler, Schädlinge, die man auf Grund ihrer Nachtaktivität nie zu Gesicht bekommt. Ein Befall, der im Garten toleriert wird, wird im Wintergarten schnell zum größeren Ärgernis.

Blattläuse

Der erste Schädling, der im Wintergarten auffällt, sind Blattläuse. Sie schädigen die Pflanzen nicht nur durch Aussaugen und durch Verkleben mit Honigtau – der sich darauf ansiedelnde Rußtaupilz ist oft das erste Erkennungsmerkmal des Schädlingsbefalls – sondern auch durch Übertragung von Viruskrankheiten oder durch die Ausscheidung von für Pflanzen giftigen Stoffen. Blätter kräuseln sich oder rollen sich ein. Leider bietet der Wintergarten ganzjährig ideale Bedingungen für Blattläuse, nicht aber für deren natürliche Gegenspieler. Deshalb kommt es gerade im Winter oft

Stark schädlingsanziehende Arten wie die meisten Malven- und Nachtschattengewächse sollte sich nur der in den Wintergarten pflanzen, der bereit ist zu ständigen Kontrollen und Pflanzenschutzarbeiten.

zu einer explosionsartigen Vermehrung von Blattläusen. Wenn man auf extrem schädlingsanfällige Pflanzen verzichtet – in den Pflanzenporträts wird darauf hingewiesen –, läßt sich die Zahl der nötigen Behandlungen deutlich reduzieren. An »ungiftigen« Mitteln stehen vor allem Präparate auf

der Basis von Kali-Salzen zur Verfügung. Eine durchschlagende Wirkung erzielt man damit jedoch nicht. Wirksamer sind Mittel auf Paraffinöl-Basis (Para-Sommer, Sommeröl Elefant, Promanal, div. Pflanzenpflegesprays), doch müssen hier einige Punkte beachtet werden:

• Viele weichlaubige oder feinblättrige Arten können – müssen aber nicht – mit Blattschäden reagieren. Auch der Neutrieb ansonsten robuster Arten wie Oleander kann empfindlich sein. Im Zweifelsfall also an einem etwas versteckteren Zweig probespritzen!
• Nicht bei voller Sonne spritzen.
• Scheiben im Wintergarten mit Zeitung abkleben, sonst ist alles mit einem öligen Film überzogen.
• Nützlinge (z. B. Raubmilben, Schlupfwespen) werden durch diese Sprays ebenfalls getötet – wie durch viele andere Spritzmittel übrigens auch. Die nächste Stufe stellen »giftige« Mittel dar, vor allem pflanzliche Gifte wie Pyrethrum-Präparate. Übrigens: Zigarettenraucher brauten früher aus Zigarettenkippen und Zigarrenstummeln einen Sud, der damals das wirksamste Hausmittel gegen Pflanzenschädlinge aller Art war und ist. Selbstverständlich gibt es eine ganze Reihe gegen Blattläuse wirksamer synthetischer Spritzmittel, verkauft werden dürfen sie aber nur noch von geschulten Kräften, die gleichzeitig auch beraten können und müssen. An einem ganz anderen Punkt setzt der Einsatz von Nützlingen an. Vor jedem Nützlingseinsatz sollten größere Befallsnester saubergespritzt werden, wobei möglichst ein nützlingsschonendes Mittel verwendet wird. Ohne hier genaue Anweisungen zu liefern, ist es wichtig zu wissen, daß Gallmücken mindestens 18 °C, Blattlaus-Schlupfwespen mindestens 15 °C zu ihrer Entwicklung brauchen. Für den Wintergarten heißt dies: Ganzjährig klappt es nur im warmen Wintergarten, im Kalthaus kann erst im Frühling mit dem Nützlingseinsatz begonnen werden. Zu dieser Zeit sind die Blattläuse aber schon auf jeder weichen Triebspitze zu finden. Seit einigen Jahren werden die weniger wärmebedürftigen Florfliegen als Nützlinge gegen verschiedene saugende Insekten mit Erfolg eingesetzt – gerade für kühle Wintergärten hochinteressant.

Biologischer Pflanzenschutz: Gegen fast alle Schädlinge gibt es geeignete Nützlinge. Man muß sich allerdings unbedingt an die Gebrauchsanweisung halten, sonst kann man sich die Geldausgabe sparen.

Spinnmilben

Die Wintergartenschädlinge schlechthin sind Spinnmilben. Zuerst erkennt man die Saugstellen dieser winzigen Spinnentiere als helle Miniflecke dicht an dicht auf der Blattoberseite, anfangs längs der Blattmittelrippe bzw. der Blattnerven, besonders an den Einmündungen. Später werden die Blätter, abgesehen von den Blattadern, fast gänzlich gelb und von einem feinen Gespinst überzogen. Auch die Spinnmilben haben ihre Lieblingspflanzen, an denen man bevorzugt kontrollieren sollte: Bananen, alle Nachtschattengewächse, Oleander, *Mandevilla*, Palmen, Kiwi. Speziell gegen Spinnmilben helfen sogenannte Akarizide, die meisten Insektizide sind weniger wirksam. Präparate, die auch die Eier vernichten und somit nur 1 x jährlich gespritzt werden müssen, sind nur in Packungsgrößen für Erwerbsgärtner

erhältlich. Ein durchschlagender Erfolg ist mit einer einmaligen Spritzung eines Hobbygärtner-Mittels nicht zu erzielen. Ebenso wie bei Blattläusen wirken in gewissem Maß biologische Mittel auf der Grundlage von Kali-Salzen oder Paraffinöl (siehe »Blattläuse« S. 200). Im Wintergarten empfiehlt sich deshalb grundsätzlich der Nützlingseinsatz. Er ist ausgereift und wird seit über einem Jahrzehnt erfolgreich im Erwerbsgartenbau angewendet. Sobald man die ersten Spinnmilben entdeckt – man muß ständig kontrollieren – werden die Nützlinge ausgesetzt. Bei Pflanzen in Einzeltrögen muß jede mit einem Stück Bohnenblatt, auf dem die Nützlinge (Raubmilben, *Phytoseiulus persimilis*) sitzen, belegt werden. Beim Raubmilbeneinsatz gibt es zwei kritische Punkte: einmal im Sommer, wenn die Temperaturen unter dem Wintergartenfirst sehr hoch werden. Dies liebt die Spinnmilbe, während sich die Raubmilbe in kühlere untere Bereiche zurückzieht. Der Nützling liebt zudem höhere Luftfeuchte (über 60%), während der Schädling trockene Luft bevorzugt. Die zweite Schwierigkeit beim Raubmilben-Einsatz taucht im Winter auf: Sinken die Temperaturen unter ca. 15–18 °C, kann sich die aus tropischen Breiten stammende Raubmilbe nicht mehr ausreichend gut entwickeln, ganz im Gegensatz zur ziemlich temperaturresistenten Spinnmilbe. Deshalb muß man in kalten Wintergärten jeden Frühling Nützlinge wieder neu aussetzen. Das Wechselspiel Nützling/Schädling funktioniert also nur in ganz bestimmten Temperatur-Bereichen. Ist einmal ein Nützlingseinsatz gescheitert – beispielsweise wenn nach einem Einsatz im frühen April die Witterung noch einmal umschlägt und es wieder richtig winterlich wird, also beispielsweise der 5 °C-Wintergarten wieder auskühlt –, sollte man nicht gleich die Flinte ins Korn werfen. Wenn es nicht klappt – etwas Geduld braucht man schon –, probiert man es eben erneut.

Weiße Fliege

Auch die Weiße Fliege findet im Wintergarten optimale Lebensbedingungen. Wenn man *Lantana, Tecoma* oder *Manettia* – alles Pflanzen aus der Heimat der Weißen Fliege – im Wintergarten hat, braucht man alle anderen Pflanzen gar nicht mehr auf Befall kontrollieren. Wenn Weiße Fliegen da sind, sitzen sie zuerst auf den Südamerikanern. Nützlich gegen Weiße Fliege sind die leider nicht gerade dekorativen Gelbtafeln, die in ausreichender Zahl und nicht zu hoch über den Pflanzen aufgehängt werden. Die gelbe Farbe lockt die Weißen Fliegen an, sie bleiben auf dem Leimanstrich kleben. Da die Weiße Fliege flugträge ist, sollte man ab und an die Pflanzen schütteln. Der ausgewachsene Schädling fliegt dann in Wolken auf und setzt sich auf der nächsten – leimbehafteten – Fläche ab. Praxisreif ist auch hier der Einsatz von Nützlingen, nämlich von Schlupfwespen. Sie parasitieren die Larven; diese werden ausgesaugt und sterben dann ab. Ganz wichtig auch hier: wöchentliche Kontrollen und möglichst frühzeitiges Auslegen der Kärtchen mit den von Schlupfwespen parasitierten Larven. Futter – also Weiße Fliegen – muß allerdings vorhanden sein. Leider behindern manche Pflanzenarten durch die ihnen eigene Blattoberfläche die Entwicklung der Schlupfwespen, hier läßt dann der Bekämpfungserfolg zu wünschen übrig. Auch hier gilt: Im kühlen oder kalten Wintergarten muß der Nützling jährlich neu eingesetzt werden, erst ab einer Mindesttemperatur von 15 °C klappt es ganzjährig. Vor allem im kühleren Wintergarten kann es deshalb nötig werden, Florfliegen einzusetzen oder zu spritzen. Als biologische Behandlungsmittel wirken Präparate auf der Basis von Kali-Laugen oder solche mit Paraffinöl. Zur Bekämpfung mit chemischen Mitteln läßt man sich im Gartenfachhandel ein zugelassenes Präparat empfehlen.

Oben links: Die Weiße Fliege fliegt nicht aus dem Freien zu, sondern wird über neue Pflanzen eingeführt. Oben rechts: Gegen Schild-, Schmier- und Wolläuse hilft vor allem Öl, Öl und wieder Öl.

Trauermücken

Vor allem in Erden mit Torfzusatz können sich Trauermücken sehr gut entwickeln. Man erkennt den Befall daran, daß die der gewöhnlichen Obstfliege ähnlichen, nur wenige Millimeter langen Tiere auffliegen, wenn man mit der Hand dicht über dem Boden wedelt und sie aufschreckt. Ihre Larven ernähren sich vorwiegend von abgestorbenem Pflanzenmaterial. Wenn sie davon zu wenig finden, gehen sie leider aber auch auf lebende Wurzeln. Dagegen gibt es – neben dem Gießen von synthetischen Pflanzenschutzmitteln – zwei praktikable, ungiftige Methoden: Zum einen ist dies das Abdecken mit Sand. In der etwa 5 cm dicken Schicht können sich die von den Trauermücken abgelegten Eier nicht mehr entwickeln, sie bräuchten dafür Humus. Der andere Weg: Nutz-Nematoden. Als Pulver oder in Flüssigkeit ausgebracht, dringen sie in die Trauermückenlarven ein, wo sie ein tödliches Bakterium absondern. Binnen ein bis zwei Wochen ist der gesamte Trauermückennachwuchs abgestorben. Die Nutznematoden bleiben so lange im Boden wirksam, bis sie keine Trauermückenlarven mehr finden, dann verhungern sie. Wichtig ist, daß während dieser Zeit der Boden gut feucht ist. Desweiteren gibt es – analog zum Aufhängen von Gelbtafeln gegen Weiße Fliege – Blautafeln, mit denen die flugfähigen Trauermücken gefangen werden können.

Schild-, Schmier- und Wolläuse

Diese hartnäckigsten Schädlinge bleiben nahezu keinem Wintergartenbesitzer erspart. Da diese Tierchen oft gut getarnt sind – beispielsweise die braunen Napfschildläuse auf älteren Lorbeertrieben – oder sich gut verstecken – wie Wolläuse am Blattgrund von *Phormium* –, entdeckt man sie meist erst auf Grund ihrer klebrigen Ausscheidungen. Bestätigt sich der naheliegende Verdacht auf Blattläuse oder Weiße Fliege nicht, handelt es sich in aller Regel um Schild-, Schmier- oder Wolläuse. Deren biologische Bekämpfung mit Nützlingen wie dem Australischen Marienkäfer steckt allerdings noch in den Kinderschuhen. Im Prinzip bereitet die Bekämpfung von Woll-, Schild- und Schmierläusen kaum Probleme. Manche Pflanzenliebhaber kratzen zwar die Schädlinge einzeln ab, mit oder ohne Schmierseifen- bzw. Petroleumlösung. Rationeller dürfte das Spritzen von Mitteln auf der Basis von Mineralöl sein, Blattglanzspray tut's auch. Das Wichtigste dazu ist bei der Blattlaus-Bekämpfung beschrieben. Bei starkem Befall muß wiederholt gespritzt werden, bis kein Nachwuchs mehr zu sehen ist. Schildläuse und ihre Verwandten kann man nur »kurz« halten; ganz wird man sie nie los.

Pilzkrankheiten

Hier wird es für den Laien meist schwierig. Selbst Institute für Pflanzenkrankheiten haben zuweilen Bestimmungsprobleme, da der Pilz nicht immer Sporen entwickelt, an Hand derer man ihn bestimmen könnte. Auch kommt es vor, daß die Bekämpfung eines wohlbekannten Pilzes auf Grund fehlender wirksamer zugelassener Präparate (Fungizide) für den Hobbygärtner nicht möglich ist. Die wichtigsten Pilzkrankheiten im Wintergarten erkennt auch der Laie sofort. Zum einen ist das der Grauschimmel, *Botrytis cinerea*. Er zeigt sich durch einen mausgrauen Schimmelrasen, das Gewebe darunter ist schwärzlichbräunlich verfärbt. In der Regel wird *Botrytis* unterschätzt, gerade in schlecht durchlüfteten Wintergärten kann er vor allem junge und weichtriebige Pflanzen innerhalb weniger Wochen abtöten. Das Leben kann man diesem Pilz schwermachen, wenn man »trockenlüftet« – also die von Sonne oder Heizung erwärmte feuchte Luft abführt – auch und vor allem im Winter! Optimale Wachstumsbedingungen findet der Pilz in dichten, schlecht durchlüfteten, von Kondens- oder Gießwasser befeuchteten Beständen.

Der Grauschimmel bleibt wohl keinem Wintergartenbesitzer erspart. Ohne chemische Bekämpfung kann man eigentlich nur trockenlüften. Aber wer heizt gern bei offenem Fenster?

Im Spätherbst werden deshalb zu dichte, botrytisempfängliche Pflanzen ausgedünnt. Als Beispiel mag hier *Cestrum* aufgeführt werden – hier schneidet man einfach einige alte Triebe bis zum Boden herunter. Wenn man nun noch dafür sorgt, daß Verblühtes und abgefallene Blätter bald entfernt werden, hat man den Kampf schon halb gewonnen. Es gibt eine ganze Reihe gegen Grauschimmel wirksamer Fungizide. Leider bilden sich sehr schnell Resistenzen, so daß man das Spritzmittel wechseln muß. Eine weitere, sehr viel tückischere Gefahr stellen die pilzlichen Gefäß- und Wurzelparasiten dar, allgemein als Welke- oder bei Sämlingen als Umfallkrankheiten bezeichnet. Erkennt man die Erkrankung an welkenden Trieben – bei gleichzeitig feuchtem Boden –, ist es in aller Regel für eine Bekämpfung schon zu spät. Da es sich um eine Reihe verschiedener Erreger handelt, die auch vom Gärtner nicht so ohne weiteres identifiziert werden können, hilft hier auch dem Profi oft nur eine Mischung verschiedener Breitbandfungizide. Ein Privatmann muß sich im Wintergarten meist geschlagen geben und den Verlust hinnehmen. Besonders empfindlich gegen Welkepilze sind ansonsten nahezu perfekte Wintergartenpflanzen wie *Polygala* oder *Fremontodendron*. Ist einmal eine Pflanze an einem Welkepilz zugrunde gegangen, sollte man an dieselbe Stelle nur noch unempfindliche Arten setzen. Vorbeugend gilt: Staunässe

vermeiden, vor allem bei tiefen Bodentemperaturen eher zu wenig als zuviel gießen, den Boden belüften mit auflockernden Zuschlagstoffen wie Perlite oder Styromull. Besonders empfindlich gegen Welkepilze sind die Nachtschattengewächse. Typisch für sie ist *Phytophthora*, die Kraut- und Knollenfäule, berühmtberüchtigter Grund für die Emigration zahlreicher Iren in die USA, nachdem im (vor)letzten Jahrhundert die irische Kartoffelproduktion auf Grund von Kraut- und Knollenfäule zusammenbrach und eine in Europa unvorstellbare Hungersnot verursachte. Der Befall zeigt sich meist an den an Blatträndern beginnenden, sich rasch auf das ganze Blatt und den Trieb ausdehnenden Verbräunungen, die in kurzer Zeit zum Absterben der ganzen Pflanze führen. Hier ist der frühzeitige Eingriff mit Fungiziden auf jeden Fall anzuraten, da ansonsten die Pflanzen innerhalb weniger Wochen eingehen. Recht augenfällig, aber meist nicht so gefährlich, sind verschiedene Blattpilze, die beispielsweise braune, kreisförmige Flecke auf Oliven oder braungelbe Flecke auf *Cordyline* oder verschiedenen Palmen verursachen. Mit Fungiziden wie Saprol, das auch in Kleinpackungen erhältlich ist, kann man den Befall stoppen. Einmal befallene Blätter werden jedoch nicht mehr gesund, sie werden also abgeschnitten, falls die Ästhetik das erfordert.

Virosen und Bakteriosen

Das Wichtigste gleich vorweg: Es läßt sich gegen beide recht wenig bis gar nichts ausrichten. Gegen Bakterien – Verursacher beispielsweise von Oleanderkrebs – könnte man zwar Antibiotika oder Sulfonamide einsetzen, was aber nicht erlaubt ist. Bedingt wirksam ist Bordeauxbrühe, Kupfer und Desinfektion. Prophylaktisch bekämpft man die Vektoren, vor allem also Blattläuse. Wichtig ist die allgemeine Stärkung, man sollte also optimale Wachstumsbedingungen schaffen, damit die Pflanze das Virus überwächst. Ein kleiner Trost: Fast alle Obstgehölze, so sie nicht aus Gewebekulturen stammen, haben Virosen, doch in aller Regel hat die Pflanze gelernt, damit zu leben. In manchen Fällen werden gezielt viröse Pflanzen vermehrt, so der gelbbunte *Abutilon* 'Thompsonii' oder die gleichfalls panaschierte Verwandte *Abutilon megapotamicum* 'Variegatum'. Dieses Panaschierungsvirus, das die gelbbunte Färbung der Blätter bewirkt, kann auch auf andere empfängliche Pflanzen, vor allem Nachtschattengewächse, übertragen werden, bei diesen wirkt es dann allerdings nicht mehr dekorativ.

Kulturfehler

Außer tierischen, pilzlichen oder bakteriellen Schädlingen gibt es zahlreiche weitere mögliche Ursachen für Pflanzenschäden: alle möglichen physiologischen Störungen wie starke Schwankungen der Luftfeuchte, Lichtmangel, Chilling (»Erkältung«), kaltes Wasser, Ozon oder Smog rufen scheinbar unspezifische Schäden hervor. Auch Ernährungsstörungen – vor allem Mangel, seltener Überschuß – und Versalzung oder pH-Anstieg des Substrates können die Pflanzen zu abnormem Wachstum veranlassen. Abschließend soll hier auf eine typische, aber oft nicht erkannte Wachstumsstörung hingewiesen werden. Viele Topfpflanzen der modernen Zierpflanzenproduktion werden chemisch im Wachstum gestaucht. Manche dieser Stauchemittel wirken über mehrere Jahre nach, vor allem bei Gehölzen. Ein Beispiel ist *Hibiscus rosa-sinensis*, der als Topfpflanze ungestaucht kaum auf dem Markt ist, da er normal sparrig wächst und nicht zu verkaufen wäre. Bei manchen Pflanzen wird die Wuchshemmung nach mehr oder weniger langer Zeit überwunden, oft gehen die Pflanzen mittelfristig aber auch ein.

»Chilling« – Erkältung der Pflanzen

Pflanzen aus tropischen Regionen sind bei niederen Bodentemperaturen nicht nur Opfer von Nährstoffmangel, vielmehr gerät bei ihnen der gesamte Stoffwechsel aus dem Rhythmus. Der englische Fachausdruck heißt »Chilling«, frei übersetzt: Die Pflanzen erkälten sich. Neben den klassischen, sehr plötzlich auftretenden »Chilling«-Symptomen wie Abwurf von Blättern und Abstoßen von Blütenknospen treten noch eine ganze Reihe weiterer Störungen auf, die aber von Pflanze zu Pflanze verschieden sind. So können beispielsweise die Triebspitzen absterben, manchmal rollen sich die Blätter ein. Offene Blüten zeigen ganz ungewöhnliche Farbtöne, oft welken die Pflanzen auch, obwohl der Boden feucht ist. Selbst wenn die Temperaturen wieder steigen, sind eine ganze Reihe empfindlicher Arten nicht mehr zu retten. Die Wurzeln haben nämlich dann ihre Fähigkeit, Wasser und Nährstoffe aufzunehmen, verloren bzw. verlieren bereits aufgenommene Stoffe wieder, die Pflanzen haben ein »Leck«. Sie fangen früher oder später an zu faulen und werden ein Opfer von Bodenpilzen, die im Bereich von Bodentemperaturen um 10 °C leider noch ausgezeichnet gedeihen. Sogar im warmen Wintergarten kommt es im

Gegen Viruskrankheiten, wie hier bei Papaya, kann man wenig unternehmen und nur die Überträger, d.h. die tierischen Schädlinge bekämpfen.

Winter auf Grund von Gedankenlosigkeit sehr häufig zu »Chilling«. Einmal reichlich Gießen mit eiskaltem Leitungswasser wirkt oft so durchschlagend, als hätte man einen Unkrautvertilger ausgebracht. Oft ist dann nicht mehr viel zu retten, weil die Pflanzen zum einen alle Blätter abgeworfen haben und nichts mehr verdunsten, die Wurzeln auf Grund von Störungen im Eiweißstoffwechsel kein Wasser mehr aufnehmen können, der Boden völlig durchnäßt ist und über längere Zeit kalt bleibt. Es ist leider sehr einfach, den Boden abzukühlen, aber viel schwieriger, ihn wieder zu erwärmen.

Bezugsquellen für Nützlinge:
Sautter & Stepper GmbH,
Rosenstr. 19, 72119 Ammerbuch,
Tel. 07032/75501
W. Neudorff GmbH, Postfach 1209,
31860 Emmerthal, Tel. 05155/62460
Hatto Welte, Maurershorn 10,
78479 Reichenau, Tel. 07534/7190
Bio Nova GmbH, Josefstr. 102-104,
41462 Neuss, Tel. 02131/541071.

Register

Bildnachweis

Alle Fotos von Friedrich Strauß außer:
Apel 32, 76 u
Henselner 202 l, 203
Köchel 19, 24/25, 25, 27, 44, 46, 51, 52/53, 54, 61, 64, 67 o,
67 u, 68 o, 68 u, 71, 76 o, 93, 101 o, 102 o, 111 r, 112 o, 115 u,
119 r, 121 r, 124 u, 124/125, 132 o, 135 r, 141 l, 143, 149, 151 l,
151 r, 152 l, 153 o, 154 l, 154 o, 156 o r, 158 u, 159, 160 u, 168,
173, 175 o, 175 u, 177 u, 186, 187, 188, 191 u r, 198, 200, 204
Lange 123 l
Morell 135 l, 146 l, 146 r
Reinhard 55, 57, 101 u, 113, 116
Schneider 139 r
Seidl 78, 202 r
Stolle 81, 196

Bibliografische Information Der Deutschen Bibliothek
Die Deutsche Bibliothek verzeichnet diese Publikation in der
Deutschen Nationalbibliografie; detaillierte bibliografische Daten
sind im Internet über http://dnb.ddb.de abrufbar.

3., durchgesehene Auflage, Sonderausgabe

© BLV Verlagsgesellschaft mbH, München 2003

Einbandentwurf: Studio Schübel, München
Einbandfotos: Friedrich Strauß,
Christoph und Maria Köchel (Rückseite Mitte)
Die Rückseite zeigt *Arbutus unedo*, Früchte (links), *Pandorea
jasminoides* (Mitte) und *Tibouchina urvilleana* (rechts).

Lektorat: Barbara Kiesewetter
Layout: Anton Walter, Gundelfingen
Satz: GAV, Gerstetten
Gedruckt auf Primaset 135g/qm chlorfrei gebleicht,
made by Stora Enso, geliefert von Papier Union

Printed in Germany · ISBN 3-405-16590-3

Die Autoren und ihre Gärtnerei Flora Mediterranea

Ein in Mitteleuropa einzigartiges Pflanzensortiment in vielen Größen speziell für kühle bis lauwarme Wintergärten
ist in unserer Gärtnerei **Flora Mediterranea** vorrätig (auch
Versand). Vieles wird von uns selbst vermehrt. Alle Arten
produzieren wie speziell für Wintergartenanforderungen
(keine Schwachlichtpflanzen). Mündlich oder schriftlich
(mit Pflanzplan) helfen wir bei der Pflanzenauswahl.
Neben den bereits lieferbaren fünf Fachbuchtiteln ist
gegen Schutzgebühr ein umfangreicher Katalog erhältlich,
die jedes Jahr erscheinende Preisliste ist gratis.

Gärtnerei FLORA MEDITERRANEA
Diplomingenieure Christoph und Maria Köchel
Königsgütler 5, D-84072 Au/Hallertau
Tel. (0 87 52) 12 38, Fax (0 87 52) 99 30
www.floramediterranea.de

Das ganze Jahr im Grünen wohnen

Friedrich Strauß / Tanja Ratsch
Terrassen-Träume
Gestalten mit Kübelpflanzen
Schöner Wohnen im Freien: Terrassen-
gestaltungen rund ums Jahr für verschie-
dene Stile und Themen; die besten Pflanzen
für Topf und Kübel im Porträt; Pflanzen,
Pflegen, Überwintern, Gefäße, Accessoires.

blv garten plus
Elisabeth Manke
Palmen und Zimmerbäume
Die schönsten Palmen und Zimmer-
bäume im Porträt, Gefäße, Substrate,
Pflege, Pflanzenschutz.

Wintergarten
Alle Grundlagen zur Wintergartentechnik
von der Planung bis zur Bauausführung;
Bepflanzungen für verschiedene Temperatur-
bereiche – jeweils mit Porträts typischer
Pflanzen; Beispiele mit Pflanzplänen;
Pflanz- und Pflegepraxis.

Peter Hans Nengelken
Wintergärten und Überdachungen
Planung und Bau von Wintergärten und
Terrassenüberdachungen: Standortwahl,
Material, Montageanleitungen, Innenein-
richtungen, Auswahl geeigneter Pflanzen.

Christoph und Maria Köchel
Kübelpflanzen
Der Traum vom Süden
Das Standardwerk in Sonderausgabe:
160 Kübelpflanzen von A bis Z – mit Profi-
Tipps zu Standort und Pflege; Auswahl,
Zusammenstellung, Überwinterung;
Gestaltungsvorschläge und Pflanzpläne
für Wintergärten.

Friedrich Strauß / Dorothée Waechter
Balkon-Träume
Individuelle Gestaltungen für alle Jahreszeiten und verschiedene Stilrichtungen;
Pflanzenporträts nach Blütenfarben; Praxis-
teil: alles über Pflanzenauswahl, Pflanzgefäße, Pflege usw.

Garten-Rezepte
Hans-Peter Haas
Balkonkästen
Balkonträume nachgestalten in verschiede-
nen Farben, elegant oder romantisch,
für sonnige oder schattige Lagen, mit Duft-
pflanzen usw.; Praxis: Einkauf, Gefäße,
Düngen, Bewässern, Pflegen.

Margot Schubert
Wohnen mit Blumen
Das Standardwerk: über 500 Pflanzen mit
541 Farbfotos; alles Wissenswerte zu
Herkunft, Aussehen und Pflege jeder Pflan-
ze; die Gestaltung von Wohnung und
Arbeitsplatz mit Zimmerpflanzen.